Daniel Widlöcher

Was eine Kinderzeichnung verrät

Methode und Beispiele
psychoanalytischer Deutung

Aus dem Französischen von
Annette Roellenbleck

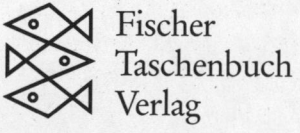

Fischer
Taschenbuch
Verlag

Einmalige Sonderausgabe
Veröffentlicht im Fischer Taschenbuch Verlag GmbH,
Frankfurt am Main, Januar 1993

Lizenz mit freundlicher Genehmigung des
Kindler Verlags GmbH, München
Die französische Originalausgabe
›L'Interpretations des Dessins d'Enfants‹
erschien 1965 im Verlag Charles Dessart, Bruxelles
© 1965 Charles Dessart, Bruxelles
Für die deutsche Ausgabe
© 1974 Kindler Verlag GmbH, München
Umschlaggestaltung: Balk / Heinichen / Walch
Gesamtherstellung: Clausen & Bosse, Leck
Printed in Germany
ISBN 3-596-11549-3

Gedruckt auf chlor- und säurefreiem Papier

Inhalt

Vorwort des Autors
zur deutschen Ausgabe

Die Kinderzeichnung übt heute eine starke Faszination aus und spielt eine bedeutende Rolle, sowohl in den Erziehungstechniken des Kindergartens, als auch in den Methoden der Diagnostik und Behandlung psychischer Entwicklungstörungen. Es ist nicht mehr möglich, auf alle Arbeiten einzugehen, die ihr gewidmet wurden. Und dennoch fehlt ein theoretischer Rahmen, der uns erlauben würde, besser zu verstehen, warum das Kind zeichnet und auf welche Weise es Fortschritte macht. Das kleine Werk, das ich dem Leser im deutschen Sprachraum mit großer Freude vorstelle, versucht – wenn es auf diese Fragen auch keine erschöpfende Antwort geben kann –, sie doch wenigstens zu stellen. Nur zu häufig gehen Untersuchungen über die Kinderzeichnung von Einzelheiten aus, die wohl zu einer gewissen Wissenschaftlichkeit der Untersuchung führen, aber wenig Interesse für das Ganze aufbringen, oder umgekehrt sich von der Intuition beeinflussen lassen, die kaum eine genaue Analyse der Mechanismen erlaubt.

Das Zeichnen stellt keine natürliche Aktivität des Kindes dar. Kinder haben nicht immer gezeichnet. Historische Zeugnisse fehlen so vollständig, daß man daraus ableiten kann, die Kinderzeichnung sei zusammen mit der Bleistiftindustrie geboren worden. A. Novak (London) hat uns dennoch im Museo di Castelvecchio in Verona ein Bild von G. F. Garoto entdecken lassen, das ein »Kind mit Kinderzeichnung« darstellt, wobei das Kind mit einer Bleistiftmine gezeichnet zu haben scheint. Seit zwei Generationen haben die Kinder übrigens große Fortschritte gemacht. Um sich davon zu überzeugen, braucht man nur die Zeichnungen in Veröffentlichungen vor fünfzig Jahren mit denen von heute zu vergleichen. Zweifellos spielt das Material, das den Kindern zur Verfügung steht, eine entscheidende Rolle, doch ist auch der Einfluß von Elternhaus und Schule von Bedeutung. Man kann sich eine Zeit vorstellen, die den Kindern andere Ausdrucksmittel anbietet, so daß die heutigen in Vergessenheit geraten könnten. Schon heute sieht man immer häufiger Kinder, die sich weigern zu zeichnen. Kann man darin eine neue Form der Auflehnung gegen die Umwelt sehen, oder sind dies Anzeichen einer allgemeinen Gefühlsverarmung?

Die soziale Umgebung bietet also den Kindern unserer Industrieländer dieses Betätigungsfeld. Wir müssen untersuchen, welche natürlichen Anlagen und psychischen Dispositionen zu dessen Realisierung beitragen. Doch zunächst sollten wir uns fragen, welche Funktion die Zeichnung hat. Warum zeichnet das Kind?

Lange Zeit hat man die Funktion der Darstellung betont. Das Kind versuche wie der Künstler, im zweidimensionalen Raum das zu reproduzieren, was es sieht. Es sei der visuelle Realismus, der die Fortschritte des Kindes steuere. Diese These wurde stark kritisiert. Sie leitet sich aus einer veralteten Ästhetik ab; sie erklärt nicht, warum das Interesse des Kindes am Zeichnen in einem Alter nachläßt, wo seine Fertigkeiten ihm eine meisterhafte Beherrschung der Techniken gestatten würden. Eine andere Theorie scheint gegenwärtig sehr zu überzeugen. Sie legt die Betonung auf die Funktion des Ausdrucks. Das Kind produziere Formen und Farbkleckse, die seine Gefühle ausdrücken. Schule und sozialer Druck zwängen es dann, sich mit der Realität abzufinden. Diese These stammt aus einer anderen Grundhaltung, die mehr dem Geschmack der Zeit entspricht und zahlreiche pädagogische Untersuchungen beeinflußt hat. Dennoch kann sie nicht alles erklären. Es ist nicht nur die Umwelt, welche Spontaneität und angeborene Kreativität des Kindes unterdrückt; das Kind ordnet vielmehr selber beide einem anderen Ziel unter, das einer anderen Funktion der Zeichnung entspricht, nämlich der des Erzählens. Diese spielt eine wichtige Rolle und erlaubt es, vielfältige Aspekte der Psyche des zeichnenden Kindes zu verstehen.

Ich freue mich sehr, daß dieses kleine Buch auf deutsch in einer Reihe erscheint, die mein Freund J. Stork betreut. Mir bot sich häufig die Gelegenheit, mit deutschen Freunden, Psychiatern, Psychoanalytikern, Erziehern und Eltern über das kindliche Zeichnen zu sprechen. Ich hoffe sehr, daß diese Übersetzung den Gedankenaustausch verstärken wird. Arbeiten über die Kinderzeichnung sind deutschen Autoren zu großem Dank verpflichtet, von Wegbereitern wie Kerschensteiner in München und Lamprecht in Leipzig angefangen bis zu vielen anderen seit jener Zeit. Zweifellos bezieht sich das Buch jedoch auf Arbeiten in französischer Sprache. Der deutsche Leser möge dies dem Autor nicht übelnehmen! Die sprachlichen und kulturellen Schranken sind immer noch schwer zu überwinden. Mögen wechselseitige Anstrengungen und zahlreichere Übersetzungen sich hier als fruchtbar erweisen.

Paris, Mai 1974   *Daniel Widlöcher*

Einleitung

Sehen wir einem Kind beim Zeichnen zu: Es hat sich an den Tisch gesetzt, alle Stifte aufmerksam betrachtet, und ehe es einen davon in die Hand nimmt, hat es sich davon überzeugt, daß er richtig gespitzt ist: gleich wird es mit seiner Zeichnung beginnen. Manchmal kündigt es das Thema schon vorher an, aber oft hat es selber noch keine Vorstellung davon, wenn es plötzlich, ohne zu zögern, mit fester Hand den ersten Strich zieht. Mehrere Linien werden zusammengesetzt, und keiner kann errraten, was sie darstellen. Der Erwachsene würde zunächst die Umrisse seines Motivs mit einigen Strichen festlegen, das Kind geht dagegen so vor, als würde es ein graphisches Schema, ein Modell, auf das Papier auftragen, dessen figurative Wirkung es im voraus kennt, und es liefert uns so ganz allmählich ein Zeichensystem, das wir in zunehmendem Maße identifizieren: ein Haus, ein Baum, ein Auto. Dagegen vollzieht sich die Anordnung dieser Objekte in einem homogenen und realistischen Raum eher zögernd. Der Raum wird nur durch ein Minimum an Kunstgriffen dargestellt, gerade so, daß sich die Objekte – ohne allzu große Willkür – voneinander abheben. Das Kind läßt uns also das sehen, was es selbst gern in seinen Büchern betrachtet: *das Bild,* reich an Sinn, das man ohne Mühe lesen und über das man unbegrenzt träumen kann. Wir sehen, warum der Raum wenig bedeutet; er bildet nur den Rahmen für die Wesen und die Dinge, die die Protagonisten der Szene sein sollen. So wie das Bild das Buch illustriert oder das Plakat den Werbeslogan ins Gedächtnis ruft, erzählt die Kinderzeichnung eine Geschichte, die sie durch die Zusammenstellung einer Anzahl von bildlichen Zeichen darstellt.

Das zeichnende Kind interessiert uns. Wir schauen ihm dabei zu; wir finden einige Augenblicke Spaß daran, das Gebilde zu bewundern; wir lassen es über sein Werk sprechen. Woher kommt dieses Interesse, das wir einer Tätigkeit entgegenbringen, die so banal erscheint? Sicher könnten wir diese Zeichnung genauso gut, wenn nicht sogar besser machen. Hier unterliegen wir einem zweifachen Irrtum. Wenn die Kinderzeichnungen Gegenstand unserer Neugierde sind, dann deshalb, weil es keine Erwachsenenzeichnungen gibt. Der Erwachsene zeichnet nicht, wenn er kein Künstler ist. Seine zeichnerische Tätigkeit beschränkt sich auf einige karikaturartige Portraitversuche und auf nicht-bildliche Kritzeleien. Wie beim Spiel handelt es sich hier um eine Betätigung, die mit zunehmendem Alter verschwindet und eine dem Kind eigentümliche Verhaltensweise offenbart. Wir meinen, daß wir zeichnen würden wie das Kind, wenn wir nur wollten. Tatsache ist aber, daß wir es nicht wollen.

Der andere Irrtum besteht darin, anzunehmen, die Besonderheit des kindlichen Stils liege nur in seinen Unvollkommenheiten und wir könnten ihn, wenn wir uns nicht anstrengen, leicht imitieren. In Wirklichkeit läßt sich der Stil der Kinderzeichnung gar nicht leicht imitieren. Denn er drückt nicht einfach die Unfähigkeit des Kindes aus, wie der Erwachsene zu zeichnen. Er ist auf jeder Stufe der Entwicklung der intellektuellen, wahrnehmenden und motorischen Fähigkeiten des Kindes ein echter Kompromiß zwischen seinen Erzählintentionen und seinen Möglichkeiten. Es handelt sich also um ein ursprüngliches Untersuchungsfeld der Kinderpsychologie.

Es ist festzustellen, daß die ersten Studien über dieses Gebiet kaum vor den Beginn dieses Jahrhunderts zurückgehen. Vorher schienen nur einige junge Maler Aufmerksamkeit erregt zu haben, wie etwa Frédéric van de Kerkhove, über den Adolf Siret 1876 eine Untersuchung veröffentlicht hat. Dabei handelte es sich um ein Kind, das zwischen acht und zehn Jahren Landschaften gemalt hat. Der Vater, ein Graveur, reproduzierte diese Werke in Radierungen. Das Kind starb mit elf Jahren, und die Authentizität dieses jugendlichen Werks wurde stark angezweifelt.

Aber diese Werke haben nichts mit der Kinderzeichnung zu tun, und wir verfügen über kein literarisches oder künstlerisches

Dokument der Vergangenheit, das irgendein Interesse an der gewöhnlichen bildnerischen Produktion der Kinder bezeugen könnte. Man kann sich übrigens fragen, ob es eine solche Produktion überhaupt gegeben hat, denn die Farben und das Zeichenmaterial waren teuer; und es wäre die Geschichte der Beziehungen zwischen der Verbreitung von Stift und Papier einerseits und der Entwicklung der bildnerischen Tätigkeit des Kindes andererseits zu schreiben. Im großen und ganzen hängt die Kinderzeichnung von den Ausdrucksmitteln ab, über die das Kind verfügt. Seit der Entwicklung der Wasserfarben hat sich der Stil schon weiterentwickelt, und der neuerliche Gebrauch der Filzstifte scheint ebenfalls einen Einfluß zu haben. In einer gar nicht so fernen Epoche, in der das Kind als einziges Werkzeug nur Kiesel zur Verfügung hatte und nur auf Sand oder Staub malen konnte, stellte es wahrscheinlich nur Sgraffiti her. Diese schnell wieder zerstörten Bilder konnten weder den Erwachsenen noch das Kind selbst interessieren. Es ist also anzunehmen, daß die Kinderzeichnung ein Produkt unserer industriellen Zivilisation ist.

Aber andere Faktoren haben dazu beigetragen, das Interesse der Erwachsenen zu entwickeln; in einer Kultur, in der das Bild in allen seinen Formen einen immer bedeutenderen Platz einnimmt, und in der die »audio-visuellen« Informationsmittel an die Stelle des geschriebenen oder gesprochenen Texts treten, wendet sich die theoretische und praktische Untersuchung dieser neuen Kommunikationssysteme ganz natürlich der Zeichnung zu. Wir werden sehen, wie interessant es ist, eine Semiologie des Bildes zu entwickeln; ein Versuch, der um so legitimer ist, als wir dazu neigen, die Bilder mehr als ein Informationssystem als ein Darstellungssystem zu behandeln. Aber ebenso wahrscheinlich ist, daß, wenn wir in eine Zivilisation des Bildes eingetreten sind, um den Ausdruck von René Huyghe zu verwenden, wir das ebenfalls den materiellen Möglichkeiten der Darstellung und der Reproduktion verdanken. Was wir anläßlich der bildnerischen Tätigkeit der Kinder beobachteten, ist letztlich nur ein Aspekt eines viel allgemeineren Phänomens.

Ferner ist zu sagen, daß das Erscheinen der »kindlichen Kunst« mit der wiedererwachten Wertschätzung für die Schöpfungen des Kindesalters zusammenfällt. Nach Rousseau hat sich während der letzten zwei Jahrhunderte die Vorstellung von einer dem Kind eigenen Welt entwickelt. Seine Betätigungen sind danach nicht das Spiegelbild der Unfähigkeit, sich wie ein Erwachsener zu verhalten, sondern vielmehr der Ausdruck einer ursprünglichen Denkform und einer besonderen Veranlagung des Empfindungsvermögens, die sich verwandeln müßten, um die Persönlichkeit des Erwachsenen entstehen zu lassen. Daher das unaufhörlich wachsende Interesse an seinen Seh- und Denkweisen, die sich natürlicherweise in seinen bildnerischen Schöpfungen wiederfinden ließen.

Wir wollen hier die Geschichte der Forschungen und Veröffentlichungen über die Kinderzeichnungen nicht noch einmal verfolgen. 1950 veröffentlichte Pierre Naville in einer der Zeichnung gewidmeten Sondernummer der Zeitschrift *Enfance* die Elemente einer kritischen Bibliographie[1].* Er besprach dort alle bisher veröffentlichten Arbeiten. Georges Rioux[2] hat in seiner These einen reich dokumentierten historischen Überblick vorgelegt. Schließlich hat Renée Stora vor kurzem diese Forschung wiederaufgenommen und die Bibliographie von Naville vervollständigt[3].

Aus diesen Arbeiten können wir mindestens zwei Schlußfolgerungen ziehen: Die erste betrifft die Verschiedenheit der eingenommenen Standpunkte. Während sich die ersten Werke zwischen 1880 und 1900 mit dem gesamten Thema befassen, beschäftigt sich der größte Teil der späteren Veröffentlichungen mit einem Einzelproblem. Wenn man trotzalledem einige große Linien dieser Entwicklung herauslösen will, dann muß man den Einfluß verzeichnen, den nacheinander die Evolutionstheorie, die Psychologie der Wahrnehmung, die Untersuchung der Motorik und die Psychoanalyse ausgeübt haben. Die Evolutionstheorie hat den wesentlichen Teil der Untersuchungen der deut-

* Die hochgestellten Ziffern beziehen sich auf die Bibliographie auf S. 236 (Anm. d. Red.)

schen Schule angeregt, die sich ausgehend von den Ideen des bayrischen Pädagogen Kerschensteiner und später des sächsischen Anthropologen Lamprecht in München und in Leipzig entwickelte. Diese Forschungen basierten auf den Hypothesen Spencers, für den die Entwicklung des Individuums Gesetzen gehorcht, die denen analog sind, die die Entwicklung der Rasse bestimmen. Das Vergleichen von Kinderzeichnungen mit Zeichnungen der Primitiven ist eine Konsequenz jener Theorie. Diese fand auch Widerhall in anderen Ländern: in den USA durch Stanley Hall, in Frankreich durch Luquet, in England durch Baldwin, in Belgien durch Rouma. Luquet verdient, besonders erwähnt zu werden, denn sein Werk, dessen Kern sich in dem Buch »*Le dessin enfantin*«[4] befindet, spiegelt diese Tendenz exakt wider. Außerdem kann man sie für einen nun schon klassischen Beitrag halten und als unentbehrlich für jede kritische Untersuchung der Zeichnung wegen der Qualität seiner Beobachtungen, deren Resultate zum größten Teil nicht mehr zu diskutieren sind.

Die Gestaltpsychologie sollte eine neue Orientierung herbeiführen. Für alle diejenigen nämlich, die der Meinung waren, daß die Wahrnehmung nicht das Ergebnis der Sinneseindrücke auf einen an sich passiven Apparat ist, sondern daß es sich dabei um ein ursprüngliches Verhalten handelt, welches das äußere Universum nach spezifischen Gesetzen zerlegt, lieferte die Untersuchung der Zeichnung ein Material, das vorzüglich dazu geeignet war, den Reifungsprozeß dieser Funktion zu beobachten. Indem Wallon und seine Schüler das Hauptgewicht auf die motorischen Funktionen und ihre Koordination mit den visuellen und kinästhetischen Gegebenheiten legten, gaben sie in Frankreich den Forschungen über die Zeichnung einen beachtlichen Anstoß. Schließlich haben auch die Kinderanalytiker dazu beigetragen, den Untersuchungen eine neue Richtung zuzuweisen.

Die zweite Beobachtung, die wir machen können, betrifft die große Zahl der Arbeiten. In seiner Bibliographie gibt P. Naville 404 Aufsätze und Bücher für die Zeit zwischen 1880 und 1949 an, und im Jahr 1962 fügt Renée Stora für die Zeit zwischen 1950 und 1960 mehr als 400 neue Belege hinzu! Man kann so die gewaltige Entwicklung der Forschung über die Zeichnung während der letzten fünfzehn Jahre ermessen. Auch die Filme, die Ausstellungen und die Förderung bildnerischer Aktivitäten in der Pädagogik der Kindergärten und der Vorschulen sind zu erwähnen.

Wenn die Zeichnung den Psychologen, den Psychiater, den Ästhetiker und den Soziologen speziell interessiert, so fasziniert sie den Erwachsenen von heute ganz allgemein. Über das oben Gesagte hinaus kann man sagen, daß Kinderpsychologie heute fast jeden Erwachsenen interessiert, nicht aus dem Bemühen um Erkenntnis, sondern weil sie ein Kommunikationsproblem betrifft. Um das Kind besser kennenzulernen, kann man sich natürlich an Büchern orientieren, oder man kann Vorträge hören, die uns ein objektives Bild davon vermitteln, was man an unseren Kindern untersuchen könnte, aber ein solches Vorgehen erweist sich schnell als unzureichend und gefährlich. Um das Kind besser zu verstehen, muß man auch verstehen, ihm zuzuhören und mit ihm zu sprechen. Dieses Problem des Dialogs zwischen Kind und Erwachsenen ist aufgetaucht, sobald der Erwachsene sich nicht mehr zu der Annahme befugt glauben konnte, es sei für ihn ausreichend, als Erwachsener zu einem zukünftigen Erwachsenen zu sprechen, um seine Erzieherrolle zu erfüllen. Sicher, wir sollen wie Erwachsene sprechen, aber wir sollen dabei nicht vergessen, daß wir uns an ein Kind wenden, das eine eigene Persönlichkeit besitzt, und nicht an den Embryo eines Erwachsenen. Nun ist es nicht leicht, sich von unserer Warte des Erwachsenen aus an ein Kind zu wenden; wir vergessen dabei möglicherweise, daß wir Erwachsene sind, wenn wir etwa das Kind nachäffen und dummes Zeug reden, oder umgekehrt, wir vergessen, daß wir uns an ein Kind wenden. Von daher ist die neugierige Aufmerksamkeit des Erwachsenen für jeden kindlichen Ausdruck zu verstehen, der ihm einen Teil der kindlichen Welt offenbaren könnte, die einst die unsere gewesen ist, an die wir uns aber nicht mehr erinnern können oder wollen.

Wenn das Kind mit uns spricht, fühlen wir, daß es unsere

Sprache zu sprechen, sich unserer Logik anzupassen versucht. Dies ist ein nützliches Bemühen, das aber teilweise auf Kosten seiner Kreativität erfolgt. Wenn es sich aber seiner eigenen Sprache überläßt, haben wir die größte Mühe, von unserer Erwachsenenlogik zu abstrahieren, um die genaue Bedeutung seiner Redeweise zu erfassen.

Wenn das Kind spielt, können wir natürlich auf das Spiel eingehen und es ernstnehmen; da das Kind sich aber bei diesen Spielen in die Lage eines Erwachsenen versetzt, um so symbolisch seine Phantasien zu realisieren, ist es uns unmöglich, diese antizipatorischen Verhaltensweisen nicht von unserer tatsächlichen Position als Erwachsene aus zu interpretieren.

Die Zeichnung nimmt eine Zwischenstellung ein: wie das Spiel drückt sie eine spezifisch kindliche Weltsicht aus, aber das Bild, das sie uns von dieser ihm eigenen Welt entwirft, scheint unserer Art der Betrachtung als Erwachsenen zugänglicher. Denn während diese Art des Spielens verlorenging, hört das Bild nicht auf, uns zu faszinieren, und wir finden vor ihm wahrscheinlich das Staunen des Kindes wieder und seine Empfänglichkeit für äußere Reize. Weil wir dem Bild schutzlos gegenüberstehen, finden wir in der Zeichnung einen leichteren Zugang zur Welt des Kindes.

Wenn es jedoch nur darum ginge, die Zeichnung anzuschauen und vor ihr die Unbefangenheit des Blickes wiederzufinden, die wir niemals völlig verloren haben, so würde sich die Neugierde der Erwachsenen natürlich auf die Zeichnungen selbst richten und nicht auf die Bücher, die von ihnen handeln. Die Eltern, die uns die Zeichnungen ihrer Kinder zeigen, geben sie uns nicht zum Anschauen, sie bitten uns darum, sie zu interpretieren, wie wenn sich bei ihnen, trotz des urtümlichen Zaubers, den das Bild auf sie ausübt, eine gewisse Blindheit entwickelt hätte und sie die Hilfe irgendeines Wahrsagers benötigten, um ihr abzuhelfen.

Interpretieren bedeutet, einen unklaren oder verborgenen Sinn zu erklären und ihn in eine leichter verständliche Sprache zu übertragen. Die Interpretation der Zeichnung setzt also voraus, daß wir einen schon im Bild vorhandenen Sinn in die Sprache der Worte übertragen können müssen. Interpretieren heißt übersetzen. Aber wenn die Eltern uns darum bitten, ihnen die Zeichnung ihres Kindes zu deuten, dann haben sie den Wunsch, daß wir ihnen einen Sinn offenbaren, der ihnen entgangen ist. Der offensichtliche Gehalt der Zeichnung, die Objekte, die sie darstellt, das Geschehen, das zu vergegenwärtigen sie sucht, die Gefühle, die dieses wachruft, interessieren sie kaum. Sie erwarten, daß man ihnen etwas anderes enthüllt.

Von dem Wunsch also, mit dem Kind in Verbindung zu treten, das heißt, mit einfachem Blick das Bild zu betrachten, das es uns vorlegt, gelangen sie unmerklich zu dem Wunsch, noch über das hinaus, was es von sich ausdrücken kann, in es einzudringen. Durch die Interpretation der Zeichnung hofft der Erwachsene, einen Teil seiner verlorenen Macht wiederzufinden und der Notwendigkeit eines echten Dialogs zu entgehen. Wenn er dieser Versuchung nachgibt, gehorcht der Erwachsene in der Tat einer Neigung des Geistes, die uns kaum verläßt: nämlich durch den offensichtlichen Sinn einer Botschaft hindurch einen zweiten Sinn entdecken zu wollen, den uns ein Schlüssel mit derselben Leichtigkeit und einer ebenso unmittelbaren Verständlichkeit wie bei dem des ersten Sinns zu begreifen erlaubt. Dieser Einstellung, die weder der Okkultismus noch Weissagungen mehr zu befriedigen vermögen, entspricht die *Science Fiction,* das Interesse an der Psychoanalyse und an der Entzifferung von Symbolen auf den verschiedensten Gebieten. Die Interpretation der Zeichnung verlängert die Interpretation des Traums, wir versuchen den Schlüssel dazu zu finden, und in Ermangelung eines Propheten oder eines Wahrsagers finden wir einen Psychoanalytiker. Aber wir sind wohl für unser Kind weniger anspruchsvoll als für uns selber. Die Leute, die Tests und Horoskope in Wochenblättern stellen, wissen, daß der Mensch, der durchschaut werden will, letztlich nur Interpretationen duldet, die nicht allzusehr das Bild verletzen, das er sich von sich selbst macht. Es scheint, daß die Eltern für ihr Kind viel toleranter sind! Der Leser, der in diesem Buch einen solchen Schlüssel sucht, dürfte sehr enttäuscht werden.

Eine Zeichnung interpretieren heißt zunächst, sie lesen, sie in

Worte übersetzen können. Dafür muß natürlich auf die dargestellten Objekte und ihre Beziehungen geachtet werden. Es empfiehlt sich ferner, die stilistischen Besonderheiten festzuhalten, die der dargestellten Szene ihren besonderen Akzent, ihre »Tonart« verleihen. Bis hierher bedarf es für die Interpretation nur einer Einfachheit des Geistes, die uns veranlaßt, auf ein Wissen und auf Vorurteile zu verzichten, um uns an das zu halten, was die Zeichnung am offensichtlichsten ausdrückt. Schon der Gebrauch stilistischer Besonderheiten (die Farbe, die Linie, die Form der Objekte) offenbart uns mehr, als was das Kind mit Bewußtsein darstellt. Was die symbolische Interpretation der Zeichnung betrifft, die uns zum Beispiel hinter dem Taucher, der den Meeresgrund erforscht, und dem Forschungsreisenden mitten im Dschungel dieselbe Gestalt erkennen läßt, so führt sie uns direkt ins Zentrum des Problems der Interpretation und der Funktion des symbolischen Denkens beim Kind. Und sie bringt das Problem der psychoanalytischen Interpretation und der Beziehungen zwischen der Zeichnung und dem Unbewußten mit ins Spiel. Hier richtet sich die Interpretation wirklich auf einen verborgenen Sinn der Zeichnung. Aber wenn wir die Möglichkeit, zu einer solchen Schicht von Bedeutungen vorzudringen, untersuchen, sehen wir, daß dies nicht die Kenntnis eines Code voraussetzt, sondern die Fähigkeit, das Kind zu Gedankenassoziationen, zu der Wiederholung von Zeichnungen zu bringen, die es uns erlauben, in diesem Kontext herauszufinden, wie wir das Dokument, das wir untersuchen, erklären können. Diesen Dialog mit dem Kind, von dem wir durch die Interpretation der Zeichnung befreit zu werden hofften, finden wir als notwendige Bedingung für eben diese Interpretation wieder.

Wir möchten, kurz gesagt, mit Hilfe eines guten Lexikons eine fremde Sprache erlernen, und müssen erkennen, daß uns nur der Gebrauch und das Lesen der Texte ermöglicht, dahin zu gelangen.

Wenn man sich mit der Interpretation der Zeichnung beschäftigt, dann wird man nicht einen Schlüssel entdecken, sondern eine Methode und eine Disziplin. Eine Methode, weil wir sehen werden, daß uns die Untersuchung der Zeichnung zwar nicht die Enträtselung ihrer Geheimnisse verschafft, daß sie uns aber die Natur des Zeichenaktes selbst verstehen läßt und uns damit eine Anleitung gibt, wie die Zeichnung zu lesen ist. Eine Disziplin deshalb, weil die geduldige und aufmerksame Untersuchung der Aussagen des Kindes vor und nach dem Zeichnen, seines Verhaltens während des Zeichnens, und anderer Zeichnungen, die der untersuchten vorausgegangen sind oder folgen werden, die notwendigen Bedingungen für ein Verständnis des Dokumentes sind. Sie sind notwendig, aber unzureichend, denn es geht auch darum, zu wissen, für wen es zeichnet, und was wir für es in dem Moment darstellen, in dem es eine Zeichnung für uns macht. Dies setzt in Situationen, in denen das Kind außerhalb des häuslichen Rahmens zu Untersuchungszwecken ein Bild zeichnen soll, eine gründliche Kenntnis der Beziehung voraus, die sich zwischen dem Kind und dem Psychologen, Erzieher oder Psychotherapeuten herstellt. Wenn die Zeichnung im familiären Rahmen ausgeführt wird, dann hat ihre Bedeutung eine ganz andere Dimension je nach der Qualität der Beziehung, die es zu dem Erwachsenen hat, der es beobachtet.

Jede Untersuchung einer Interpretation der Zeichnung setzt zunächst voraus, zu wissen, in welchem Maße der Grad der perzeptiven, visuellen und intellektuellen Reife die Wahl der Formen und der Themen beeinflußt. Erst nachdem man die Entwicklung der Zeichenbewegung untersucht und in einem zweiten Schritt geklärt hat, in welcher Weise die Zeichnung – bevor sie Wiedergabe von Wahrgenommenem ist – beim Kind ein Schriftsystem darstellt, können wir das Problem der Interpretation angehen.

Wir werden versuchen, diese Botschaft zu analysieren, indem wir ihren Ausdruckswert untersuchen, der mit den Bewegungen und den graphischen Besonderheiten verknüpft ist, ihren projektiven Wert, der an die Wahrnehmungshaltung und an das Weltbild gebunden ist, das ihr zugrunde liegt, und ihren narrativen [berichtenden] Wert, der von dem Thema selbst abhängt, von dem sie berichtet. Bis dahin besteht die Interpretation in einer aufmerksamen Erforschung deutlicher Zeichen. Die sie ergänzende symbolische Interpretation wird uns erlauben, die bewußten, vom Kind gewollten Allegorien, die selten sind, von den impliziten Allegorien zu unterscheiden, von denen es kein klares Bewußtsein hat, so sehr haben sie Anteil an seiner Vorstellungswelt (die anthropomorphe Bedeutung der Tiere zum Beispiel), und schließlich von den unbewußten Allegorien, die uns zur psychoanalytischen Betrachtung der Zeichnung führen werden.

Diese besteht darin, die Interpretationstechniken, die auf anderen Gebieten so fruchtbar zu sein scheinen – die Untersuchung des Traums zum Beispiel – auf die Zeichnung des Kindes anzuwenden. Wir werden sehen, daß diese Anwendung ebenfalls von großem Interesse ist, unter der Voraussetzung, daß man die Zeichnung nicht von der Gesamtheit der psychischen Produktion des Patienten, der sich einer psychoanalytischen Psychotherapie unterzieht, abtrennt. Die Zeichnung kann ebensowenig wie der Traum außerhalb ihres Kontexts interpretiert werden. Das hindert uns aber nicht an der Feststellung, daß die Kinderzeichnung ihrer Natur und ihrer Funktion nach ein recht bevorzugtes Ausdrucksfeld des Unbewußten darstellt. Wir werden versuchen, die Gründe hierfür zu präzisieren.

Schließlich können wir uns der praktischen Anwendung einer solchen Methode in der Erziehung wie in der psychologischen Forschung wie auch in der Psychotherapie des Kindes zuwenden. Aber wir werden dabei viel mehr die Unklarheiten und die Schwierigkeiten der Interpretation als ihre unmittelbaren Verwendungsmöglichkeiten entdecken. Der alte Traum, eine kabalistische Sprache zu besitzen, wird ein weiteres Mal enttäuscht werden.

Letztendlich offenbart die Kinderzeichnung, wie jede andere menschliche Ausdrucksform, ihre Reichtümer demjenigen, der eine naive und kluge Haltung einzunehmen versteht. Man muß die Zeichnung als das nehmen, was sie ist, nämlich ein Bild und nichts anderes als ein Bild, aber gleichzeitig wissen, daß dieses Bild eine komplexe Schreibweise darstellt, wobei uns nur eine gründliche Analyse den Umfang ihrer möglichen Bedeutung offenbaren kann. Man muß beachten, was das Kind zu tun behauptet, wenn es zeichnet: uns nämlich eine Geschichte zu erzählen, und nur eine Geschichte; aber man muß bei dieser Intention auch die vielfältigen Wege erkennen, deren es sich bedient, um dem anderen den Gang seiner Wünsche, seiner Konflikte und seiner Ängste verständlich zu machen.

KAPITEL 1

Stil und Entwicklung der Zeichnung

Der Stil der Zeichnungen

Kinderzeichnungen sind leicht zu erkennen. Man läuft kaum Gefahr, sie mit anderen bildnerischen Ausdrucksformen zu verwechseln. Wenn gewisse moderne Maler Bilder gemacht haben, die bei ganz oberflächlicher Betrachtung einen Zweifel daran aufkommen lassen können, dann handelt es sich um eine absichtliche Anlehnung an den kindlichen Stil. Dies ist einer der Reflexe des Einflusses, den die Ausdrucksformen der primitiven Kunst auf die moderne Kunst ausüben. Das Kind selbst versucht keineswegs, die Kunstprodukte der Erwachsenen zu imitieren. Es hat eine ganz andere Absicht. Man könnte schon weit größere Ähnlichkeiten mit der Volkskunst feststellen. Beide haben die Unvollkommenheit der Mittel und die Absicht gemeinsam, zu erzählen und zu beschreiben. Die Unvollkommenheit der Mittel, denn der Amateurkünstler oder der Amateurmaler, die die Technik des Malers nicht besitzen, haben ungefähr die gleichen Fähigkeiten wie ein zwölfjähriges Kind. So ist es auch nicht verwunderlich, wenn wir dieselben Irrtümer in der Perspektive, in der Zeichnung der Personen etc. wiederfinden. Das Vorhandensein der Absicht, zu erzählen und zu beschreiben, ist dann unbestreitbar, wenn es sich um wirkliche Volkskunst handelt, deren Produkte für nützliche Zwecke bestimmt sind (Wirtshaus- und Ladenschilder, Werbung, Votivbilder, Bildergeschichten). Man könnte meinen, daß es trotz allem in der Volkskunst Elemente gibt, die sich beim Kind nicht beobachten lassen: die motorische Geschicklichkeit, der »visuelle« Realismus. In Wirklichkeit spielen sie nur eine geringe Rolle, und es ist erstaunlich, welch extremen Konservatismus der Formen man feststellt, wenn man die historische Entwicklung eines volkstümlichen Kunststils beobachtet. Das Heiligtum der *Madonna del monte* in Cesena in der

Romagna besitzt eine unvergleichliche Sammlung von Votivbildern, die von Künstlern der Gegend gemalt worden sind. Diese kleinen Bilder, in Öl auf Holz gemalt, von ähnlicher Größe, werden seit dem 15. Jahrhundert hergestellt und aufbewahrt. Ihr Alter[5], die Tatsache, daß sie in einer Gegend gemalt worden sind, wo die bildenden Künste vom 15. bis zum 17. Jahrhundert eine beachtliche Entwicklung erfahren haben, müßten uns eine deutliche Entwicklung im Stil der Bilder, die immer die gleichen Szenen darstellen, erkennen lassen: einen Unfall auf der Landstraße oder auf dem Wasser, Gefangenschaft, Epidemien. Dergleichen ist jedoch nicht der Fall, und der Stil der Volkskunst scheint beim größten Teil der Bilder weit vom malerischen Stil der Epoche entfernt. Das ist wahrscheinlich mit der Bedeutung der erzählerischen Absicht zu erklären, die dem reichen und lebhaften Ausdruck den Vorrang vor den Kunstmitteln gibt. Weniger exakt ist der Vergleich mit der naiven Kunst, die Nachahmung von Kunst schlechthin sein will, und wo der Amateur die ästhetischen Absichten des Künstlers vom Fach übernimmt, ohne die entsprechende Technik zu besitzen. Die naive Kunst spielt mit den Mitteln oder mit deren Nichtvorhandensein, um Effekte zu erzielen, die ihr eigen sind. Im Gegensatz dazu bleibt die Volkskunst ihrer erzählerischen Absicht treu, die trotz der unzureichenden Mittel ihre praktische Verwendung beherrscht. Und hier sehen wir die große Analogie zwischen der Volkskunst und der Kinderzeichnung. Der einzige Unterschied zwischen beiden entsteht, wie wir meinen, aus dem Konformismus des Künstlers, der mit einer bezahlten Arbeit beschäftigt ist, und dem Geist der Phantasie, dem sich kein Kind, das ja nur spielt, entziehen kann.

Die Diskussion über die Beziehungen zwischen dem Stil des Kindes und dem der »Primitiven« hat so ziemlich jede Bedeutung verloren. Sie war ein Hauptthema in den ersten Arbeiten über Kinderzeichnungen. Sie war übrigens nur eine der Konsequenzen des Entwicklungsgesetzes, welches behauptete, daß das menschliche Wesen in seiner Entwicklung die Entwicklungsgeschichte der Arten nachvollziehe. Daher die ständig gesuchten Analogien zwischen dem Kind und dem Wilden. Kerschensteiner, der große Münchener Pädagoge, der einen großen Teil seiner Forschungen und seiner Lehre der Zeichnung gewidmet hat, machte sich zum Fürsprecher dieser Auffassung. Sie wurde von Lamprecht aus Leipzig übernommen, der im Seminar für Kulturgeschichte der Universität von 1904 eine umfassende Untersuchung über Kinderzeichnungen leitete, um sie mit den Kunstprodukten der prähistorischen Menschheit zu vergleichen (nach Rioux). Diese These wurde von Luquet[6] und in noch jüngerer Zeit von Gesell[7] wieder aufgegriffen. Nun kann man heute ohne Übertreibung behaupten, daß diese These ungenau ist. Die Anthropologen haben uns gezeigt, daß der Begriff des Primitiven nur wenig Sinn hat, denn wir bringen unter diesem Terminus riesige menschliche Gemeinschaften, die an einem bestimmten Zeitpunkt ihrer Entwicklung beobachtet wurden, und isolierte kleine Gruppen von Individuen der Gegenwart zusammen, die oft dazu verdammt sind, unter ungünstigen Bedingungen zu überleben. Aus psychologischer Sicht entwickelt sich das Kind von seiner Geburt an innerhalb einer Kultur, die es tief beeinflußt. Der Einfluß der Bilder, die es umgeben, der Sprache, über die es verfügt, darf nicht unterschätzt werden. Auf der Ebene der Zeichnung und ihres Stils selbst schließlich beruht die Gleichsetzung der primitiven Stile miteinander auf einer sehr unvollkommenen Kenntnis eben dieser Stile. In der Tat gibt es sehr unterschiedliche primitive Kunstarten. Zu dieser Frage findet man eine kurze, aber treffende Darlegung der Irrtümer der Theorie Luquets in dem Buch von D. H. Kahnweiler über Juan Gris[8]. Kurz, ein Teil der bildnerischen Ausdrucksformen, die wir unter dem Stichwort »primitive Kunst« einordnen, wurde offensichtlich zu nützlichen Zwecken und von Künstlern mit durchschnittlicher Geschicklichkeit hergestellt; darin ist sie der Volkskunst verwandt.

Ein interessantes Problem, das der Stil der Kinderzeichnung aufwirft, ist die Frage nach ihren Beziehungen zur Kunst ihrer Umwelt. Unglücklicherweise besitzen wir zu diesem Thema keine historischen Dokumente, und es ist natürlich sehr bedauerlich, daß wir keine Vorstellung davon haben, wie ein Kind des augustinischen Zeitalters oder des gotischen Mittelalters gemalt hat. Unsere Kenntnisse über die Volkskunst lassen uns vermuten, daß die Unterschiede wesentlich weniger bedeutend gewesen sein müssen, als diejenigen, die die entsprechenden großen Stile kennzeichnen. Übrigens wäre eine solche Untersuchung noch um so weniger möglich, als der Stil des Kindes offensichtlich sehr von den Mitteln abhängt, über die es verfügt, und als das, was wir unter dem Begriff der Kinderzeichnung und der Kindermalerei verstehen, ebenso ein Produkt unserer modernen Zivilisation wie ein Zeuge der kindlichen Seele ist. Das einzige Unternehmen, das an sich notwendig, aber praktisch nicht realisierbar gewesen wäre, ist die vergleichende Untersuchung der kindlichen Kritzeleien.

Kann man wenigstens zu einer vergleichenden Untersuchung mit heutigen Völkerschaften kommen, die sich von unserem kulturellen Milieu unterscheiden? Ein französischer Volksschullehrer namens Probst hat die Zeichnungen von Kindern eines Kabylenstammes untersucht, und seine 1907 veröffentlichten Ergebnisse haben die Originalität der Kabylenzeichnungen im Vergleich mit den Zeichnungen europäischer Kinder hervorgehoben. Georges Rioux hat kürzlich diese Untersuchung auf wesentlich strengerer methodologischer Basis wieder aufgenommen, und seine Ergebnisse sind ziemlich negativ. »Unsere Untersuchung unter Nordafrikanern hat uns erlaubt, bei den Europäern und bei den Muselmanen eine identische Entwicklung der psychischen Charakteristika kindlichen Malens festzustellen, die entsprechend den Phasen verläuft, die die großen Klassiker der Zeichnung festgelegt haben; außerdem ist eine gleiche Bereitschaft zur Aufnahme von Einflüssen der Gegenwart festzustellen.« Sicher gebe es einige formale Besonderheiten, die aber nur eine Anlehnung an dekorative Formen der Umgebung darstellten, ohne die tieferen Eigenarten der Wahrnehmung des graphischen Raums einzubeziehen.

Diese Schlußfolgerungen dürfen uns kaum in Erstaunen setzen, wenn man weiß, in welchem Maße die Bilder, die unsere westliche Kultur produziert hat, sich über die ganze Erde verbreitet haben. Selbst bei den entlegensten Stämmen Afrikas kann man Kinder finden, die sogleich nach dem Erscheinen von Zeitungen und Plakaten Kopien von ihnen hergestellt haben.

Dies stimmt mit der Tatsache überein, daß das Kind eher versucht, gezeichnete Formen zu reproduzieren, als zu Papier zu bringen, was es sieht.

Es gibt also einen Stil der Kinderzeichnung. Wir wissen nicht, in welchem Maße er von dem unserer Kultur eigenen dekorativen und repräsentativen Stil abhängt. Wenn er sich an ihm inspiriert, dann zieht er wahrscheinlich seine Hauptcharakteristika aus psychologischen Eigenarten und aus den materiellen Mitteln, die dem Kind zur Verfügung stehen.

Kann man die Natur dieses Stils präzisieren? Luquet hat es versucht, und ihn als Realismus bezeichnet. Das Kind klammert sich nicht an die Reproduktion der Formen um ihrer selbst willen; es achtet nur darauf, daß durch sie ein nicht gegenwärtiges Objekt bezeichnet werden kann. Hier liegt vielleicht der größte Unterschied zwischen der Kinderzeichnung und der bildenden Kunst. Bei jedem Versuch in der bildenden Kunst wird die Form niemals ausgeführt, ohne daß man an ihrem einfachen Anblick ein gewisses Vergnügen fände, während die erzählende Absicht immer sekundär bleibt – wenn nicht in der Intention, dann mindestens in der Ausführung. Beim Kind gibt es das nicht. Der plastische Wert des Bildes verschwindet, und nur sein »signifikanter« Wert bleibt.

Deshalb versucht das Kind nach Maßgabe seiner Mittel, immer die Realität wiederzugeben. Sein Bemühen um genaue Beobachtung, seine Freude am Detail, seine Kommentare, all das zeigt seine realistische Tendenz. Und Luquet gibt hier dem Begriff Realismus die Bedeutung, die er in der Kunstgeschichte besitzt. Die kindliche Kunst wäre so realistisch wie die eines Van Eyck, eines Chardin oder eines Courbet. Wie ließe sich aber dann die Größe des Unterschieds zwischen der Kinderzeichnung und der realistischen Kunst erklären? Hauptsächlich durch die unzureichenden Mittel. Luquet sieht sich darauf veranlaßt, in der Entwicklung der Zeichnung eine Reihe von Phasen zu unterscheiden, von denen jede durch ein bestimmtes Attribut des Realismus charakterisiert ist: Die erste Phase ist die des *zufälligen Realismus:* »am Anfang ist die Zeichnung für das Kind kein System von Linien, das ausgeführt wurde, um ein Bild zu machen, sondern einer Reihe von Linien, die ganz einfach gezogen wurden, um Linien zu ziehen.« Die Identität zwischen einer so entstandenen Form und der eines Gegenstands kann nur ein Zufallseffekt sein. Diese Entdeckung wird das Kind nicht vergessen: es wird versuchen, sie zu reproduzieren, die Erfahrung von neuem zu machen; aber diese Versuche werden natürlich mit zahlreichen Mißerfolgen bezahlt, die jedoch aufgrund eines Lernvorgangs im Vergleich zu den Erfolgen abnehmen werden. Das ist die Phase des *verfehlten Realismus.*

In dem Maße, wie die Erfolge an Zahl zunehmen, entwickelt sich ein eigener Stil, der vom *intellektuellen Realismus* gekennzeichnet ist. Die Dinge werden nicht in Funktion dazu dargestellt, was das Kind sieht, sondern dazu, was es von den Dingen weiß: »das Kind zielt absichtlich und zweifellos bewußt darauf ab, von dem gezeigten Gegenstand nicht nur das zu reproduzieren, was man von ihm sehen kann, sondern alles, was an ihm ›ist‹, und jedem seiner Elemente die exemplarische Form zu geben.«

Dann ordnet das Kind wie der Erwachsene seine Zeichnung immer mehr dem unter, was es sieht; das ist die Phase des *visuellen Realismus,* die sich in der Hauptsache darin äußert, daß das Kind sich in der Ausführung mehr oder weniger geschickt der Perspektive unterordnet. »Das Kind hat von nun an, was die Zeichnung betrifft, die Stufe des Erwachsenen erreicht; nur die technische Geschicklichkeit, die durch eine spezielle Ausbildung entwickelt wird, schafft in dieser Hinsicht noch Unterschiede zwischen den Individuen . . .«

Diese Schematisierung der Entwicklung der Zeichnung hat alle späteren Arbeiten mehr oder weniger bestimmt. Sie entspricht in der Tat objektiven Gegebenheiten. Trotz alledem hat es an Kritik nicht gefehlt, was die Terminologie Luquets und ihre theoretischen Implikationen angeht.

Wenn Luquet uns zeigt, daß der allgemeine Stil der Kinderzeichnungen durch den Realismus gekennzeichnet ist, dann gibt er vor, den Begriff in einem allgemeingültigen Sinn zu gebrauchen: Das Kind interessiert sich nicht für die formalen Werte als solche, sondern für ihre Fähigkeit, darzustellen, etwas zu bedeuten. Nachdem wir gesehen haben, wie er die Entwicklung dieser Bemühung um Realismus beschrieben hat, können wir feststellen, daß er diesem Begriff einen anderen Sinn gibt. Er identifiziert Realismus mit visuellem Realismus und betrachtet die Stadien, die ihm vorausgegen, als vorbereitende Stadien. Von visuellem Realismus sprechen heißt hier, einen Bezug zwischen der Darstellung des Gegenstands und der Ansicht, die man von ihm gewinnen kann, im Auge haben. Das Kind würde sich, seinen Fähigkeiten gemäß, auf ein Stadium hin bewegen, in dem es die Darstellung eines Gegenstands von der Darstellung her definierte, die ihm die »einfache« Wahrnehmung des Gegenstands erlaubt. Die Schwierigkeit besteht für Luquet darin, den Übergang vom intellektuellen Realismus zum visuellen Realismus zu erklären, oder besser, zu erklären, warum das Kind durch den intellektuellen Realismus hindurchgehen muß, bevor es den visuellen Realismus des Erwachsenen erreicht.

Wenn uns der Stil der Kinderzeichnungen durch seine Originalität und eine deutlich ausgeprägte Einheit beeindruckt, die ihn von jeder anderen Form bildnerischen Ausdrucks unterscheidet, dann sicher nicht als der mühsame und dem Mißerfolg geweihte Versuch, die Dinge in der Weise des Erwachsenen darzustellen.

Das Beste an Luquets These ist, den Akzent auf den Begriff Realismus gelegt zu haben. Sein Irrtum war vielleicht, den psychologischen Realismus des Kindes aufgrund einer etwas eng gefaßten Sicht der Kunstgeschichte ohne Diskussion mit dem visuellen Realismus der Maler identifiziert zu haben. Der Realismus des Kindes ist durch seine Bemühung um Bedeutung gekennzeichnet und steht im Gegensatz zu jeder Bemühung, sich der Formen um ihrer eigenen Schönheit willen zu bedienen. Aber um Bedeutung zu schaffen, benutzt das Kind Malweisen, die sich von denen des visuellen Realismus stark unterscheiden. Zu jeder Zeit bilden die graphischen Schemata, über die es entsprechend seinen motorischen Fähigkeiten und seinen Möglichkeiten der räumlichen Orientierung verfügt, ein Vokabular, das ihm erlaubt, die Wirklichkeit darzustellen. Die Wirklichkeit darstellen bedeutet, in dem graphischen Schema eine gewisse Analogie zu dem zu finden, was es von dem Objekt wahrnimmt. Statt einen subjektivistischen Blickwinkel zu bevorzugen wie im visuellen Realismus, in dem die Dinge alle aus einem einzigen Blickwinkel und in einem homogenen Raum abgebildet werden sollen, bedient sich das Kind eines jeden Blickpunkts, der die Schemata, über die es verfügt, legitimieren kann. Es sind dieser Einklang zwischen den Dingen und den Schemata, diese Notwendigkeit einzelner Blickwinkel, die dem kindlichen Stil seine Originalität gibt.

Der kindliche Stil hängt also unmittelbar von dem Reifungsprozeß des perzeptiven und des motorischen Apparats ab. Der Stil verweist mit Notwendigkeit auf die Entwicklung. Ohne Kenntnis der Entwicklung gibt es kein vertieftes Verständnis des Stils.

Die Entwicklung der Zeichnung

Zahlreiche Klassifizierungen nach Stadien sind vorgeschlagen worden, die die Entwicklung der Zeichnung erklären sollen. Alle sind sie einleuchtend und einander übrigens eng verwandt. Das Schema Luquets ist vielleicht in seinen Begriffen von theoretischen Vorurteilen gekennzeichnet. Wir werden jedoch, indem wir die Terminologie modifizieren, mit ihm drei Phasen unterscheiden: eine *Phase des Kritzelns,* in der sich das Kind mit Freude darin übt, Formen auf eine Fläche zu zeichnen, ohne zu versuchen, ihnen eine Bedeutung zu geben; eine *Phase des kindlichen Realismus,* die der Periode des intellektuellen Realismus entspricht, der Höhepunkt der Kinderzeichnung, um den Begriff Luquets aufzunehmen; und eine Phase des *visuellen Realismus,* in der das Kind die Abbildung der Gegenstände einem einzigen Blickwinkel unterordnet. Diese drei Phasen sind durch tiefgreifende Wandlungen voneinander geschieden, die wir zu analysieren versuchen werden: *Beginn der bildlichen Darstellung, Beginn der Abbildungsintentionen, Aufgeben des kindlichen Realismus, Verfall des kindlichen Zeichnens.* Schließlich sollte die Entwicklung der zeichnerischen Fähigkeiten selbst im Verlauf jeder Phase analysiert werden.

1. Der Beginn des zeichnerischen Ausdrucks

Wie viele andere wollen wir die meisterhaften Sätze Wallons aus seiner Einleitung für die der Kinderzeichnung gewidmeten Sondernummer der Zeitschrift *Enfance* (Oktober 1950) zitieren: »Man hat sagen können, daß die Zeichnung ursprünglich eine einfache Folge der Gebärde ist. Es ist die Gebärde, die die Spur ihrer Bahn auf einer Fläche hinterläßt, die sie festzuhalten fähig ist. Aber es gibt viele Ebenen in diesen Beziehungen zwischen der Gebärde und ihrer Spur. Sie dürfen nicht einseitig sein. Die Zeichnung kann nur entstehen, wenn die Spur oder die Linie das Motiv der Gebärde wird, selbst dann, wenn sie als zufällige begonnen hätte. Es muß eine Rückwirkung der Wirkung auf die Ursache geben. Die Wirkung muß ihrerseits Ursache werden.«

Am Anfang gibt es, kurz gesagt, das zufällige Zusammentreffen einer Gebärde und einer Oberfläche, die sie festhält. Das Kind wird sich der Relation von Ursache und Wirkung zwischen seiner Gebärde und der hinterlassenen Spur bewußt. Es möchte sie wiederholen. Zunächst ist es nicht imstande, seine Gebärde zu wiederholen, und es wird seine Freude daran haben, hinterher zu entdecken, was für Erfindungen seine noch schlecht kontrollierten Bewegungen ohne sein Wissen hervorgebracht haben. Aber in dem Maße, wie sich seine motorische Kontrolle vervollkommnet, bemüht es sich systematisch darum, eine bestimmte Form zu reproduzieren.

Wie ereignet sich dieses Zusammentreffen der Gebärde und der Fläche, die sie aufzeichnet? Diese Anfangszeit der Zeichnung war Gegenstand einer Studie von Pierre Naville in derselben

Nummer von *Enfance*[9]. A priori können zahlreiche Oberflächen die spontane Gebärde des Kindes festhalten. Jede Oberfläche kann dazu dienen, die im Bereich des Ausdehnungsraums der Körperorgane in Bewegung liegt; man kann sie als die Tangenten der Oberfläche einer Kugel darstellen, deren Radien, grob gesagt, durch die Arme und Beine gebildet werden. Der Sand oder der Staub, in denen das Kind mit seinem Fuß oder seiner Hand herumkratzt, die Mauer, die es beschmiert, sind oft die ersten Urbilder dafür. Aber hier tritt ein Phänomen auf, dessen ganze Bedeutung Naville hervorhebt: Es ist selten, daß sich die Gebärde direkt in die Oberfläche einträgt, vielmehr sind dafür besondere Eigenschaften dieser Oberfläche notwendig, die sich selten finden (eine Mauer, die man mit dem Nagel leicht einritzen kann, staubiger oder sandiger Boden). Im allgemeinen ist für das Eintragen ein Hilfsmittel nötig, das das Herstellen einer Spur möglich macht. Wenn wir die Anfänge der Zeichnung betrachten, halten wir den Bleistift für das natürliche Instrument. Nun verbindet aber dieses Instrument, das ganz an unsere Kultur gebunden ist, die Funktionen des Ritzens von Linien und des Farbauftrags miteinander. Durch die Gebärde verfährt er nach Art einer jeden gravierenden Spitze, wie der Stichel oder der Meißel; aber er hinterläßt eine Spur, die materielle Ablagerung eines hauchdünnen Graphitfilms.

Diese veranlaßt uns, am Anfang die Handhabung des »Griffels« und das Hinterlassen der »Spur« zu unterscheiden. Wie Naville schreibt, »haben alle Beobachter das Kind, dem man einen Stift in die Hände gibt, ganz selbstverständlich als den Prototyp des Schreibers betrachtet, ohne sich zu fragen, ob dieser kleine improvisierte Schreiber nicht das Ergebnis einer voraufgegangenen Entwicklung ist, die zu untersuchen sich lohnen würde.« Es wäre eine Vorgeschichte der Zeichnung zu schreiben, die dieses Zusammentreffen des Stiftes (und der ungeschickten Hand, die ihn hält) mit dem Blatt Papier vorbereitet haben. Vor diesem Moment, der durch die Kultur bedingt ist, und der die Epoche der Zeichnung einleitet, produziert das Kind in verschiedenen Weisen Spuren. Dafür genügt es, wenn es über ein gravierendes Element verfügt (die Hand oder jeder Gegenstand, der deren Aktion verlängert), das aus einer Substanz besteht, welches den Fortbestand der Spur sicherstellt, und einer Oberfläche, die den Abdruck empfängt.

Die Substanz kann fehlen, und die Finger reichen aus, eine Spur zu hinterlassen, aber diese ist dann schwach und wenig sichtbar. Das Kind ist vor allem an dauerhaften Spuren interessiert. Denn die Beständigkeit der graphischen Spur beglückt es besonders. Darin bildet sie das Gegenteil der klingenden Spur, die natürlicherweise sofort verschwindet (außer man geht daran, sie aufzunehmen, was das Kind und den Erwachsenen immer fesselt). Diese Dauerhaftigkeit der graphischen Spur ist also Quelle des Glücks. Sie ist »das erste Produkt, das vor den Augen des kleinen menschlichen Wesens eine eigene, von ihm losgelöste Wirklichkeit, ein »Double« darstellt. Das Kind scheint gerade deshalb völlig absorbiert von seinem graphischen Werk zu sein, weil dieses sich von ihm gelöst hat, während die Herstellung von Tönen, die von dem unmittelbaren Herstellungsprozeß nicht zu trennen ist, es nicht ›absorbiert‹, es aber ganz und gar ausdrückt«.

Ebenso wie sich das Kind im zweiten Halbjahr seiner Existenz an seinen Stimmeffekten erfreut, die es hervorruft, indem es seine Mund- und Kehlkopfmuskulatur in Bewegung setzt, so interessiert es sich für das, was der Autor als »graphisches Plappern« bezeichnet, d. h. an dem spielerischen, ungeordneten Ausdruck der manuellen Gebärde. In diesem Stadium hat das Problem des Farbauftrags Vorrang vor dem schreibenden »Griffel«. Ließe man das Kind in seinen Spielen frei gewähren, so würden wir es mit Freude jede Substanz mit Hilfe seiner Finger bearbeiten sehen, welche geeignet ist, eine Spur zu hinterlassen; dabei kann es sich um seinen Kot, um Wasser oder um jeden anderen teigigen oder flüssigen Stoff handeln, der für diesen Zweck geeignet erscheint.

Aber »die Eltern oder die Betreuer des Kindes neigen dazu, alles von ihm fernzuhalten, was es dazu veranlassen könnte, Schmutz oder Flecken zu machen oder sich mit Schmutz zu beschäftigen«. Erst viel später wird man dem Kind erlauben, zu malen, mit 7 oder mit 8 Jahren, aber vorher muß es auf dieses direkte Ausdrucksmittel verzichten, um sich dem schreibenden »Griffel« anzupassen, den der Stift darstellt.

Was geschähe, wenn man die Funktion sich natürlich entwickeln ließe? Das ist schwierig zu sagen. Man beobachtet an den Fällen, wo eine begrenzte Erfahrung möglich ist, daß das Kind dazu neigt, den Fleck mehr und mehr auszubreiten, es stürzt sich »in wildes grenzenloses Geschmier ... Sein Interesse für die ›weit ausgebreiteten‹ Flecken mündet schließlich in seine Freude an dem Herumwaten in Schlamm, an der Überschwemmung«. Dieses Verhalten läßt sich unserer Meinung nach aus seinem befreienden Charakter, als Reaktion auf die Erziehung zur Sauberkeit herleiten, der das Kind gewöhnlich unterworfen ist. Es ist nicht sicher, ob sich diese Aktivität, wenn sie fortwährend gestattet würde, nicht an Ordnung gewöhnen und eine originelle Art des bildnerischen Ausdrucks gestatten würde. Vielleicht würde das Kind auch auf ganz natürliche Weise das Interesse daran verlieren zugunsten einer zeichnerischen Betätigung linearen Typs, der dem Wunsch nach Ausdruck angemessener wäre. Es scheint auf jeden Fall, daß die Freude an der Farbe hier keine Rolle spielt, denn das Kind empfindet dieselbe Freude an Flecken von neutraler Farbe (braun oder grau) wie an farbigen. Besteht schließlich eine Verbindung zwischen diesem Vergnügen an der Spur und dem Interesse, das das Kind für seine Exkremente zeigt, das die psychoanalytischen Arbeiten hervorgehoben haben? Noch früher kann man sich fragen, ob nicht auch zwischen dem Umgang mit Nahrungsmitteln und der zeichnerischen Betätigung eine Verbindung besteht. »Letzten Endes, einen Riegel Schokolade, einen Löffel Suppe oder ein Stück Brot in der Hand zu halten, sie hin und her zu bewegen, an ihnen zu saugen, sie hinunterzuschlucken etc. ..., das sind alles Verhaltensweisen, die manche Gemeinsamkeiten mit denen des Kritzelns und Schmierens aufweisen.« Die Spur ist also ursprünglich Ausdruck der primitivsten Funktionen des vegetativen Lebens. Mit dem Vorherrschen des Interesses an der Funktion des Exkrementierens (anales Stadium) wird diese Verknüpfung zwischen den organischen Funktionen und der Spur noch enger. Der Ausdrucks-funktion des Strichs geht nicht nur die Funktion der Spur voraus, sondern diese prägt sich auch den elementarsten Determinismen des Instinktlebens auf.

Wir wollen trotzdem bemerken, daß das ausschlaggebende Moment das ist, in dem das Kind eine Verbindung zwischen der Gebärde und der Dauerhaftigkeit der Spur entdeckt, die diesem Akt eine Bedeutung verleiht, die die Tätigkeit des Kritzelns und Schmierens nicht hat.

Lassen wir also die Spekulationen über die Entwicklung einer bildnerischen Betätigung, die nicht durch den Gebrauch des schreibenden »Griffels« beeinflußt wäre.

Dieser wird dem Kind aufgezwungen und wird der Spur eine neue Dimension, nämlich die des Strichs hinzufügen. Je nach sei-ner Natur wird die Gestalt des Strichs übrigens verschieden sein, und eine graphische Einübung, auf der Grundlage des Pinsels, würde anderen Gesetzen folgen, als denen, die durch den Ge-brauch des Stiftes festgelegt sind. Es fände sich da zweifellos ein verstärktes Interesse am Ausmalen und ein geringeres am Umriß.

Deshalb hängen alle Beobachtungen, die über den Umgang mit dem Stift und die Entwicklung der Linien gemacht worden sind, nicht nur mit der psychomotorischen Entwicklung, sondern auch mit der Natur des benutzten Instruments zusammen. Die-ser Umstand verleiht jeder Untersuchung über die graphische Tätigkeit eine gewisse Relativität.

Der Ursprungsmoment der Zeichnung bleibt schließlich der, in dem das Kind einen kausalen Zusammenhang zwischen der Spur und seiner Gebärde erkennt, und die lange Zeit des Lernens beginnt, die es parallel zur motorischen Entwicklung dahinfüh-ren wird, seine Gebärde zu disziplinieren.

2. Das Kritzelstadium

Das Kind interessiert sich im Alter von einem Jahr für die Linien, die es zieht, und versucht, sie zu reproduzieren. Die zunehmende

Kontrolle dieser Tätigkeit ohne Darstellungsabsicht bildet die Phase der Kritzelei, die Luquet unter dem Namen des zufälligen Realismus beschreibt.

Die Kritzelei ist nach Prudhommeaus Worten[10] »eine schwingende, dann sich drehende Bewegung, die ursprünglich durch eine Beugegebärde bestimmt ist, die ihr die zentripetale Richtung gegen den Uhrzeigersinn verleiht. Die Feststellung, welche Wirkung man hervorgebracht hat, ist es, die die Handlung in Gang hält, den Zeichenakt stimuliert und die Gebärde sich wiederholen läßt . . .«. Die zunächst zeichnerische Gebärde des Kindes ist also eine Gebärde, hervorgerufen durch die Beugung des Unterarms, wobei das Handgelenk geradegehalten wird. Die gezogene Linie nähert sich dem Zeichnenden, von rechts nach links verlaufend (für den Rechtshänder). Wenn das Kind in der Gebärde nachläßt, entsteht eine entgegengesetzte Streckbewegung: eine umgekehrte Linie wird von links nach rechts gezogen, die sich nach oben vom Zeichnenden entfernt. Die beiden Linien beschreiben, grob gesagt, ein Oval, dessen oberer Rand, der der Beugegebärde entspricht, betont ist, während der untere Rand, der der Streckbewegung entspricht, kaum ausgeführt ist. Dieselbe Bewegung kann zu einer Kreisform führen, die sich von Mal zu Mal deutlicher abrundet, oder zu einer Häufung paralleler, schräger oder vertikaler Striche. Oft setzt die Beugegebärde zunächst einen schrägen Strich, der seine vertikale Richtung gegen Ende noch verstärkt.

Das Kind, das seine Bewegungen besser beherrscht, neigt dazu, die Rückwärtsbewegung (Streckbewegung) zu unterdrükken, und häuft die Schrägstriche von rechts nach links und von oben nach unten, die die Tendenz zeigen, sich immer mehr der Vertikalen zu nähern. In diesem Stadium erkennt man, wie sehr die zeichnerische Bewegung von der Körperachse abhängt.[11]

In dem Maße, wie die Motorik der distalen Funktionseinheit (Hand-Unterarm) unabhängiger von der Mittelachse wird, nimmt die Kontrolle dieser ersten Linienführung zu. Das Kind läßt zunächst die zurücklaufende, sich vom Körper wegbewegenden Linien ganz wegfallen und kann so die vertikale Orientierung seines Strichs verstärken. Gleichzeitig kann dann die Streckbewegung, von der es sich freimacht, unabhängig von der Bewegung zum Körper hin ausgeführt werden. Damit wird das Zeichnen einer horizontalen Linie möglich, die von links nach rechts verläuft und sich von der Achse des Zeichnenden entfernt. Diese Beherrschung der zeichnerischen Bewegung vom Körper weg tritt ungefähr mit anderthalb oder zwei Jahren auf. Das Kind verfügt jetzt über den horizontalen und den vertikalen Strich und kann Kreisformen eine regelmäßige Gestalt verleihen. Dieser Moment ist wichtig, denn in ihm entdeckt das Kind zugleich eine Analogie zwischen der wellenförmigen horizontalen Linie, die es zeichnet, und der Schrift, die es wahrnimmt, ohne natürlich ihren Sinn und die Gesetze ihres Aufbaus zu kennen. Es versucht sie zu imitieren und freut sich daran, über das ganze Papier hinweg eine horizontale Linie zu entwickeln. Ein schönes Beispiel für diesen Schrifttyp zeigen wir in der Zeichnung D. [siehe Anhang!] In dieser Phase der Kritzelei beherrscht das Kind weder den Ausgangs- noch den Endpunkt der Linie. Für diese zweite Aufgabe ist noch eine Menge Arbeit an der Fähigkeit zur Kontrolle und zur Hemmung der Bewegung nötig. Vorher ließ das Kind, das eine Linie zeichnet, die Bewegung bis an ihr Ende laufen, d. h. bis zu dem Moment, in dem der Arm in eine unbequeme Position gerät, die die entgegengesetzte Bewegung provoziert; die einzige Ausnahme war die, daß die Bewegung vor ihrer Vollendung durch die Begrenzung des Papiers unterbrochen wurde. Das Kind lernt nun, seine Bewegung willentlich anzuhalten; daher die kürzeren Linien, die gestrichelten Linien, die kleinen Schleifen, die an die Stelle der großen Linien und der großen Ovale des vorhergehenden Stadiums treten. Diese Technik der zerstückelten Linie, wird durch die Fähigkeit bereichert, eine Bewegung an Ort und Stelle auszuführen: das Kind kann seine Bewegung nicht nur in einzelne Teile zerlegen, es kann jetzt auch wieder am Ausgangspunkt ansetzen, um der zuerst ausgeführten Linie eine parallele oder darüber gezeichnete Linie hinzuzufügen. Es kann den Umfang seiner Bewegung begrenzen, indem es die proximalen Segmente des Arms und sogar des Unterarms fixiert und nur das Handgelenk und die Finger bewegt: die Beherrschung der Bewegung ist nicht mehr durch das starre Handgelenk gesichert, das der weiten Bewegung des Unterarms folgt, sondern durch die Kontrolle des Daumens, der die Bewegung des Handgelenks begrenzt. Die Bewegung wird also dem Distalsegment des Arms übertragen. Daraus folgt: das Vorhandensein eines vom Ellbogen gebildeten Angelpunktes erlaubt die fast automatische Rückkehr zum Ausgangspunkt. Es genügt, daß das Handgelenk von neuem gebeugt wird. Von daher entwickeln sich dann Techniken, die in der Häufung kleiner Striche und kleiner Schleifen bestehen und die damit eine Strichelung bewirkt. Liliane Lurçat hat diese Untersuchungen[12], die sie schon mit Henri Wallon begonnen hatte, wieder aufgenommen. Dieses Stricheln ist der Vorläufer eines viel fachmännischeren Strichelns, das es dem Kind später ermöglicht, die Unsicherheit über die Form durch kleine korrigierende Striche zu verdecken oder sogar durch ein noch geschickteres Verfahren eine plastische Gestaltung der Form zu realisieren. Hier macht das Stricheln nur das Zögern angesichts der mangelnden Kontrolle über die Amplitude des durchzogenen Strichs deutlich. Sie stellt einen Versuch dar, ihn zu begrenzen.

Ein anderer Faktor des Fortschritts ist die Verlangsamung der Bewegung. Solange diese den Unterarm und den ganzen Arm in Bewegung setzte, war die Kontrolle der Geschwindigkeit nicht möglich. Wenn die Bewegung von der distalen Motorik abhängig wird, verliert sie ihren explosiven Charakter des »Alles oder Nichts.« Die Verlangsamung ist jetzt möglich.

Alle diese Fortschritte – Begrenzung der durchgezogenen Linie, Stricheln, Verlangsamung der Bewegung – ermöglichen also den Übergang von dem durchgezogenen, weit ausholenden und unkontrollierten Strich zu einem unterbrochenen, kurzen oder wiederholten, linearen oder in Kurven verlaufenden.

Liliane Lurçat hat den größten Teil ihrer neuen Untersuchung dem Zusammenwirken von »Auge und Hand« gewidmet. Bei der Beobachtung, wie ein kleines Mädchen über längere Zeit hinweg (von den Anfängen bis zu drei Jahren) malt, kann sie zeigen, daß die visuelle Kontrolle früh beginnt. Mit achtzehn Monaten ist das Kind imstande, seine Linienführung einzuteilen und innerhalb der Grenzen des Papiers zu verwirklichen. In den folgenden Monaten entwickelt sich eine Kontrolle des Gesamtablaufs, die sich mehr auf die Bewegung als auf die Linienführung selbst auswirkt. Von zwei Jahren an beginnt »eine radikale Veränderung der ›Auge-Hand‹-Beziehungen: Das Auge folgt erst der Hand bei der zeichnerischen Produktion, dann übernimmt es die Führung.«

Die erste Kontrolle, eine einfache Kontrolle oder Kontrolle des Anfangs, erlaubt »dem Auge, die Hand zu einer bereits vorliegenden Zeichnung hinzuführen.« Das Kind kann nun von einem absichtsvoll gewählten Punkt der voraufgegangenen Zeichnung wieder ausgehen, um dort eine neue Linie anzufangen. Damit wird eine Linienführung in Winkeln, in berührenden Kurven und in der strahlenförmigen Anordnung gerader Linien um eine Kurve herum möglich. Diese neuen Formen stellen offensichtlich eine wichtige Bereicherung dar, die um die Mitte des dritten Lebensjahres erfolgt.

Die folgende Stufe ist durch das Auftreten der »doppelten Kontrolle oder der Kontrolle des Anfangs und des Endes« gekennzeichnet. Das Kind kann seinen Strich nicht nur von einem bestimmten Punkt ausgehen lassen, es kann ihn auch führen, um ihn an einem anderen festgelegten Punkt des Raums ankommen zu lassen. Diese Zeit ist offensichtlich entscheidend und setzt einen großen Fortschritt auf dem Gebiet der Wahrnehmung voraus. Das Kind kann von jetzt an eine Zeichnung vervollständigen und eine offene Figur schließen, indem es eine Linie zieht, die zwei Endpunkte oder zwei Teile der vorliegenden Zeichnung miteinander verbindet.

Die doppelte Kontrolle ermöglicht eine neue Bereicherung des Formenschatzes. Vielecke, die Andeutung von Quadraten oder Dreiecken werden möglich. Nichtgeschlossene Ovale oder Kreise können vollendet werden. Alles steht für den Versuch des Kindes bereit, eine »darstellende« Zeichnung zu entwerfen. Später werden andere Faktoren der räumlichen Integration ins Spiel kommen. Die geplante Wiederholung nebeneinandergesetzter Figuren, die Möglichkeit, symmetrische, dann asymmetrische Formen zu verwirklichen, sind Aspekte, mit denen sich L. Lurçat beschäftigt hat.

Eine ebenso wichtige Zeit ist die, in der das Kind eine neue Linie von einer bestimmten Stelle aus ziehen kann, die nicht ein Abschnitt der früheren Zeichnung ist, sondern ein bestimmter Punkt des Raums zwischen den Linien. Lange Zeit hat sich das Kind sicher gefühlt, wenn es seinen neuen Strich von einer schon gezogenen Linie aus zog. Zum Beispiel wird das Auge dann so gezeichnet, daß es das Oval des Kopfes berührt, oder das Fenster so, daß es an der Mauer beginnt, die die Fassade des Hauses begrenzt. Später kann das Kind das Auge oder das Fenster an die richtige Stelle in den weißen Raum setzen, der von dem Oval oder dem Viereck eingerahmt wird, das die Figur begrenzt.

Diese technische Vervollkommnung hängt von einer wachsenden Kontrolle der Motorik und von einer wachsenden Integration der visuellen Gegebenheiten in diese motorische Kontrolle ab. Sie sind an einen biologischen Reifungsprozeß gebunden, der offensichtlich durch die Wiederholung der Übungen erleichtert wird, der aber in der Hauptsache von der neurologischen Konditionierung abhängt. Echte Schemata, in denen die motorischen und visuellen Faktoren eine Rolle spielen, entwickeln sich entsprechend. Die individuellen Besonderheiten sind ebenfalls von Bedeutung. Bestimmte Kinder, die sonst intellektuell begabt sind, können in der Entfaltung ihrer zeichnerischen Fähigkeiten eine große Verspätung zeigen. Hier ist es schwierig, präzise die Altersstufen anzugeben, in denen sich die Fortschritte zeigen müssen. Im übrigen findet jedes Kind seinen eigenen Stil; das eine bewahrt sich einen speziellen Sinn für durchgezogene Linien, für weiträumige Zeichnungen, mit manchmal ungeschickten, aber immer energischen Linien. Das andere greift lieber auf das Stricheln zurück, das ihm die Darstellung bewegter Formen erleichtert, wobei es gleichzeitig sein Zögern und seine Ungeschicklichkeit verbergen kann. Dieses andere Kind bevorzugt die gewellte Linie, die Schleifen, die

Spiralen, die seinem Stil eine gewisse Weichheit, aber auch den Zauber des Lieblichen verleihen. Das alles sind Besonderheiten der Schreibweise, die mit den elementaren motorischen Fähigkeiten zusammenhängen und mit den Zufällen, die sich bei der Übung dieser Fähigkeiten ereignen, die übrigens auch beim erwachsenen Künstler eine Rolle spielen. Wir finden unter den Worten Wallons – bei Liliane Lurçat – eine Formel, die sie so zusammenfaßt: »Die Malweise ist nicht eine Frage der Niveaus, sondern eine Frage des Temperaments oder der frühen oder ausschließlichen Orientierung der Betätigung in einem bestimmten Sinn . . . Die Malweise beim Maler ist die Unterordnung unter motorische Schemata.«

Aber man muß kein Maler oder Zeichner von Talent sein, um einen zeichnerischen Stil zu besitzen. Die Untersuchung der Kritzeleien, die jeder von uns fast automatisch auf den Rand eines Blattes Papier, auf das Papiertischtuch usw. macht, zeigt, daß bei jedem Individuum die motorischen und visuellen Schemata einer besonderen Organisation unterliegen, in der diese oder jene Anordnung der Linien vorherrscht.

3. Die Anfänge der darstellerischen Intention

Wir lassen diese Vervollkommnung der Bewegung ihren Gang gehen, einer Bewegung, die mehr und mehr den Intentionen des Zeichners gehorcht, dank der Koordinierung, die sie mit den visuellen Gegebenheiten herstellt. Der Fortschritt, der im Laufe des dritten, des vierten Lebensjahres besonders augenfällig ist, hört nicht auf, wird aber immer weniger sichtbar. Das läßt sich durch zwei Faktoren erklären: Einerseits werden nach einem allgemeinen Entwicklungsgesetz die Fortschritte immer langsamer, und die Unterschiede, die man von einem zum anderen Monat in den Zeichnungen dreijähriger Kinder beobachtet, sind wesentlich bedeutender als die in der Malweise eines Kindes zwischen neun und elf Jahren. Andererseits ist die Auswirkung der zeichnerischen Bewegung durch das Problem der bildlichen

Darstellung und durch die Anstrengung, die das Kind unternimmt, um die Gegenstände darzustellen, in den Hintergrund gedrängt.

Diese Intention bildlicher Darstellung tritt plötzlich auf. Vorher machte es dem Kind Spaß, auf das Papier oder den Boden zu kritzeln, ohne zu versuchen, seiner Zeichnung einen Namen zu geben. Eines Tages benennt es die dargestellte Form. Wie Prudhommeau von seinen Beobachtungen an »Claude« berichtet: »Mit einem Jahr, 7 Monaten und 20 Tagen malt er auf das Parkett eine seiner üblichen Kritzeleien und erklärt, daß er eine »Krabbe« zeichne. Diese ist die erste Zeichnung, die er spontan mit einer klar ausgesprochenen Darstellungsabsicht gemacht hat: es ist eine Zeichnung aus dem Gedächtnis, angeregt durch ein Tier, dem das Kind, das sich damals am Meer aufhielt, viel Aufmerksamkeit widmete.«

Dieser Moment kommt nicht immer so früh. Er hängt von der Reife des Betreffenden ab, aber auch vom Einfluß der Umgebung. In der Regel wird ein Kind selten aufgefordert, ein Objekt zu zeichnen, ehe es sich dazu imstande fühlt. Wenn es auch auf einen solchen Vorschlag hin oft mit einer Verweigerung antwortet, so wird es doch manchmal dazu veranlaßt, in seinen Zeichnungen nach einer Ähnlichkeit zu suchen, ehe es von sich aus darauf gekommen wäre.

Diese erste Intention bildlicher Darstellung ist übrigens fast immer eine Interpretation im Nachhinein. Wie in dem Beispiel Prudhommeaus gibt das Kind seiner Zeichnung einen Namen, nachdem es sie gezeichnet hat, und es ist glücklich, zwischen der hergestellten Form und dem vorgestellten Gegenstand eine Analogie zu finden.

Darf man annehmen, daß in dieser ersten Zeichnung, die für eine »bildliche Darstellung« gehalten wird, das Kind objektiv eine Form verwirklicht hat, die genauer darstellt, als die, die es herzustellen gewöhnt war? Das ist sehr zweifelhaft. Oft ist das genannte Objekt eines, das aus diesem oder jenem Grund das Kind besonders interessiert: im allgemeinen wohl ein leicht darstellbares Objekt – eine Krabbe, Rauch, ein Haus, ein Männchen, ein Tier usw. Wie kommt es nun, daß das Kind gerade diese Zeichnung auswählt, um eine Intention bildlicher Darstellung mitzuteilen? Lange vorher wußte das Kind, daß Bilder eine Bedeutung haben könnten. Mit einem Jahr ungefähr interessiert es sich für die ersten bunt ausgemalten Formen, es streichelt sie, führt sie an den Mund. Die Erwachsenen um es herum scheinen von ihnen sehr angezogen zu sein, sie spielen damit und betrachten sie mit Interesse. Das Kind bringt übrigens Bild, Schema und gedruckten Text durcheinander. Was es ahnt, ist die symbolische Kraft der Information, den die Linien besitzen, deren Sinn es nicht kennt. Es entdeckt so die formalen Analogien zwischen bestimmten Bildern und den Gegenständen, die es kennt und die es sieht. Mit etwa achtzehn Monaten beginnt es, einen Teil oder das Ganze eines Bildes zu benennen. Die Umgebung spielt eine wichtige Rolle. Die Eltern zeigen ihm die Bilder, benennen ihm die Gegenstände eines Buchs. Aber dieser äußere Einfluß bliebe wirkungslos, wäre das Kind nicht bereit, die mögliche symbolische Verbindung zwischen einem bestimmten Gegenstand und dem farbigen Fleck, den es betrachtet, herzustellen. Diese Fähigkeit, sich den Gegenstand nach dem Bild vorzustellen, scheint übrigens für unsere menschliche Welt spezifisch zu sein. Das Tier ist offensichtlich ganz und gar unfähig, diese symbolische Verbindung zu erfassen. Diese Tatsache läßt sich mit dem Verhalten des Tieres und des zehn Monate alten Kindes vor einem Spiegel vergleichen. Das Tier (eine Katze oder eine Schlange zum Beispiel) wird einen Moment durch die Spiegeltäuschung gefesselt, es untersucht die Rückwand des Spiegels, versucht, um den Spiegel herumzugehen, wendet sich aber bald wieder ab und verliert das Interesse an ihm, da es sich von der Nichtigkeit des Objekts überzeugt hat, das es einen Moment lang täuschen konnte. Im Gegenteil dazu bleibt das Kind gefesselt. Diese Entdeckung des virtuellen Bildes bereitet die ganze spätere Entwicklung des symbolischen Denkens vor.

Aber wenn das Kind auch mit einem Jahr die Intuition des symbolischen Wertes vom Bilde hat, versucht es in seinen ersten Kritzeleien trotzdem nicht, die Dinge darzustellen. Die Intention fehlt vielleicht nicht, aber die Dürftigkeit seiner formalen Mittel gibt ihm ein Gefühl des Unvermögens. Wenn man versucht, es etwas darstellen zu lassen, behauptet es, das nicht zu können. Seine Zeichnungen sind eben »Zeichnungen, mehr nicht«. Es erhebt nicht den Anspruch, ihnen eine Bedeutung zu geben. Das Vergnügen, eine Spur zu hinterlassen, genügt ihm. Welches Ereignis bewirkt also den Wandel in der Intention? Für Luquet ist es die Entdeckung einer Analogie: »Aber es kommt ein Tag, an dem das Kind eine mehr oder weniger vage Analogie zwischen dem Aussehen einer seiner Zeichnungen und dem irgendeines realen Objekts bemerkt; es betrachtet daraufhin die Zeichnung als eine Darstellung des Objekts ...«

Das Kind, das zufällig die Ähnlichkeit zwischen der Spur und dem Gegenstand entdeckt, würde sich also der Tatsache bewußt, daß auch es imstande ist, die Dinge bildlich darzustellen.

Diese These ist sehr problematisch. Wenn das Kind diese Ähnlichkeit aufgrund der objektiven Gegebenheiten entdeckt, müßte auch der Erwachsene, der die Zeichnung betrachtet, sie als die erste darstellende Zeichnung (oder als eine der ersten) erkennen. Das ist jedoch nicht der Fall: jene erste Zeichnung beeindruckt uns nicht besonders durch ihre Ähnlichkeit. Diese hängt also nicht von den objektiven Eigenschaften der Form, sondern von der subjektiven Disposition des Kindes ab. Kurz gesagt, die zufällige Ähnlichkeit entspringt nicht der Form selbst, sondern einer plötzlichen und neu erworbenen Fähigkeit, eine Analogie zwischen einer Form und einer Gegebenheit der Wahrnehmung zu entdecken. Denn die Ähnlichkeit, die das Kind entdeckt, ist weit von jener entfernt, die es in den Bildern findet, die man ihm zeigt. Was es in seiner Zeichnung bemerkt, ist die Konsequenz einer ganzen Entwicklung. Es hat nicht versucht, seine zeichnerische Produktion immer stärker seiner Wahrnehmung zu unterwerfen. Wir haben gesehen, daß das Kind seine zeichnerischen Mittel unabhängig von jedem Wunsch nach bildlicher Darstellung vervollkommnet. Es stellt diese neue »Ähnlichkeit« fest, weil es mehr und mehr gelernt hat, Bilder zu lesen. Zunächst waren es einfache Gegenstände, die identifiziert werden konnten.

Dann gelang es ihm, kompliziertere, weniger schematische Formen zu erkennen. Es hat auch gelernt, eine mehrdeutige Figur zu interpretieren, den Kontext und bestimmte Details zu berücksichtigen. Kurzum, es hat gelernt, immer kompliziertere Komplexe von Formen und Farben zu interpretieren.

In dem Maße, wie das Kind diese Fähigkeit steigert, vergrößert es nach unserer Beobachtung seine Fähigkeit, komplexe Formen zu realisieren, noch ohne eine bildliche Darstellung zu beabsichtigen. Es kommt ein Zeitpunkt, in dem sich diese beiden Entwicklungen begegnen. Dies ist der Moment, in dem das Kind, das jetzt fähig ist, eine ausreichend komplexe Form zu zeichnen, in dieser Form ein formales Schema entdeckt, das es auch in einem Bild wiedererkennen würde, das man ihm zeigt. Die erste Zeichnung des Kindes mit der Absicht bildlicher Darstellung, d. h. die erste Gesamtheit von Linien, die das Kind deutet, erfolgt in dem Moment, in dem es den Gesamtkomplex von Linien, den es zeichnen kann, mit der Form zu identifizieren vermag, deren Bedeutung es entziffern kann. Hier trifft die Entwicklung von motorischen Fähigkeiten der Wahrnehmung mit den Fortschritten des Kindes in der symbolischen Entschlüsselung zusammen.

Dieses Zusammentreffen ist also weitgehend durch Reifungsprozesse (motorischen Fähigkeiten und Wahrnehmungsfähigkeiten) und durch soziokulturelle Wirkungen (erzieherische Verwendung der Bilder) bestimmt. Es ist also nicht zufällig, sondern entsprechend der Auswirkung dieser Faktoren variabel. Dagegen spielt das Bild, das der Anlaß für dieses Phänomen gewesen ist, nur eine zufällige Rolle. Es hat oft keine objektiven Eigenschaften, die es für diese Funktion besonders geeignet erscheinen ließen.

Diese erste Deutung bewirkt beim Kind eine lebhafte Befriedigung, aber identische Erfolge müssen nicht notwendigerweise folgen. Das Kind kann die Deutung nicht auf andere Zeichnungen anwenden, denn die Koinzidenz zwischen einer wahrgenommenen und einer realisierten Form ereignet sich nicht sofort bei anderen Gegebenheiten der Wahrnehmung und anderen Zeichnungen wieder. Andererseits kann es dieselbe Form nicht sofort mit Erfolg reproduzieren, indem es ein Klischee verwendet, das es befriedigt. Es wird versuchen, dieses zu reproduzieren, aber die reproduzierten Schemata werden am Anfang ziemlich verschieden ausfallen. Im Laufe einer Vielzahl von wiederholten Versuchen lernt das Kind aber schließlich doch, die Zahl der Reproduktionen zu vermehren, die ihm gelungen erscheinen: auf die Kritzelei ohne Bedeutung folgt eine Kritzelei mit Bedeutungsintention. Übrigens findet sich das Kind leicht mit seinem Mißerfolg ab, denn die Zeit, in der die einfache Beherrschung der Form ohne darstellerische Absicht genügte, es zu befriedigen, ist noch ganz nahe. Außerdem weiß es nicht, daß man Details korrigieren kann. Es weiß nicht, daß formale Veränderungen des Details ausreichen würden, seine Zeichnungen zu verbessern und sie der ersten Zeichnung ähnlich zu machen. Hier wirkt das Gesetz des »Alles oder Nichts«: Die Zeichnung bedeutet nichts, sie bedeutet etwas anderes, oder sie stellt das dar, was das Kind reproduzieren wollte. Es erlebt die Situation offensichtlich in der Weise, wie der durchschnittliche Bridgespieler in der Verteilung der Karten eine Situation zu erkennen glaubt, die einer kürzlich beobachteten gleicht. Da die Intuition wenig später nicht bestätigt wird, scheint das Spiel keinen Bezug zu jenem zu haben, an das er sich erinnert. Aber wenn er gewinnt, entschädigt ihn die Freude über den Sieg für die intellektuelle Enttäuschung. In manchen Fällen wird die Identität der Kartenverteilung durch das Spiel und durch den Erfolg bestätigt, und er wird daraus eine doppelte Befriedigung ziehen. Kurzum, das Kind hat zunächst seine Freude am Produzieren einer Form, dann daran, eine Analogie zwischen dieser Form und einem Gegenstand oder einer voraufgegangenen Zeichnung aufzufinden, und schließlich daran, diese nach Wunsch reproduzieren zu können.

Diese Phase umschreibt Luquet mit dem Begriff des verfehlten Realismus: »Da sich die Ähnlichkeit in der Linienführung, in der das Kind sie dann bemerkt hat, rein zufällig ergeben hatte, wiederholt sich dieser glückliche Zufall nicht sofort, und das Kind muß erkennen, daß es erst nur durch Zufall eine Zeichnung machen kann, die mit irgendetwas Ähnlichkeit hat . . . Der Übergang von der Herstellung unbeabsichtigter Bilder zu der Ausführung geplanter Bilder geschieht über die Zwischenstufe von zum Teil ungewollten und zum Teil gewollten Bildern.«

Für Luquet gäbe es also zwei verschiedene Schritte: beim ersten versucht das Kind, irgendetwas darzustellen und verzichtet auf sein Projekt, wenn ihm das mißlingt; beim zweiten ist es bemüht, ein Detail der Zeichnung zu korrigieren, um die gesuchte Ähnlichkeit wiederzufinden. Zum Beispiel wird es Pfoten hinzufügen, um die Ähnlichkeit mit einem Tier zu verstärken. Bei diesem zweiten Schritt ist die realistische Intention also ganz entschieden vorhanden. Das Kind verfügt über ein Zeichensystem, das ihm die Vervollständigung seiner Zeichnung erlaubt, und wir befinden uns jetzt mitten im intellektuellen Realismus.

Hier scheint der Moment entscheidend zu sein, in dem das Kind entdeckt, daß es mit einem mehr oder weniger entwickelten Zeichensystem alles, was es will, darstellen kann; wobei ihm immer die Möglichkeit bleibt, diese ursprüngliche Absicht zu ändern, wenn es damit scheitert. Vorher handelt es sich wirklich um einen zufälligen Realismus, danach um ein Symbolsystem, das man seit Luquet den intellektuellen Realismus nennen kann. Vorher benutzt das Kind die Zeichnung so, wie wir einige Worte der fremden Sprache benutzen, von der wir sonst nichts wissen. Das Kind hat durch die Sprache die Intuition für das, was ein Zeichensystem ist. Es weiß, daß es einige Begriffe in Bilder übersetzen kann. Aber es besitzt noch nicht den Schlüssel für das Ausdruckssystem. Man kann sich also fragen, wie es vom zufälligen Realismus zum intellektuellen Realismus gelangt, oder von einer zufälligen Intention bildlicher Darstellung zu einem zusammenhängenden Zeichensystem.

4. Von der zufälligen Intention bildlicher Darstellung zum intellektuellen Realismus

Luquet erklärt diesen Übergang einfach damit, daß sich die Erfolge häufen; durch ihre Wiederholung erwirbt das Kind eine

»totale graphische Fähigkeit«. Der Ausdruck ist treffend, aber die Beschreibung, die er hier gibt, rechtfertigt ihn nicht. Wenn das Kind durch die Wiederholungen, durch das Gesetz der Wirkung lernt, eine Form zu beherrschen, und sagen kann: »Ich kann dieses oder jenes zeichnen«, so hat es kein Recht, von dieser teilweisen Beherrschung aus zu schließen, daß es zeichnen kann, d. h. daß es jeden beliebigen Gegenstand darstellen kann.

In Wahrheit weiß das Kind seit langem, daß es nicht alles zeichnen kann. Wenn man es mit sieben oder acht Jahren bittet, ein Fahrrad zu zeichnen, kann es das ablehnen. Hier besteht ein offensichtlicher Unterschied zur Sprache, denn das Kind hat sehr schnell das Gefühl, daß seine Sprache ihm erlaubt, alles auszudrücken. Dieses Gefühl wird durch die Tatsache verstärkt, daß sich das Kind, um ein Objekt zu bezeichnen, dessen Name es nicht kennt, entweder mit einer Geste helfen oder eine Umschreibung gebrauchen kann. Das ist bei der Zeichnung kaum möglich. Wenigstens scheint es so; denn wenn das Kind etwa eine Szene zeichnet, in der ein Fahrrad vorkommen soll, dann kann es dieses Objekt in Gedanken miteinbeziehen und die Szene zeichnen, bevor das Fahrrad ins Spiel kommt, oder den Teil der Szene, in der das Fahrrad nicht vorkommt. Im Laufe der Erzählung, die die Zeichnung begleitet, wird es die Rolle des Fahrrads dann erwähnen.

Sobald sich das Kind der – wenn auch vagen – Analogie zwischen einer Zeichnung und einem Gegenstand bewußt geworden ist, besitzt es ein ganzes System bildlicher Darstellung. Selbst wenn dieses System auf einige wenige semantische Elemente beschränkt ist, wird ihm sein Gebrauch durch einen indirekten Evokationsvorgang erlauben, jede beliebige Szene darzustellen. Der Unterschied zwischen dem, was Luquet zufälligen Realismus, und dem, was er intellektuellen Realismus genannt hat, liegt nicht in dem partiellen oder umfassenden Vorrat an graphischen Zeichen, sondern in dem zufälligen oder absichtlichen Charakter der Darstellung.

Aber der zufällige Charakter verschwindet nicht durch Zauber an einem bestimmten Zeitpunkt. Noch lange wird das Kind mit den Formen spielen. Wenn es eine Person darstellen will und ihm seine Linienführung seiner Absicht nicht zu entsprechen scheint, wird es versuchen, sie entweder zu korrigieren oder anders zu interpretieren. In Ausnahmefällen wird es das Bild sogar zerreißen und vorgeben, es bedeute nichts. Kurzum, der zufällige Realismus stellt nicht ein präzises Stadium in der Entwicklung der Zeichnung dar. Er mündet unmerklich in den intellektuellen Realismus. Er bildet dessen erste Stufe. Das Kind findet sich noch lange damit ab, nicht alles darstellen zu können, und es wird auch damit einverstanden sein, daß eine in einer bestimmten Absicht gezeichnete Form hinterher anders gedeutet wird.

Luquet gibt als aufmerksamer Beobachter zu: ». . . ein Kind, das seine zufällige Linienführung schon interpretiert und ihre Ähnlichkeit mit Nachdruck betont hat, wird fortfahren, Zeichnungen zu machen, die es hinterher nicht als Darstellung deutet. Ebenso schieben sich, wenn die Phase der planvollen Zeichnung schon begonnen hat, zwischen die gewollten Zeichnungen noch solche ein, die nicht aus einer darstellerischen Absicht heraus entstanden sind oder die sogar nach der Ausführung nur als einfache Striche ohne Bedeutung angesehen werden.«

Kurzum, der zweite Zeitabschnitt des zufälligen Realismus, den Luquet beschreibt, ist schon eine Etappe des absichtsvollen Realismus. Entscheidend scheint der Moment zu sein, in dem das Bild nicht mehr als eine Gesamtform betrachtet wird, die eine auf das Ganze bezogene Interpretation fordert, sondern als die Aneinanderreihung einer Anzahl von Zeichen erscheint, in der die Veränderung oder das Hinzufügen eines Zeichens den Gesamtsinn des Bildes verändert oder bestätigt. Dieser Augenblick ist nun aber nicht von dem zu unterscheiden, in dem das Kind seiner Zeichnung einen Namen gibt. Die beiden Phänomene treten gleichzeitig auf. Zur gleichen Zeit, in der das Kind eine Ähnlichkeit findet, nimmt es das Bild als eine Summe wahr. Diese Auffassung von der Form als einem Zusammenhang von Details ist sogar bezeichnend für das Wiedererkennen des Gegenstands. In einer Form eine Krabbe erkennen, bedeutet, daß man schon seine Beine und seine Scheren benennen kann, d. h. die Details, die ihre

Identifizierung ermöglichen. Die Fähigkeit, Details zu korrigieren, neue hinzuzufügen, ist virtuell vorhanden. Diese Fähigkeit wird sich während der ganzen realistischen Phase der Zeichnung entwickeln; sie umfaßt den intellektuellen Realismus, und man kann sie den absichtsvollen oder den geplanten Realismus nennen, im Gegensatz zu den vorangegangenen Stadien.

5. Das Stadium des kindlichen Realismus: der intellektuelle Realismus

Zwischen 4 und 12 Jahren entwickelt sich die Kinderzeichnung nach Gesetzen, die konstant zu sein scheinen. Sie treten auf, wenn das Kind die graphischen Schemata, über die es verfügt, benutzt, um die äußere Wirklichkeit zu bezeichnen. Ihre Besonderheit liegt darin, daß sie wenig mit den Gegebenheiten der Wahrnehmung zu tun zu haben scheinen. Man könnte in der Tat annehmen, daß das Kind, das weiß, daß es Dinge darstellen kann, sich darum bemüht, deren visuelle Erscheinung immer genauer wiederzugeben. Im Gegenteil jedoch hält das Kind von dieser visuellen Erscheinung nur das fest, was das Erkennen des Gegenstands erlaubt. Indem es vor allem seinem Wunsch, etwas darzustellen, treu bleibt, verwendet es ebenfalls Methoden, die dem visuellen Realismus widersprechen. Wenn ein unsichtbares Detail dazu beitragen kann, das Objekt besser zu erkennen, wird es gegen allen Augenschein dargestellt. So zögert das Kind nicht, im Rahmen eines Hauses, dessen Fassade es gerade gezeichnet hat, die Einrichtung seiner Zimmer, seine Bewohner bei ihrer gewohnten Tätigkeit, die Möbel usw. darzustellen. Dieses sogenannte Phänomen der Transparenz verdient diesen Namen nicht, denn das Kind stellt das Innere und das Äußere gleichzeitig dar, ohne zu versuchen, diese beiden Darstellungen logisch miteinander zu verbinden.

Eine andere typische Besonderheit des kindlichen Stils ist die Verschiedenheit der Blickwinkel. Über ein Gesicht, das von vorn dargestellt ist, kann man eine Frisur gesetzt finden, die von der

Seite gesehen ist; auf beiden Seiten einer Straße werden die Häuser mit ihrer Fassade dargestellt, als ob sie auf dieselbe Ebene wie die Straße heruntergeklappt wären. In einem von Luquet zitierten Beispiel zieht ein im Profil gezeichnetes Pferd einen Karren, der von vorn gesehen ist, und seine beiden Räder sind seitlich dargestellt, als ob sie auf dem Boden lägen. Kurzum, die Unterschiedlichkeit der Blickwinkel wird nicht nur nicht vermieden, sondern scheint in gewissen Fällen sogar systematisch angewendet zu werden.

Ebenfalls sehr wichtig ist der Gebrauch des exemplarischen Details. Um die Haare darzustellen, begnügt sich das Kind damit, vertikale Striche über dem Kopf zu ziehen; ebenso wird ein Nebeneinander von grünen Strichen eine Prärie darstellen, usw.

Was diesen Stil charakterisiert, ist also der Schematismus der Darstellungen. Das Objekt wird so dargestellt, daß das Kind es wiedererkennen kann; trotzdem – und dies ist zu beachten – verletzt dieses Gesetz jenes von der Ähnlichkeit durch die Form nicht. Wenn das Kind ein unsichtbares Objekt zeichnet, verleiht es ihm die Gestalt, die es hätte, wenn man es sehen könnte.

Das Kind zögert schließlich, seine Bilder zu beschriften, aber es verwechselt bildlichen und verbalen Ausdruck nicht.

Man könnte sich breit über die formalen Besonderheiten dieses Stils auslassen; im Lauf dieser Arbeit werde ich immer wieder auf sie Bezug nehmen.

Versuchen wir lieber, die genauen Gründe für seine Entstehung anzugeben oder – mit anderen Worten – uns darüber klar zu werden, welche psychologischen Gesetze das Kind befolgt, wenn es ihn gebraucht.

Luquet hat sich bemüht, den intellektuellen Realismus in den Wahrnehmungsfähigkeiten und den intellektuellen Fähigkeiten des Kindes zu begründen: »Die kindliche Perspektive, deren verschiedene Manifestationen wir betrachtet haben, erklärt sich durch die Verbindung der jede Kinderzeichnung beherrschenden Absicht mit dem synthetischen Sinn . . .«.

Die realistische Absicht würde es wohl zum visuellen Realismus hinführen, aber der synthetische Sinn ist so absolut, daß das Kind trennen kann zwischen dem, was es sieht und dem, was es weiß. In Wirklichkeit ist die visuelle Synthese, die dem gleichnamigen Realismus entspricht, »vielmehr eine Abstraktion, da sie in der Darstellung, die die Zeichnung von ihm gibt, all das vom Objekt wegnimmt, was man an ihm nicht sehen kann.« Wir werden später sehen, daß die Zeichnung des Kindes mit Sicherheit von seiner Wahrnehmung der Dinge abhängt, daß diese aber ihrerseits von seinem Stil abhängt. An der Hypothese Luquets stört uns also, daß sie eine Hypothese auf einer anderen Hypothese begründet. Ist der kindliche Realismus ein echter Realismus? Und was kann das für ein Realismus sein, der sich nicht der Wahrnehmung unterordnet?

In Wirklichkeit muß der Begriff des intellektuellen Realismus selbst kritisiert werden. Es ist nicht der Wunsch des Kindes, die Dinge so darzustellen, wie sie sind, sondern sie in der Weise zu gestalten, daß wir sie am leichtesten indentifizieren können. Alle Kunstgriffe, die es verwendet, das Exemplarische des Details, die Mannigfaltigkeit der Blickpunkte usw. haben diesen repräsentativen Charakter zum Ziel. Das Kind muß sich sagen können, daß die Evidenz der bildlichen Darstellung in seiner Zeichnung vollkommen ist. Indem es die Details ohne Rücksicht auf die visuelle Wahrscheinlichkeit anhäuft, verstärkt das Kind nicht den Realismus seiner Zeichnung, im Gegenteil. Es vergrößert vielmehr das, was man die in seiner Zeichnung enthaltene Menge an Information nennen könnte. Je mehr eine Zeichnung aussagen will, um so mehr interessiert sie das Kind. Die Zeichnung ist also ein echtes Äquivalent zur Erzählung. Die Sprache in Bildern ersetzt die Sprache in Worten, aber der Wunsch bleibt der gleiche: zu informieren, zu erzählen.

Welchen Vorteil besitzt das Bild? Die Sprache hat wohl eine viel größere praktische Wirksamkeit (wir können jemanden rufen, einen Befehl geben, um etwas bitten), aber die Schrift fasziniert das Kind durch ihren Charakter als Spur, als Indiz, das unsere Gegenwart verrät oder erkennen läßt, daß wir hier gewesen sind, wie der Fußabdruck, wie ein Gegenstand, der auf unsere

Spur führt, usw. Es handelt sich um ein Zeichen – ein Zeichen für uns selbst, ebenso wie für das dargestellte Objekt.

Wir werden später bestimmte Aspekte und bestimmte Konsequenzen dieser semantischen Funktion des Bildes darlegen. Zunächst wollen wir uns auf die Feststellung beschränken, daß alle Zeichen, die nach Luquet dem Stadium des intellektuellen Realismus angehören sollen, vor allem eine Kommunikationsrolle spielen.

Ein anderer ebenso wichtiger Aspekt der Zweckbestimmtheit der Zeichnung ist der Gebrauch formaler Schemata durch das Kind, und deren Entwicklung. Wir haben gesehen, daß sich die Formen, über die das Kind verfügt, unabhängig von der darstellerischen Absicht der Zeichnung entwickeln.

In seinem Wunsch, die Dinge durch ein Modell zu bezeichnen, das von anderen identifiziert werden kann, benutzt das Kind den Vorrat an Formen, über die es verfügt. So bilden sich »Typen« heraus, wie es Luquet ausdrückt. Der Typus ist »die Darstellung, die ein bestimmtes Kind von ein und demselben Objekt oder Motiv durch die Folge seiner Zeichnungen hindurch gibt . . .« Der Typus hat die Tendenz, sich zu erhalten. Und in jeder Phase seiner Entwicklung verfügt das Kind also über ein mehr oder weniger reiches Vokabular an Formen. Gleichzeitig zeigt der Typus eine Tendenz zur Entwicklung. Der Zufall kann zu einer Ausprägung des Typus führen, die besonders bezeichnend erscheint. Diese neue Form hat die Tendenz, die voraufgegangene zu ersetzen. Der Typus entwickelt sich also durch aufeinanderfolgende Abwandlungen. Neben dem Zufall spielt die Reifung der Formen eine Rolle; das Kind entwickelt seinen Bestand an Formen, und es kann einige von ihnen nuancieren. Zum Beispiel werden die Augen im Gesicht des Männchens durch zwei Vierecke von leicht abgerundeter Form dargestellt. In dem Maße, wie das Kind die Zeichnung des Vierecks beherrscht, wird es die Form der Augen variieren können, entweder mehr in Richtung auf das Viereck oder in Richtung auf den Kreis. Wenn es später besser Kreise ziehen kann, wird es auch mehr oder weniger ovale Formen zeichnen können. Sekundäre Typen werden sich der mehr oder weniger länglichen Form des Auges entsprechend ausbilden.

Wir haben die Rolle der motorischen Kontrolle während des Kritzelstadiums gesehen. Sie spielt noch zwischen vier und zwölf Jahren eine wichtige Rolle. Das Kind begreift intuitiv, daß bestimmte Formen seinem Haustypus einen stärker bezeichnenden Aspekt verleihen, wenn es zum Beispiel neben das Parallelepipedon, das das Dach darstellt, ein auf seiner Basis ruhendes Dreieck setzt, das das Dreieck dieses Daches, von der Seite gesehen, darstellt. Das Kind täuscht sich am Anfang oft und zeichnet das Dreieck mit der Basis oben. Es hält an diesem Typus fest, weil es spürt, daß diese Form einen Bezug zu dem neuen Typus Haus hat, aber es korrigiert ihn nur gelegentlich: das Kind kann seinen Typus nicht nach einem selbst festgesetzten Wahrnehmungsmodell verändern. Es sieht im Gegenteil in den Dingen oft nur das, was es wiedergeben kann. Die Bilderbücher zeigen ihm wohl Zeichnungen von Dächern dieser Art, aber die Zeichnung ist »zu gut gemacht« (Spiel der Schatten, verwischte Grenzen usw.); danach kann es seine Zeichnung nicht korrigieren. Nur angesichts einer schematischen Zeichnung kann es seinen Irrtum einsehen.

Aber das Kind betrachtet die Bilder nicht, um seine Zeichnungen zu korrigieren. Es macht sich keine Gedanken über die Details, und letzten Endes hängt die Korrektur des Irrtums selten von einer Überprüfung durch das Auge ab.

Ebenso wie der Irrtum zeigt, daß die Lage des Dreiecks unbestimmt ist, so ist es auch durchaus möglich, daß in einigen Zeichnungen das Dreieck richtig liegt. Das Kind wird sich plötzlich bewußt, eine bessere Lösung gefunden zu haben, und versucht, die richtige Lage zu reproduzieren.

Man sieht, daß die Entwicklung des Typus nicht nur durch unmerklichen Wandel vor sich geht, sondern auch, daß das Gelingen die Tendenz hat, den Wandel zu fixieren und zu konservieren.

Dieser Prozeß vollzieht sich nun im Laufe von Jahren. In jeder Phase spiegelt der Stil der Kinderzeichnung den Konservativismus der Typen und die Dynamik ihrer Entwicklung wider. Das

Kind bemüht sich immer, diese Wandlungen der Gesamtheit seines Stils zu integrieren. Oft entstehen daraus Ungereimtheiten. Zum Beispiel lernt das Kind, das Gesicht im Profil darzustellen, behält aber den älteren Typus für die Darstellung des von vorn gesehenen Körpers bei. Die Unterschiedlichkeit der Blickwinkel ist oft eine Folge dieser Heterogeneität der Typen. Eine andere Dynamik wirkt sich auch im Typus selbst aus, unabhängig von jedem Wandel. Einerseits hat das Kind die Tendenz, ihn zu stilisieren, d. h. ihn in der Art der Karikaturisten auf seine bezeichnendsten Elemente hin zu reduzieren. Auf der anderen Seite bereichert das Kind seinen Typus gern mit beschreibenden, überflüssigen Zeichen. Diese zweifache Bewegung läßt sich manchmal an ein und derselben Zeichnung beobachten, wo das eine Element verkümmert, während das nächste Zeichen reicher ausgestaltet wird.

Schließlich hängt die Entwicklung von der kindlichen Freude an der bildlichen Darstellung ab. Ein ihm zufällig aus dem Stift oder dem Pinsel geflossenes Detail macht ihm Spaß, und es versucht, es zu wiederholen.

Die ganze Bewegung also, die die Welt der Formen belebt, hängt von dem Funktionieren des Zusammenspiels zwischen Auge und Hand und von dem Wunsch nach Darstellung ab. Es ist das durch diesen Zusammenhang von Faktoren hergestellte, stets unstabile Gleichgewicht, das den Stil des kindlichen »Realismus« hervorbringt.

Das Kind, das das Universum der Dinge unbedingt beherrschen will, verfügt über zwei bevorzugte Mittel: die Sprache und das Bild. Durch das erstere nimmt es an der Gemeinschaft der Menschen teil und sichert sich durch eine unaufhörlich wachsende, immer weiter differenzierte Kommunikation die intellektuelle Beherrschung des Universums innerhalb eines gegebenen soziokulturellen Kontexts.

Die Darstellung durch das Bild ermöglicht ihm diese Beherrschung ebenfalls. Sie geht aber nicht aus der Wahrnehmung hervor, da diese, wie wir sehen werden, von der Weise abhängt, in der wir die Objektwelt zerlegen, um uns persönliche Vorstellungen von ihr zu bilden. Diese bleiben nicht, wie Wallon betont hat, unbestimmte reine Phantasmagorien. In der zeichnerischen Darstellung finden sie einen Ausdruck, der ihnen eine feste Form verleiht und sie mitteilbar macht. Dieses Zusammentreffen von Bild und graphischem Raum charakterisiert die Welt der Zeichnung. Und der graphische Raum zwingt seine Gesetze auf. Unsere motorischen und visuellen Fähigkeiten, ihn zu beherrschen, spielen eine entscheidende Rolle im Stil der Zeichnung. Darum geht es im kindlichen Realismus. Es bleibt noch zu präzisieren, wie und warum das Kind ihn wieder aufgibt.

6. Die Entwicklung zum visuellen Realismus

Luquet definiert den visuellen Realismus durch die Unterwerfung unter die Perspektive. Das ist eine sehr ungenaue Formulierung, wenn man weiß, wie sehr die Perspektive von historischen und sozialen Bedingungen abhängt. Wir wollen uns hier nicht in eine Diskussion einlassen, die uns weit von der Zeichnung wegführen würde, und auf die wir im Zusammenhang mit den Beziehungen zwischen der Zeichnung und Wahrnehmung wieder zurückkommen müssen. Luquet fügt hinzu: »Das Kind hat von jetzt ab, was die Zeichnung betrifft, das Stadium des Erwachsenen erreicht . . .«.

Die Tatsache bleibt bestehen: die Zeichnung ordnet sich immer mehr einem einzigen Blickpunkt unter. Aus einem Aneinandersetzen von Gegenständen in einem abstrakten und konventionellen Raum wird die Projektion eines Raumfragments, wo wir es mit dem Auge erfassen können.

Luquets Erklärung ist einfach: Um nur das zu zeichnen, was man sieht, muß man sich von jeder »intellektuellen« Einwirkung freimachen und vergessen, was man weiß. Das Kind kann diesen Blickpunkt nicht herausarbeiten. Sobald es das infolge des Fortschritts seiner Fähigkeit zu Aufmerksamkeit und Konzentration tut, verzichtet es auf die Synthesen des intellektuellen Realismus.

Für Wallon[14] geht der Streit nicht um Wahrnehmung und

Wissen, vielmehr erfolgt die Entwicklung der Wahrnehmung gleichzeitig mit der des Wissens. Wenn ich mir ein Schauspiel anschaue, bleibe ich nicht unbeweglich, die Augen auf einen festen Punkt des Raumes gerichtet. Nicht nur meine Augen gleiten über den gesamten Raum, auch mein Körper bewegt sich. Mehr noch, was ich nicht sehen kann, stelle ich mir vor, und die Gegebenheiten, die ich mir vorstelle, ohne sie zu sehen, sind ein Teil meiner Wahrnehmung.

Um die Dinge von einem bestimmten Blickpunkt aus zu zeichnen, wie es dem visuellen Realismus entspricht, muß das Kind lernen, sie zu immobilisieren und jeden einzelnen der momentanen Aspekte unter allen denen zu unterscheiden, die ihm seine Augen gern vermitteln würden. Es muß bewußt alle Bedeutungen des Gegenstands in eine einzige, u. U. nur teilweise Abbildung dieses Gegenstands hineinlegen. »Nicht das einzelne Bild ist der Ausgangspunkt. Die Wahrnehmung beginnt damit, daß man die Blickpunkte entsprechend den Bedürfnissen der praktischen Tätigkeit, in der sie aufgeht, vervielfacht.«

Um die Realität des Gegenstands von einem einzigen Blickpunkt aus zu erfassen, muß das Kind ein klares Bewußtsein von der Identität des Objektes unter all seinen Aspekten haben.

Trotz einer sehr unterschiedlichen Form sind die beiden Thesen gar nicht so weit voneinander entfernt. Während Luquet den Akzent auf einen Konflikt zwischen Wahrnehmung und Erkenntnis legt, betont Wallon, daß es die Wahrnehmung selbst ist, die sich entwickelt.

Die beiden Standpunkte erklären den Übergang zum visuellen Realismus mit Begriffen der Reifung, sei es der Reifung der Wahrnehmung oder der intellektuellen Reifung.

Wallon erinnert daran, daß das Kind wenig nach der Natur zeichnet; umgekehrt drückt der Heranwachsende sein Innenleben nicht mehr in der Zeichnung aus. Mit dem Erscheinen des visuellen Realismus geht ein Verfall der Zeichnung beim Kind einher. Würde der visuelle Realismus einem Fortschritt in der Darstellung der Dinge entsprechen, dann müßte ihn das Kind mit Freude übernehmen.

In Wirklichkeit ist der Raum, den der visuelle Realismus dar- stellt, von ganz anderer Natur als derjenige, in dem sich die »Ob- jekte« des intellektuellen Realismus bewegen. Im visuellen Rea- lismus bildet er letzten Endes das einzige dargestellte Objekt, und die Dinge, die er enthält, sind nur Elemente, die ihn zu einer unauflöslichen Einheit zusammensetzen. Im intellektuellen Rea- lismus ist der Raum der Hintergrund, auf dem sich die Objekte aneinanderreihen. Sie sind es, die die Zeichen bilden. Der kon- ventionelle Raum, der sie umschließt, ist nicht der wirkliche Raum, in dem sie sich bewegen, sondern der symbolische Rah- men, von dem der darstellende Charakter der Zeichen abhängt. Hier handelt es sich um mehr als einen Unterschied der Blick- punkte. Der ganze Sinn der zeichnerischen Botschaft hängt da- von ab.

KAPITEL 2

Vom Bild zu den Zeichen

Die Zeichnung besteht aus graphischen Zeichen: ihre Haupteigenschaft ist es, in einer bestimmten Weise den Gegebenheiten der visuellen Wahrnehmung ähnlich zu sein. Das ist zwar evident, bringt jedoch trotzdem wichtige Probleme mit sich. Denn in welcher Weise hängen der Stil der Kinderzeichnungen und die Wandlungen, die man in ihrer Art, die Dinge darzustellen, beobachtet, von den Besonderheiten der Wahrnehmung ab, die diesem Alter eigen sind? Und umgekehrt, wenn das Kind die Dinge sieht, wie der Erwachsene sie sieht, woher kommen dann diese Besonderheiten und diese Wandlungen?

Zeichnung und Wahrnehmung

Es handelt sich also darum, nach der Wahrnehmung selbst und nach den Beziehungen zwischen der Zeichenbewegung und dem Wahrnehmungsakt zu fragen. Die klassische realistische Hypothese nahm faktisch eine Identität zwischen dem Ding und dem wahrgenommenen Bild an. Das Bild wäre demnach das natürliche Spiegelbild des Objektes, und mit ihm würde uns dessen Wahrheit selbst gegeben. In der Geschichte der Theorien über die Wahrnehmung hat diese Hypothese nur noch historischen Wert. Epikur ist die klarste Formulierung zu verdanken: »Es gibt unter den festen Körpern Bilder, die dieselbe Form haben wie sie, und die bei weitem alles an Feinheit übertreffen, was wir wahrnehmen. Es ist in der Tat nicht unmöglich, daß sich in dem Medium, das die Körper umgibt, Emanationen von Teilchen verbreiten und daß dieses Medium günstige Bedingungen für die Bildung leerer glatter Hüllen aufweist und daß die Emanationen der festen Körper in diesem Medium die Stellung und Lage bewahren, die sie in den Körpern selbst innehatten. Diese Bilder nennen wir ›Simulacra‹.« (Epikur, Brief an Herodot.)

Wenn wir in diesem Text die Begriffe »Emanationen von Teilchen« durch »leuchtende Strahlen« ersetzen, haben wir korrigiert, was hier als das Kennzeichen einer längst überholten Physik erscheinen kann. Es bleibt jedoch wahr, daß die zugrunde liegende psychologische Theorie nach wie vor ihre Macht über den gesunden Menschenverstand bewahrt. Das naive Bewußtsein glaubt gern, daß aufgrund der vom Gegenstand ausgehenden optischen Eindrücke das Bild, das wir uns von ihm machen, zu einer natürlichen Spur dieses Gegenstands wird. Diese Theorie hat sich in verschiedenen Formen über den ganzen Empirismus hinweg gehalten, um nach Hume in der Psychologie Taines ihren modernen Ausdruck zu finden: Die Empfindung, die uns der Anblick des Objekts vermittelt, ist gewiß mit einer inneren Erschütterung verbunden, die von den physikalischen Phänomenen verschieden ist, die sich zwischen dem Objekt und unseren Augen ereignen, aber diese innere Erschütterung bleibt in einem engen kausalen Zusammenhang mit den physikalischen Phänomenen.

Auf dem Gebiet der Psychologie der Kunst entspricht dieser Theorie die Theorie des visuellen Realismus. Man kennt das Wort von Ingres: »Die Kunst hat niemals eine so hohe Stufe der Vollkommenheit erreicht wie dann, wenn sie so stark der Natur ähnelt, daß man sie für die Natur selber halten kann.« Ein Wort, das an Leonardo da Vincis Satz erinnert: »Das Gemälde, das dem nachgebildeten Objekt am meisten entspricht, muß das größte Lob erhalten.« Denn wenn es einen Identitätsbezug zwischen dem Gegenstand und dem Bild gibt, das wir uns von ihm machen, muß es auch einen Bezug der gleichen Art zwischen dem geistigen und dem reproduzierten Bild, also dem gemalten oder gezeichneten Bild, geben.

Nach der realistischen Hypothese ist die Malerei die beschreibende Wissenschaft von der Wirklichkeit, so wie sie sich uns durch das von unseren Augen wahrgenommene Schauspiel darbietet. Die Kunst der Malerei wird zur Kunst des trügerischen Scheins. Der große Renaissancetheoretiker Alberti formuliert es so: »Die Aufgabe des Malers besteht darin, auf eine gegebene Tafel oder eine gegebene Mauer mit Hilfe von Linien und Farben die sichtbare Oberfläche jeder Art von Körpern in der Weise zu zeichnen und zu malen, daß alles, was dargestellt wird, aus einer bestimmten Entfernung und unter einem bestimmten Winkel gesehen, plastisch erscheint und ganz genau das Aussehen des Körpers selbst hat.«

Wir sollten die Bedeutung einer solchen Theorie in der Sicht der Kunstpsychologie deutlich von dem ästhetischen Standpunkt unterscheiden. Die Suche nach dem Schönen beschränkt sich nicht auf eine derartige realistische Bemühung, und Anthony Blunt hat in seiner Untersuchung über die Kunsttheorie in Italien[15] gezeigt, wie die großen Theoretiker zwischen der Tätigkeit der Darstellung, die sich in der Kunst der Malerei realisiert, und der Suche nach den Formen unterschieden haben, welche die Auswahl der Darstellungen bestimmt. Aber was die Psychologie der Kunst angeht, so muß hier unbedingt an die aristotelische Theorie erinnert werden, nach der die Darstellung der Dinge ihrer Natur nach mit ihrer Wahrnehmung identisch ist, und ihre Wahrnehmung mit ihrer Realität selbst. Wäre es so, dann wären die Unzulänglichkeiten der Kinderzeichnung, uns eine Illusion der Wirklichkeit zu vermitteln, Ausdruck eines doppelten Mangels: der Unfähigkeit, die Dinge deutlich wahrzunehmen, und der Unmöglichkeit, uns eine exakte graphische Wiedergabe von ihnen zu vermitteln. Es ist in dieser Theorie übrigens nicht möglich, die jeweilige Bedeutung dieser beiden Arten von Mängeln zu präzisieren. Trotzdem ist diese »negative« Auffassung der Kinderzeichnung allgemein von den ersten Beobachtern übernommen worden.

Georges Rioux macht das noch einmal ganz deutlich: »Dieser Irrtum in der Perspektive führt außerdem bei den Forschern zu einer Verwirrung, die lange anhält. Sie haben tatsächlich oft die »kindliche Kunst«[16] untersucht und dabei den Begriff Kunst bald in seiner ersten Bedeutung von technischer Geschicklichkeit, bald in der von ästhetischer Produktion verwandt; und beide Bedeutungen finden sich bisweilen bei demselben Autor.«

Merleau Ponty hatte ebenfalls diese Mängeltheorie der Kinderzeichnung hervorgehoben: »Die Kinderzeichnung wird also immer negativ definiert, und alle ihre Besonderheiten werden als ebensoviele Mängel betrachtet.«[17]

Es ist wahr, daß dieses Urteil dem Werk Luquets galt, was vielleicht ungenau ist. Denn wenn dieser Autor die Kinderzeichnung ebenfalls von einem negativen Standpunkt aus betrachtet, dann geschieht das in einer trotz allem ganz anderen Perspektive.

Die ersten Beobachter jedenfalls stellten das realistische Vorurteil über die bildliche Darstellung nicht in Frage. Sie interpretierten diesen Aspekt der Mangelhaftigkeit der Kinderzeichnung, ohne davon auszugehen, daß er von ganz anderen Intentionen abhängt. Indem sie annehmen, das Kind habe dasselbe Ziel wie der Maler, konnten diese Schwächen nur aus einer bestimmten Anzahl von Mängeln resultieren: dem Mangel an motorischer Geschicklichkeit, dem Mangel an Aufmerksamkeit, dem Mangel an Beständigkeit, usw.

Es ist sicher, daß diese Mängel eine Rolle spielen, aber es ist nicht bewiesen, daß der Stil der Kinderzeichnungen ausschließlich von ihnen abhängt.

Übrigens ist die Theorie der Wahrnehmung, die ihnen als Ausgangspunkt dient, höchst kritisierbar und scheint eine abstrakte und allzu vereinfachende Hypothese zu sein. Und die Theorie des Bildes, die sich aus ihr ergibt, entspricht nicht dem, was uns moderne Analysen des gemalten oder gezeichneten Bildes gelehrt haben.

Die Theorie der Wahrnehmung ist insofern abstrakt, als sie annimmt, das Subjekt verhalte sich gegenüber den sinnlichen Gegebenheiten, die den Objekten entstammen, vollkommen passiv. Die Identität zwischen dem wahrgenommenen Bild und der Realität der Dinge setzt voraus, daß das Individuum keine Rolle beim Erfassen der Wirklichkeit spielt.

Seit den Untersuchungen Brentanos und Husserls und in Frankreich Binets wissen wir jedoch, daß die Wahrnehmung vor allem ein Akt ist, und daß das aus ihm resultierende Bild viel mehr das Ergebnis unserer Intentionen und unserer Verhaltensweisen ist als das Spiegelbild der Sache selbst. Die Arbeiten Sartres[18] und Merleau Pontys[19] haben uns seit langem mit diesen Thesen vertraut gemacht.

Ebenso folgt die Übersetzung des gesehenen Bildes in seine Darstellung auf der Oberfläche der Leinwand oder des Papiers nicht einfachen geometrischen Gesetzen, die von den Intentionen des Zeichners unabhängig wären, und von deren Achtung allein die Qualität der Reproduktion abhängen würde.

Die Theorie des *Trompe l'oeil* oder der vollkommenen Illusion entspricht nicht der tatsächlichen Bedeutung des Mal- oder Zeichenaktes. In Wirklichkeit hat das Bild, das uns die Zeichnung oder das Gemälde bietet, nur wenige formale Beziehungen zur optischen Projektion des realen Gegenstands auf unsere Netzhaut.

Man weiß, welche Rolle das Werk Erwin Panofskys[20] in der Neubegründung der Theorie über die Perspektive spielte. Das Wesentliche seiner Theorie findet sich in den Schriften derjenigen, die seit fünfzig Jahren die Transposition des »wirklichen« Raums in den graphischen Raum untersucht haben. Wir wollen einige Sätze anführen, die der Einführung des Buchs von Madame Brion-Guerry[21] über die Darstellung des Raums bei Cézanne entnommen sind: ». . . Es gibt nicht eine Perspektive, sondern hundert Perspektiven, denn es gibt hundert Weisen, das gestellte Problem zu lösen: mit Hilfe einer zweidimensionalen Oberfläche den dreidimensionalen Raum zu suggerieren. Für diese Aufgabe kann es keine exakte Lösung geben: jedes perspektivische System ist nur ein Kompromiß . . . Jedes dieser perspektivischen Systeme hat seine Gültigkeit für die Kultur und die Epoche, die es hervorgebracht hat, aber auch nur für sie. Es ist deshalb völlig unnütz, das eine oder andere dieser Systeme in den Rang einer absoluten Doktrin zu erheben und ein Wertkriterium aus ihm zu machen. Die Perspektive Albertis ist ein Versuch unter anderen.«

Sicher hat diese letztere den Vorteil, »eine Systematisierung und eine Mathematik des Raumes zu ermöglichen«, aber es handelt sich hier um einen Vorteil, der es im Grunde nur erlaubt, das gemalte Bild wieder in den wirklichen Raum zu stellen und diese Homogenität der Räume auf geometrische Gesetze zu begründen. Wenn wir im Gegenteil darum bemüht sind, dem gemalten Bild seinen eigenen Aktualitätswert zu geben und dafür vom wirklichen Raum abstrahieren, wenn man, kurz gesagt, dem graphischen Raum seine radikale Heterogenität in bezug auf unsere Wahrnehmungswelt erhält, ist die »Wahrheit« der Perspektive Albertis nur noch eine relative Wahrheit, und ihre Ausdruckskraft ist in demselben Maß geringer geworden.

Der gemalte oder gezeichnete Raum ist nicht ein Teil des wirklichen Raums, seine Funktion ist es nicht, als Spur oder Projektionswand für das Spiel der natürlichen Formen zu dienen, wie Alberti behauptete und wie Leonardo uns in seinen geometrischen Konstruktionen und in seinen optischen Experimenten, die der »Wahrheit« seines gemalten Werkes geradezu zuwiderlaufen, überzeugen will.

Wie René Passeron[22] schreibt: »Diese vereinheitlichte Perspektive, die eine rein visuelle Perspektive sein will und die behauptet, aus dem Bild einen wahren Spiegel der Natur zu machen, ist eine theoretische Konvention, dem sich auch das am besten eingewöhnte Auge niemals wird völlig unterwerfen können ...«. »Unser Auge ist nicht eine einfache ›camera obscura‹ ...« Andere Systeme der Wahrnehmung sind möglich. Der visuelle Realismus des Kindes gehorcht ziemlich genau einem von ihnen, das heißt, »jedes dargestellte Objekt wird in einem ihm eigenen Blickwinkel von den anderen isoliert gesehen«.[23]

Was für die Darstellung des Raumes gilt, gilt noch viel mehr für die Darstellung der Farben und der Farbwerte. Die Kontraste der Helligkeit, die wir in der Natur beobachten, sind denen, die wir auf dem Bild durch die Kontraste der Farbwerte herstellen können, nicht vergleichbar. Und trotz alledem ermöglichen uns technische Kunstgriffe, die Licht- und Schatteneffekte mit einer ziemlich großen Wahrheitstreue wiederzugeben. Der Gebrauch von *écrans* (wechselweiser Gebrauch von dunklen und hellen Partien) schafft Tiefenwirkungen und Reliefwirkungen mit Hilfe von Methoden, die keine reale Existenz haben. Kurz, in jeder Hinsicht schafft die Zusammenstellung der Formen, Töne und Nuancen im graphischen Raum Wirkungen mit Hilfe von Kunstgriffen, die nichts Natürliches haben. Beim Akt des Malens oder Zeichnens handelt es sich also wohl um etwas anderes als darum, das, was wir gesehen haben, in den gewählten Raum zu übertragen. Es handelt sich vielmehr darum, mit Hilfe verschiedener Methoden vergleichbare Effekte zu erzielen.

Der Akt des Malens ist also ein Akt im vollen Sinn des Wortes; es ist nicht nur motorische Gebärde, die in der Weise eines Aufzeichnungsgeräts arbeitet, sondern vor allem schöpferischer Akt, der sich auf eine Skala symbolischer, keineswegs natürlicher Ausdrucksmittel stützt.

Wenn wahrnehmen bedeutet, auf die Welt einwirken, sie nach Gesetzen zerlegen, die unseren Absichten und der Abhängigkeit entsprechen, welche uns unsere körperliche Gegenwart in dieser selben Welt auferlegt; wenn zeichnen bedeutet, daß wir ein bestimmtes Formenrepertoire benutzen, um in uns eine Annäherung zwischen dem Bild und einem »wahren« Ding entstehen zu lassen, bekommt die Kinderzeichnung eine andere Bedeutung.

Sie ist nicht mehr der schwache und, nach Sullys Wort, sogar komische Ausdruck einer Wissenschaft von der Wiedergabe des Raums.

Sie wird ihrerseits ein Stil, authentischer Ausdruck einer Wahrnehmungshaltung, die ihr eigen ist.

Luquet legt uns eine solche Sicht nahe, wenn er sich auf den Begriff des »inneren« Modells bezieht. Hier wird die Hypothese einer Identität zwischen dem dargestellten Objekt, dem wahrgenommenen oder vorgestellten Objekt und dem realen Objekt aufgegeben zugunsten eines idealistischen Standpunkts: es bestünde eine Identität zwischen dem Bild und der geistigen Vorstellung von dem Gegenstand. Diese wäre Ergebnis einer intellektuellen Tätigkeit, die das Subjekt bei der Wahrnehmung der Realität leistet.

Für Luquet ist die Kinderzeichnung niemals die Kopie des wahrgenommenen Gegenstandes. »Die Vorstellung von dem Gegenstand, der gezeichnet werden soll, nimmt, da sie in der Zeichnung in Linien übersetzt werden soll, die sich an das Auge wenden, notwendigerweise die Form eines visuellen Bildes an; aber dieses Bild ist keineswegs die sklavische Reproduktion von irgendeiner der Wahrnehmungen, die dem Zeichner durch den Anblick des Gegenstands oder der entsprechenden Zeichnung geliefert werden. Es ist eine Brechung des zu zeichnenden Bildes im Geist des Kindes, eine ursprüngliche Rekonstruktion, die trotz ihrer Spontaneität Ergebnis einer sehr komplizierten Verarbeitung ist. Die Bezeichnung »inneres Modell« soll diese geistige Vorstellung, die die Zeichnung überträgt, deutlich von dem eigentlichen Gegenstand oder Modell differenzieren.«

Das innere Modell illustriert gut die Tatsache, daß die geistige Vorstellung der Dinge nicht nur von dem äußeren Objekt abhängt. Das innere Modell schiebt sich zwischen das reine Sehen und die Zeichnung, »das Kind kopiert nicht das reale Objekt, sondern sein inneres Modell«. Gewiß, Luquet eliminiert nicht das Vorhandensein eines visuellen Bildes. Es entspräche dem unverarbeiteten Eindruck, der das Kind bei der Wahrnehmung des Objekts anregt. Es könnte bereit sein, dieses Bild zu reproduzieren, bestünde bei ihm nicht eine Tendenz, ausschließlich die formalen Schemata zu benutzen, die ihm zur Verfügung stehen.

Die Beschaffenheit des inneren Modells hängt von mehreren Faktoren ab. Zuerst von dem exemplarischen Charakter, welcher darin besteht, dem inneren Modell eines individuellen Gegenstands einen allgemeinen Wert beizumessen. Eine Fähigkeit zur Synthese ist ebenfalls nötig, die es ermöglicht, die Elemente mehrerer einzelner Zeichnungen zu verwenden.

Im Ganzen bedeutet die Bildung des inneren Modells »eine ursprüngliche Tätigkeit des Geistes, ein unbewußtes Verarbeiten der aus der Erfahrung stammenden Materialien, das heißt, der durch das reale Objekt – sei es Motiv oder Modell – gelieferten und im Gedächtnis bewahrten visuellen Eindrücke.«

Diese Verarbeitung erweist sich als eine Art von Selektion; im

Gegensatz zur *camera obscura,* zum Photoapparat, »der gleichmäßig alle Details der Landschaft, die sich vor dem Objektiv ausbreitet, registriert«, errichtet das Kind eine Hierarchie. »In der Wahrnehmung und in der Erinnerung ist der Geist nicht auf die Rolle eines leblosen Behälters reduziert, in den sich die Erfahrung, »das Gegebene« ergießen und in dem sie unverändert aufbewahrt würde; und Luquet fügt hinzu: »Wenn ein Bauer, ein Maler und ein General, wie Spinoza sagt, beim Anblick ein und derselben Landschaft nicht dieselben Eindrücke empfangen, dann sieht ein Kind an einem Objekt oder einer Zeichnung nicht dieselben Details wie ein Erwachsener; besser gesagt, sein Auge sieht sie, aber sein Geist nimmt sie nur insoweit wahr, als sie ihn interessieren, und im Verhältnis zu der Bedeutung, die er ihnen beimißt.«

Die Theorie Luquets ist also nicht einfach negativ, denn was sich beim Kind beobachten läßt, läßt sich auch beim Erwachsenen erkennen. Es handelt sich im Grunde darum, die psychologische oder realistische Theorie der Wahrnehmung durch eine psychologische, intellektualistische Theorie zu ersetzen.

Die Besonderheiten der Kinderzeichnung hängen von den Besonderheiten der Wahrnehmung ab. Diese sind ihr eigen aufgrund der Zweckbestimmtheit der Zeichnung. Was bei ihm dominiert, ist die realistische Bemühung, die über den einfachen Rahmen des visuellen Realismus hinausgeht. Das Kind macht sich von den Dingen Vorstellungen, die nicht von den verschiedenen Aspekten abhängen, unter denen wir sie mit den Augen erfassen können, sondern von der Kenntnis, die es von ihnen besitzt.

Diese Auffassung ist insofern negativ, als das Kind hier bestimmten Ideen gehorcht, die es später aufgibt, und die von einem bestimmten Mangel an Geschicklichkeit abhängen. Aber diese Unfähigkeit läßt es einen Stil auswählen, der sich von dem des Erwachsenen unterscheidet. Nicht der Stil weist Mängel auf, sondern die Wahrnehmungsfunktionen und ihre Schwächen sind es, die die Wahl eines besonderen Stils motivieren.

Die Theorie Luquets ist trotzdem kritisierbar. Der Autor sagt, daß das Kind gegenüber der Realität eine der Haltung jedes Erwachsenen vergleichbare Haltung einnimmt und daß die Auswahl, die es im Hinblick auf die wahrgenommenen Dinge trifft, daß die Hierarchie, die es in der Bewertung der Details errichtet, mit denen der Erwachsenen zu vergleichen sind; und er betont, daß die realistische Intention allen gemeinsam ist und daß allein seine Unfähigkeit zur Unterwerfung unter die Gesetze der Perspektive den Rückgriff des Kindes auf den intellektuellen Realismus erklärt.

Damit wird den Gesetzen der Perspektive ein absoluter Wert beigemessen, den wir ihnen nicht mehr zugestehen. Wenn es so wäre, verstünde man schlecht, warum sich das Kind von Bildern, die vom intellektuellen Realismus geprägt sind, so befriedigt zeigen sollte. Jedesmal, wenn die Forderungen des visuellen Realismus nicht erfüllt worden sind, müßte es ein Gefühl des Mißerfolgs haben und das Interesse am Zeichnen verlieren, oder es müßte mit verstärkter Anstrengung auf die elementarsten Gegebenheiten der visuellen Erfahrung zurückgreifen. Das ist aber nicht der Fall, und das Kind zeigt sich von seinem sogenannten Mißerfolg sehr befriedigt. Es muß also angenommen werden, daß es sich nicht darum bemüht, die Dinge so darzustellen, wie es sie sieht, sondern sie anders auszudrücken. Kurzum, der intellektuelle Realismus kann nicht als eine einfache Folge der Unfähigkeit des Kindes, sich dem visuellen Realismus zu unterwerfen, angesehen werden; er besitzt vielmehr eine ihm eigene Intentionalität, auf die wir noch zurückkommen werden.

Die andere schwerer wiegende Kritik an Luquet betrifft seine atomistische Auffassung vom inneren Modell. Von einer Assoziationspsychologie herkommend, nimmt sie an, daß das vorgeformte Bild im Gedächtnis gespeichert wird und daß das zeichnende Subjekt es reproduziert.

Tatsächlich handelt es sich hier mehr um ein altmodisches Vokabular, als um einen theoretischen Streit. Wenn wir eine moderne Terminologie benutzen, würden wir sagen, daß das Kind wie der Erwachsene für die Darstellung der Gegenstände über mehr oder weniger stereotype Schemata verfügt. Diese Schemata ermöglichen die Herstellung von Formen, die uns, in den graphischen Raum einbeschrieben, mehr oder weniger dem Bild zu entsprechen scheinen, das wir uns durch die Wahrnehmung von den Dingen machen.

Diese Konformität besteht jedoch, wie wir gesehen haben, nur zum Schein, denn die auf der Mal- oder Zeichenoberfläche angeordneten Formen und Farben werden nach ganz anderen Verfahren zusammengestellt, als eine Analyse der Wahrnehmung sie uns zeigen würde. Das erklärt, warum das Kind seinen Schemata treu bleibt. Es kann tatsächlich nicht allzu sehr um die Schemata herum improvisieren, denn es ist ihm kaum möglich, sie auf der Grundlage dessen, was es wahrnimmt, zu korrigieren. Luquet hat das übrigens sehr gut beobachtet. Die Typen der Zeichnung entwickeln sich oft in plötzlichen Veränderungen, ohne daß man wirklich von einer fortschreitenden Verbesserung sprechen könnte. Das Kind benutzt die perzeptiv-motorischen Schemata für alles mögliche und spielt mit dem Repertoire, über das es verfügt, um darzustellen, was es wünscht. Die motorischen Schemata bilden Stereotypen, die das Kind durch die Erfahrung – entsprechend den Objekten, die es darstellen will – gebrauchen lernt. Es gibt sich bis zu dem Tag mit den formalen Analogien zufrieden, die es in dieser Entsprechung findet, an dem ihm der Rückgriff auf einen zweiten Typus, auf ein neues Schema geboten scheint.

Daß diese Arten der Anordnung zum Teil von bestimmten Eigenschaften der kindlichen Wahrnehmung abhängen, ist wahrscheinlich. Aber umgekehrt bedingt der Stil der Kinderzeichnung in gewisser Weise auch die Wahrnehmung, und das trägt zum Teil dazu bei, ihm ein Gefühl des Erfolges zu verschaffen. Es handelt sich hier um ein Phänomen der Wechselbeziehung zwischen Wahrnehmungseigenschaften und bildnerischen Schemata, das genauer beleuchtet werden muß.

Um den Einfluß der Besonderheiten der kindlichen Wahrnehmung auf seine Zeichnung darzulegen, werden wir wie Merleau Ponty der Untersuchung von Meili[24] folgen.

Das Kind hat eine synkretistische Anschauung von den Dingen, das heißt, es nimmt die Formen leichter in ihrer Gesamtheit wahr als in den Details. Wenn man es auffordert, diese zu analysieren, kann es sie aufzählen, aber es scheint unfähig, ihren genauen Platz in der sie umschließenden Gesamtheit zu erfassen. Auch die Sicht des Ganzen ist ungenau und verworren. Je jünger das Kind ist, um so deutlicher treten diese Besonderheiten hervor.

Die Wahrnehmung wird, je nach den Formen, die man ihr vorlegt, übertrieben synkretistisch oder übertrieben analytisch sein. Wenn die Form einfach ist, wird das Kind gut ihre Gesamtheit wahrnehmen, aber die Details vernachlässigen; wenn sie komplex ist, wird es auf Kosten der Gesamtform Details häufen. Dies kann man anhand der Zeichnung nachprüfen.

Bald geben die allgemeinen Konturen des Gegenstands tatsächlich ein ziemlich realistisches Bild, aber dann sind die Details im Innern dieser Konturen schlecht angeordnet. Wiederum werden bei komplexen Formen, einem Fahrrad zum Beispiel, bestimmte Details sorgfältig dargestellt, aber ihrer Zusammenfügung fehlt es an Präzision, und die Form des Ganzen ist letztlich sehr unvollkommen.

Umgekehrt beeinflußt die Zeichenpraxis wahrscheinlich die Wahrnehmung. Es ist schwierig, das für das Kind zu beweisen, denn es kann uns seine Wahrnehmungserfahrung nicht mitteilen. Man kann jedoch annehmen, daß diese Erfahrung mit der der Erwachsenen identisch ist.

Zahlreich sind die Maler und die Psychologen, die die Sehweise des Malers analysiert und gezeigt haben, wie sehr diese von seiner Tätigkeit beeinflußt wird. Sehen heißt immer in der Wirklichkeit die Formen auswählen, die als Bezugsachse für die Gesamtheit des sich darbietenden Schauspiels dienen sollen; es heißt, dieses Schauspiel nach Stereotypen und formalen Kennzeichen organisieren, strukturieren und zerlegen, die von dem Interesse, das wir den Dingen entgegenbringen, und von unserer Fähigkeit zur Analyse abhängen.

Die Sehweise des Malers scheint in dieser Hinsicht originell zu sein. Man hat zu präzisieren versucht, worin sie sich von der allgemeinen unterscheidet. Nun hat man bemerkt, daß das, was sie am besten charakterisiert, nicht so sehr eine besondere Schärfe ist, die Details oder das Ganze zu erfassen, sondern vielmehr die Tatsache, daß der Maler schon zu jedem Moment im Schauspiel der Natur nach der Anordnung der Formen, der Töne und der Valeurs sucht, die er für sein Bild benötigen wird. Er zerlegt dieses Schauspiel schon in Komplexe, die leicht mit den Mitteln der Malerei wiedergegeben werden können. Die Mannigfaltigkeit der Blätter am Baum, die sich vor seinen Augen bewegen, beschäftigt ihn nicht. Er wird in diesem Fall seine Sehweise auf Unendlich einstellen und versuchen, nur einen einheitlichen Farbfleck zu erfassen, denn er weiß genau, daß er die Individualität der Blätter nicht wird wiedergeben können. Er versucht also, anstelle der Blätter das Bild des Baums zu sehen, das ihm zu übertragen möglich sein wird.

Ebenso versucht er, Beziehungen unter den Tönen zu finden, die sich für das Bild verwenden lassen, wobei man ihre Verschiedenartigkeit vernachlässigt. Er wird nicht den dominierenden Ton suchen, sondern vielmehr den, der mit einem Nachbarton eine einfache, harmonische Beziehung herstellt. Das Rot seines Dachs und das Grün seines Baums werden weder richtiger noch falscher sein als alle anderen Rot oder Grün, die ihm eine naive Wahrnehmung in dem von ihm beobachteten realen Raum und dem realen Dach zu finden erlaubte. Aber aus ihrem Gegensatz wird er einen bestimmten Effekt vibrierender Spannung ziehen, die demjenigen, der das Gemälde betrachtet, einen Eindruck von Bewegung, von Tiefe vermittelt, welcher die Lebendigkeit der Dinge selbst evoziert.

Kurz, der Maler lernt, in dem Schauspiel der Natur Beziehungen zu finden, die er in dem gemalten Werk wiedergeben kann. Die Besonderheiten seiner Sehweise hängen also zum Teil von seinem Stil ab. Neben der Geschichte der Malerei gibt es eine Geschichte des bildnerischen Sehens. Diese betrifft auch den Betrachter, und jeder weiß, daß wir – nach einem berühmten Wort – erst auf den Impressionismus warten mußten, um das Vorhandensein von Violett im Schatten der Dinge zu sehen.

Also ist das bildnerische Kunstwerk weder das Spiegelbild der objektiven Realität noch selbst das unserer Wahrnehmung dieser Realität. Es ist das spezifische Produkt einer Verarbeitung originellen Typus' auf einer vollkommen konventionellen Oberfläche. Diese Verarbeitung hängt von einem besonderen Umgang mit den Formen, eventuell Farben ab, deren Entzifferung einen mehr oder weniger großen Eindruck der Identität mit der Gegebenheit der Wahrnehmung hinterläßt. Die Wahrnehmung beeinflußt zum Teil die Ausarbeitung des Werks, hängt aber ihrerseits von diesem besonderen Umgang mit den Formen und Farben ab. Was für jedes bildnerische Werk gilt, gilt auch für die Zeichnung und besonders für die Kinderzeichnung.

Zeichnung und Schrift

Die Zeichnung ist letztenendes eine Art Schrift. Es ist in der Tat eine heutzutage oft ausgesprochene Meinung, daß es eine wirkliche Sprache des Bildes gibt. Aber eine Menge von Vieldeutigkeiten verbergen sich unter diesem Begriff; man verwechselt Sprache und Schrift.

Gewiß ist jedes Bild, vom Plakat bis zum Gemälde, insoweit Sprache, als wir mit Worten formulieren können, was es darstellt. Aber die graphischen Zeichen, aus denen das Bild besteht, haben üblicherweise keinen Bezug zu den Zeichen der Sprache. Was sie ausdrücken, drücken sie durch sich selber aus, und der Bericht oder die Beschreibung, die wir mit Hilfe von Worten von dem Bild geben, ist das Resultat einer echten Transposition. Kein Zeichen des Bildes entspricht einem Wort oder einer Gesamtheit von präzisen Worten. Der Gedanke einer Schrift, die von der Sprache getrennt ist, läuft unseren Empfindungen zuwider, weil wir einen großen Abstand zwischen den Linien sehen, aus denen das Bild gemacht ist, und denjenigen, aus denen das Wort oder der Buchstabe gebildet ist. Wir neigen dazu, Schrift und Buchstabenschrift zu identifizieren und die Ausdehnung des Begriffs

Schrift auf das Bild als einen Mißbrauch der Sprache, einen metaphorischen Gebrauch des Wortes Schrift zu betrachten.

Die Geschichte der Schrift könnte uns jedoch daran erinnern, daß die enge Verflechtung von Sprache und Schrift nur das Ende einer Entwicklung oder ihr gegenwärtiger Moment ist und daß die Schrift am Anfang nur die losesten Verbindungen zur Sprache hatte. Ursprünglich haben die graphischen Zeichen nicht mehr Beziehungen zur Sprache als das Bild. »Wenn man die Buchstabenschrift beiseite läßt, über die die Meinungen auseinandergehen, gebrauchen die meisten anderen Schriften: die aztekische, die altindische, die sumero-akkadische, die ägyptische usw. als Zeichen im wesentlichen Zeichnungen oder Deformationen von Zeichnungen. Man kann sagen, daß die Bilderschrift, daß heißt die konkrete Darstellung der Gegenstände, ihnen den größten Teil ihres Materials geliefert hat«[25]. Mit Ausnahme der alphabetischen Schrift! Und es muß berücksichtigt werden, daß diese heute fast auf der ganzen Erde benutzt wird und daß es sie seit drei Jahrtausenden in unserer westlichen Kultur gibt. Aber, historisch gesehen, entsteht die Schrift aus einem Zusammentreffen zwischen dem gezeichneten Ding und dem Wort. Es scheint also, daß die Darstellung der Dinge durch ihr Bild anfänglich den Wert einer Botschaft, einer rituellen Formel besessen hat und daß sich diese Bilder ziemlich schnell in Richtung auf eine wachsende Schematisierung hin entwickelt haben. Diese Schrift durch das Bild scheint jedoch nicht den ganzen Bereich dessen, was das Wort ausdrücken konnte, ausgefüllt zu haben, und die Menschen der Urgeschichte begnügen sich damit, bestimmte Gedanken durch sie zu wecken oder bestimmte Befehle zu erteilen. Kurz, diese Schrift hätte kein geordnetes System sprachlicher Aufzeichnung dargestellt, vielmehr eine Reihe von Formeln, die unseren Straßenschildern oder religiösen Symbolen ähnlich sind. Eine derartige Bedeutung hätten die Petroglyphen, d. h. die mit Bilderzeichen versehenen Steine, die so ziemlich überall auf der Welt gefunden werden.

In einem fortgeschrittenen Stadium fügen sich die Bilder zu einer zusammenhängenden Folge aneinander, die mit den Bildergeschichten in unseren Zeitungen zu vergleichen sind, sei es, daß diese Folge nur eine Aufzählung von Gegenständen oder Situationen darstellt, sei es, daß sie die aufeinanderfolgenden Phasen einer Erzählung verdeutlicht. Man hat eine solche Schrift noch vor kurzem bei den Indianern Nordamerikas und bei den Eskimos beobachtet.

Die erste Phase der Annexion der Schrift durch die Sprache scheint durch den Übergang von einer synthetischen oder Ideenschrift zu einer analytischen Schrift in Wörtern gekennzeichnet zu sein. Wie Février hervorhebt, »ist sie notierend, nicht mehr suggestiv«. Die Umsetzung der geschriebenen Botschaft in die Wörter der Sprache hängt nicht mehr von dem freien Lesen des Bildes ab (wie es noch bei der Zeichnung der Fall ist), sondern von einer Reihe von Konventionen. Die sumero-akkadische, die ägyptische und die chinesische Schrift bilden dafür die berühmtesten Beispiele dieser Art. Seither besteht die Geschichte der Schrift in der fortschreitenden Entwicklung des graphischen Symbols, das zunächst Ideogramm ist, das heißt Wortsymbol, dann phonetisches Zeichen, Silbensymbol und Zeichen für den Buchstaben. Damit »ist die Schrift von einem autonomen Ausdrucksmittel zu einem einfachen Ersatz für das Wort geworden«. Dieser kurze Rückblick in die Geschichte der Schrift ermöglicht uns zu verstehen, warum wir die Tendenz haben, Schrift und Sprache miteinander zu verwechseln, und warum es uns widerstrebt, das Bild für ein Schriftsystem zu halten.

Man muß übrigens Schriftsysteme mit begrenzter Anwendbarkeit, wie die mathematische Symbolik oder die Straßenbeschilderung, von einem Zeichensystem wie der Malerei und der Kinderzeichnung unterscheiden, die ein vollständiges Ausdruckssystem sein will. Das Bild kann tatsächlich alles ausdrükken, was die Worte bezeichnen, und wir werden sehen, mittels welcher Kunstgriffe eine Bilderschrift imstande ist, jeden beliebigen abstrakten Gedanken zu bezeichnen.

Man kann das System der Bilderzeichen als ein Zeichensystem von umfassender Anwendbarkeit betrachten, das fähig ist, jedes Ding zu bezeichnen. Es muß aber noch deutlich gemacht werden, welche Elemente des Bildes dieses Vermögen der Bedeutung besitzen.

Das Bild besitzt zwei Ausdrucksebenen: die eine bildet sein Vermögen, einen Gegenstand in einer gegebenen Situation darzustellen und sich als Zeichen dieses Gegenstands und als Zeichen der Beziehung dieses Gegenstands zu seiner Umgebung zu konstituieren. Auf einer zweiten Ebene erwirbt das Bild eine Ausdruckskraft nicht durch die Gegenstände, die es darzustellen beabsichtigt, sondern durch die einfache Anordnung der Formen.

Wir werden noch Gelegenheit haben, ausführlicher darauf zurückzukommen, aber wir wollen schon festhalten, daß bestimmte Linien oder bestimmte Farbzusammenstellungen ein Bedeutungsvermögen, unabhängig von dem dargestellten Gegenstand, haben können.

Es gibt da eine elementare Symbolik des Bildes, die als Erfahrungstatsache genommen werden muß, noch bevor man nach ihrem Ursprung fragt. Der Kreis, die vertikale oder horizontale Linie und die gebrochene Linie haben einen Zeichenwert wie Rot und Blau. Wie Gaston Diehl schreibt (zitiert bei René Passeron): »Alles ist Zeichen auf einer Leinwand. Und einige Farbflecken und einfache Striche können in sich selbst . . . eine Ausdruckskraft besitzen, die der kompliziertesten oder bedeutungsvollsten Figur zu vergleichen ist . . .«. Aber wir sollen uns fragen, ob es sich beim Kind wirklich genauso verhält. Bis hierher haben wir alle Formen des bildnerischen Ausdrucks – von der Malerei bis zur Kinderzeichnung – betrachtet, aber jetzt ist der Moment gekommen, auf einen Unterschied hinzuweisen.

Die Untersuchung der Kinderzeichnungen zeigen uns nämlich, daß es bei ihnen keinen absichtlichen Rückgriff auf die Ausdruckskraft der Form gibt. Wir beobachten bei ihnen keinen stilistischen Effekt, und dieser negative Charakter stellt sogar das Wesentliche der Originalität dieser Zeichnungen dar. Ein gezeichnetes Haus erfährt keine Formveränderung, die aus seiner Form oder seiner farbigen Masse ein Element machen würde, das, mit anderen Formen oder anderen Flecken spielend, formale

Oppositionen und Analogien schaffen würde, die das Ganze zu einer organischen Einheit machen. Der kleinste Strich von Matisse oder Dufy, deren Handschrift oft mit derjenigen der Kinder verglichen worden ist, erscheint im Vergleich dazu als höchst ausdrucksvoll innerhalb des Zusammenhangs des Werks. Wenn das Kind manchmal in seiner Zeichnung einen »sprechenden« Zusammenhang von Formen verwirklicht, der uns durch seine ästhetischen Qualitäten besticht, dann muß man darin die Wirkung eines angeborenen Sinns für das Gleichgewicht der Formen sehen, die keinesfalls einem planvollen Suchen entspricht. Das Kind hat die Absicht, den Gegenstand und bestimmte Qualitäten dieses Gegenstands möglichst genau darzustellen. Der Aufbau des gesamten Bildes im Hinblick auf die »signifikante« Kraft der formalen, nicht darstellenden Elemente ist ein sekundärer und zufälliger Effekt. In diesem besonderen Sinn muß nach unserer Ansicht verstanden werden, was Malraux schreibt[26]: »Wir fühlen jedoch, daß das Kind, auch wenn es oft Künstler ist, dennoch kein Künstler ist. Denn sein Talent beherrscht es, aber es beherrscht nicht sein Talent. (. . .) Man kann alles von der Kunst der Kinder erwarten, nur nicht Bewußtheit und Beherrschung der Technik: man geht von ihren Bildern zur Malerei über wie von ihren Metaphern zu Baudelaire.«

Tatsächlich finden wir in dem Spiel der Ausdrucksformen, die der Künstler benutzt, um eine im eigentlichen Sinn ästhetische Wirkung zu erzielen, die Analogie zum poetischen Spiel, das heißt zur Anordnung von Klängen und Rhythmen, die zwar die Worte verwenden, deren wir uns gewöhnlich bedienen, mit ihnen aber der Rede einen Ausdruckswert auf höherer Ebene verleihen.

Dieser Wert ist unabhängig von dem Bedeutungsvermögen der Worte. Er beruht nicht auf dem Code der Sprache, er versucht, sich mit einer immer neuen, immer ursprünglichen Verarbeitung eines tönenden Materials auszudrücken, das zu den Wirkungen der Stimme und der Atmung gehört, und die mit den Klangfarben, den melodischen und rhythmischen Modulationen der Sprache und des Gesangs arbeitet. Es handelt sich hier um eine

Sprache auf höherer Ebene, die nicht notwendigerweise dazu dient, die Bezeichnungskraft der Sprache zu verstärken, wohl aber, mit reinen Ausdruckswerten zu spielen.

So verwendet das Kind, abgesehen von Zufallsergebnissen, bei seiner bildnerischen Tätigkeit nicht reine Formen. Seine Absicht ist es, das abwesende Objekt und einige seiner Eigenschaften darzustellen, zu bezeichnen, und zwar in der am leichtesten lesbaren und für es am leichtesten zu realisierenden Weise. Es stellt die graphischen Zeichen zusammen, um das Reale bildlich darzustellen, und es will ihre formale Analogie zu dem, was es sieht, gebrauchen, um dieser bildlichen Darstellung ihre Darstellungskraft zu verleihen. Wenn wir hier von dem in der Kinderzeichnung wirksamen Zeichensystem sprechen, so meinen wir dieses Darstellungssystem, das eine wirkliche Sprache in Bildern ist und von dem Ausdruckswert der Formen, der die Sprache der Kunst bildet, zu unterscheiden ist. Wir stellen das »ikonische« Zeichen dem »bildnerischen« Zeichen gegenüber.

Das ikonische Zeichen ist das graphische Zeichen: dazu bestimmt, den Gegenstand oder die Handlung zu bezeichnen, die wir entziffern sollen. Dieses Zeichen ist in der Kinderzeichnung wirksam (wie in jeder Kunst der bildlichen Darstellung).

Das bildnerische Zeichen entspricht dem Ausdruckswert der Linie oder des Farbflecks in dem Organismus, den das Kunstwerk bildet. Es ist ein spezifisch ästhetischer Wert. Es ist das Objekt ästhetischen Vergnügens und findet sich nur zufällig in der Kinderzeichnung.

Selbstverständlich kann ein materielles Zeichen den Wert des ikonischen oder bildnerischen Zeichens oder beider haben, je nach dem Geist, in dem das Kunstwerk geschaffen wurde.

Diese Zusammenstellung der Zeichen ist kein reiner Zufallseffekt. Das Kind stellt nicht ein Haus durch ein Viereck mit einem Dreieck darüber dar, um daneben einen unbegrenzten grünen Fleck zu setzen, der den Baum darstellen soll. In jeder Zeichnung gibt es eine Einheit des Stils. Sie erlaubt uns zum Beispiel, vorzustellen, in welcher Weise uns das Kind einen Lastwagen darstellen würde, wenn wir sehen, wie es ein Haus oder einen Berg darstellt. Diese Einheit des Stils findet sich übrigens im größten Teil der Zeichnungen eines Kindes aus einer bestimmten Epoche wieder.

Sie setzt also voraus, daß die Wahl der Linien oder der Farben von bestimmten Regeln abhängt. Halten wir fest, daß, im Gegensatz zu den Zeichensystemen mit begrenzten Zielen, die Zeichnung dazu dienen kann, die ganze Realität darzustellen. Das Kind verfügt da über ein verallgemeinertes Zeichensystem. Dieses Schriftsystem gehört also in den Rahmen der Zeichensysteme; die sie alle umfassende Untersuchung bildet die allgemeine Semiologie, die der große Schweizer Linguist Ferdinand de Saussure ins Leben gerufen hat. Er hatte nämlich beobachtet, daß die Sprache, insofern sie ein Ideen ausdrückendes Zeichensystem ist, mit anderen Systemen vergleichbar ist: mit der Schrift, dem Taubstummenalphabet, den symbolischen Riten, den Höflichkeitsformen, den militärischen Signalen; und wir können die Kinderzeichnungen hinzufügen. »Man kann sich also eine Wissenschaft vorstellen, die das Leben der Zeichen innerhalb des Lebens der Gesellschaft untersucht; sie würde einen Teil der Sozialpsychologie und folglich der allgemeinen Psychologie ausmachen; wir wollen sie Semiologie nennen.«[27]

Aber jedes Zeichensystem muß seine eigenen Gesetze des Aufbaus besitzen. Es wäre vergeblich, sich zu sehr darum zu bemühen, sie in eins zu setzen. Und es wäre schade, wollte man nicht, wenigstens als Hypothese, nach den Unterschieden oder den Oppositionen suchen, die uns erlauben, allgemeine Prinzipien herauszuarbeiten. Diese können die Grundlage für eine allgemeine Semiologie bilden. Unglücklicherweise ist diese allgemeine Semiologie bisher kaum in Umrissen vorhanden, und das, was man übereingekommen ist, Strukturalismus zu nennen, ist vielleicht ein Versuch, ihr endlich einen Status zu geben.

Auf einer mehr empirischen Ebene können wir nur vergleichende Untersuchungen zwischen den verschiedenen Zeichensystemen vornehmen.

Nun ist es klar, daß sich das von der (geschriebenen oder gesprochenen) Sprache gebildete System in vielen Punkten vom Zeichensystem der Zeichnung unterscheidet.

Wir wollen nach Saussure die Grundprinzipien zusammenfassen, die das sprachliche Zeichen definieren. Es sind dies drei: konventioneller Charakter, lineare Anordnung der Zeichen, diskreter Charakter.

Bei dem konventionellen Charakter handelt es sich um eine Eigenschaft, die kaum bestritten wird. In der Tat sind das Wort Haus, die Buchstaben, die es zusammensetzen, die Phoneme, aus denen es gebildet ist, durch keinerlei Ähnlichkeit mit der Vorstellung verbunden, die wir von »Haus« haben. Ganz sicher wirft dieses Prinzip der willkürlichen Festsetzung des Zeichens einige Probleme auf, das immer diskutierte Problem des Ursprungs der Sprache etwa, das der Onomatopöe, und schließlich das Problem des affektiven Werts bestimmter Klänge. Nichtsdestoweniger stellt es eines der Grundmerkmale der Sprache dar.

Zweites Prinzip: das der Linearität des Signifikanten. Vergessen wir nicht, daß die Sprache zunächst gesprochene Sprache ist. Ihre Schrift ist nur eine sekundäre graphische Umsetzung. »Der Signifikant, der auditiver Natur ist, verläuft allein in der Zeit und trägt Züge, die er der Zeit entnimmt: a) er stellt eine Ausdehnung dar, und b) diese Ausdehnung ist nur in einer Dimension meßbar: er ist eine Linie«. (Saussure, a.a.O.)

Wenn ich schreibe oder wenn ich mit lauter Stimme sage: »Das Haus ist rechts von dem großen Baum gelegen«, dann ist offensichtlich, daß ich das Vorhandensein des Baums erst nach dem des Hauses einführe. Es gibt also eine signifikante Kette, die die Grundstruktur des Aufbaus der sprachlichen Zeichen darstellt.

Drittes Prinzip: das sprachliche Zeichen ist vom vorhergehenden und vom nachfolgenden Zeichen unterschieden und immer isolierbar. In dem Satz, den wir gerade als Beispiel zitiert haben, ist das Zeichen Haus völlig isolierbar, man kann es nicht modifizieren, ohne sein Bedeutungsvermögen zu verändern. Man kann ihm nur ein anderes Zeichen hinzufügen, das seinen Sinn präzisiert, aber ohne seine Form zu verändern: den Signifikanten »Haus« im eigentlichen Sinn.

Darüber hinaus ist es uns deshalb möglich, den Signifikanten »Haus« zu identifizieren, weil er mit keinem anderen Zeichen der Sprache identisch ist. Man könnte sagen, daß das, was das Wort »Haus« bezeichnet, das ist, was kein anderes Wort der Sprache ausdrücken kann.

Es ist offensichtlich, daß sich diese drei Prinzipien nicht auf das »ikonische« Zeichen beziehen, und man könnte dieses sogar Zug um Zug dem sprachlichen Zeichen gegenüberstellen.

Das Zeichen im Bild ist nicht willkürlich. Es stellt einen Ähnlichkeitsbezug mit dem wahrgenommenen und evozierten Gegenstand dar. Aber diese Beziehung bleibt ziemlich rätselhaft.

Die bildliche Darstellung des Baums durch eine mehr oder weniger kreisförmige Linie, die über einen vertikalen Strich gesetzt ist, entspricht nur sehr unvollkommen dem, was wir sehen. Was der Maler sehen lernt, sind die graphischen Schemata oder die Farben, mit denen er umzugehen versteht. Auch das Kind lernt, in dem Baum den linearen Stamm wiederzuerkennen, der von dem Kreis gekrönt wird, der die Gesamtheit der Blätter oder der Äste bildet.

Welcher Natur ist also die Entsprechung zwischen dem Bild und dem, was wir sehen? Welche psychologische Arbeit erlaubt uns, in dem Zeichen eine Form wiederzufinden, die wir in dem realen Objekt wiederfinden können oder von der wir glauben, daß wir sie dort eventuell wiederfinden können?

Die Untersuchungen Sartres in seinem Werk über das Imaginäre ermöglichen uns, das zu präzisieren.[18] Schon der Ausgangspunkt ist sehr interessant: Das Bild ist in keiner Weise ein Ersatz für die Wahrnehmung. Es liegt sogar in seiner Natur, das reale Objekt als abwesend anzunehmen und davon auszugehen, daß sich die aktuelle Erfahrung auf diese Abwesenheit gründet.

Wenn ich die Kinderzeichnung, eine gemalte Landschaft oder eine Photographie betrachte, weiß ich genau, daß das dargestellte Objekt, das Haus zum Beispiel, nicht da ist. Wenn ich einem realen Haus gegenüberstehe, kann ich die Einzelheiten seiner Fassade oder seine Umgebung nach Wunsch erforschen, ich kann versuchen, in das Haus einzudringen oder mich ihm wenigstens zu nähern; wenn mich irgendein Hindernis davon abhält, nehme ich den Widerstand dieses Hindernisses als ein der realen Existenz des Hauses zugehöriges Element wahr, ob es sich dabei um die Hecke handelt, die mich von ihm trennt, oder um das Angstgefühl, das mir der Besitzer einflößt.

Kurzum, das Bewußtsein der Wahrnehmung einer Sache ist Bewußtsein von der Sache als Anwesenheit, das heißt, daß dieses Bewußtsein nicht von dem des ganzen Wahrnehmungsfeldes, das es umgibt, und von meiner eigenen Gegenwart in diesem Feld getrennt werden kann. Wenn ich in einem Bild ein Haus erkenne, ist die Erfahrung eine ganz andere. Denn ein Haus erkennen, setzt nicht das Bewußtsein von einem dieses Haus umgebenden Universums voraus. Das »bildschaffende« Bewußtsein nimmt im Gegenteil das dargestellte Objekt als abwesend an. Das Blatt, auf das das Bild gezeichnet ist, der Tisch, auf dem das Blatt liegt, sind dagegen die Elemente unseres aktuellen Wahrnehmungsbewußtseins. Das Haus, das ich auf dem Bild erkenne, ist im Gegenteil notwendigerweise abwesend. Das bildschaffende Bewußtsein ist also völlig verschieden von dem Wahrnehmungsbewußtsein. »Das Bild ist ein Akt, der in seiner Körperlichkeit auf ein abwesendes oder nicht existentes Objekt zielt, auf dem Weg über einen physischen oder psychischen Inhalt, der nicht für sich selbst steht, sondern als ›analoger Vertreter des gemeinten Objekts‹«.

Das Problem besteht also nicht darin, zu entdecken, worin das gezeichnete Bild mit der Vorstellung, die wir haben könnten, identisch ist, sondern deutlich zu machen, welche Elemente notwendig und ausreichend sind, damit sich uns eine Linie nicht als Linie, sondern als »analoger Vertreter« von etwas anderem darstellt. Übrigens werden diese Elemente nicht nur von den materiellen Eigenschaften der Linie gebildet, sondern auch von einer zugeordneten Tätigkeit unseres Geistes. Die Eigenschaften des Bildes und der Absicht, die uns leitet, müssen in gleicher Weise berücksichtigt werden.

Es ist also illusorisch, in dem Bild die Zeichen für die Gegenwart des Gegenstandes zu suchen. In der Linie, die die Zeichnung fixiert, denken wir nicht an das Haus, und bei der Untersuchung dieser Linien denken wir das Haus als abwesend.

Nun setzt dieses bildschaffende Bewußtsein angesichts der Zeichnung zwei verschiedene Bewegungen voraus. Die erste ist die, anzunehmen, daß die Linie, die wir betrachten, für etwas anderes stellvertretend steht. Wir müssen ihr gegenüber eine Haltung a priori einnehmen, die uns von einer reinen Wahrnehmungshaltung freimacht. »Die Wahrnehmungsintention wird bildhaft«.

Aber es genügt nicht zu wissen, daß diese Linien das Bild von irgendetwas sind; wir müssen auch das dargestellte Objekt erkennen. Hier wirken, so scheint es, zwei Kräfte zusammen, die eine von den Linien ausgehend, die andere von uns selber.

Diejenige, die von den Linien ausgeht, gehört zu den von der Gestaltpsychologie untersuchten Gegebenheiten. Es gibt Formen, die bestimmte Weisen des Lesens nach sich ziehen. Wenn wir in der optischen Täuschung von Müller-Lyer, die bei Sartre zitiert wird (vgl. Schema I im Anhang, S. 236), die gerade Linie, die von zwei divergierenden Linien verlängert wird, für länger halten als diejenige, die durch zwei in ihren Enden konvergierende Linien begrenzt wird, dann deshalb, weil die Linienführung durch eine ihrer Form inhärente Qualität eine quasi obligatorische Lesart des Bildes fordert. Die Bewegung unserer Augen scheint durch das Bild selbst bestimmt zu werden. Die Figur bekommt einen Sinn.

Aber woher stammt diese dem Bild inhärente Qualität? Sartre versucht nicht, das zu erklären, und bezieht sich stillschweigend auf die objektiven Eigenschaften der Form, wie sie die Theorie der Gestaltpsychologie verteidigt. Ohne auf eine solche Frage antworten zu wollen, wollen wir bemerken, daß die beiden Linien, die die Hauptlinie an jedem Ende verlängern, von uns eine Verlängerung fordern. Wir versuchen, ohne uns darüber klar zu werden, das Bild zu vervollständigen; die Dynamik des Bildes ist, kurz gesagt, mit einer prospektiven Fähigkeit unseres Geistes verbunden. Der zwingende Charakter der Form ist es, der sozusagen eine in bestimmter Weise ausgerichtete Lesart des Bildes vorschreibt.

Aber viel öfter hat eine Form nicht dieses Determinierungsvermögen, und wir können sie verfolgen und nach den verschiedensten Weisen im Geist verlängern. In der Zeichnung D, in der ein kleines Mädchen von vier Jahren uns zwei Formen vorlegt, können wir sie uns entweder in der Ebene (von oben gesehen) oder im Gegenteil vertikal von vorn gesehen vorstellen. Das Kind lädt uns zu beiden Hypothesen ein, wenn es uns sagt, daß es oben auf dem Blatt ein Auto und unten ein Haus gemalt habe. Wenn wir uns vorstellen, das Kind habe die Ebene des Hauses dargestellt, dann erscheint das Auto ebenfalls von oben gesehen. Wir müssen uns nicht anstrengen, um die Zeichnung zu lesen, die Interpretation des Hauses läßt uns jedoch unbefriedigt, denn unwillkürlich drängt sich eine andere Lesart auf, nämlich die des von vorn, in die Höhe sich erstreckend gesehenen Hauses. Von dem Moment an, wo wir uns der zweiten Interpretation überlassen, erscheint die Ähnlichkeit viel größer. Wir versuchen nun unwillkürlich, die geneigte Form des Hauses aufzurichten, wir vernachlässigen seine Neigung. Aber das Bild des Autos wird wieder rätselhafter. In Wirklichkeit beweist nichts, daß das Kind versucht hat, die beiden Objekte in einem und demselben Raum darzustellen, und selbst wenn in seinem Geist die beiden Objekte nebeneinander liegen, wissen wir, daß ein Kind dieses Alters keinen Nachteil darin sieht, zwei Objekte in verschiedenen Perspektiven darzustellen.

Derjenige aber, der die Zeichnung betrachtet, neigt unwillkürlich dazu, sie zu korrigieren. Indem er das Bild des Autos in eine Frontalansicht bringt, bemüht er sich, es hinter das Haus zu setzen, kann sich aber nur mit kaum gerechtfertigten Hypothesen über seine Form und seine Wahrscheinlichkeit beschäftigen.

Zahlreich sind die Formen, die kein Problem dieser Art aufzuwerfen scheinen, was ihre unmittelbare Ähnlichkeit mit dem bezeichneten Objekt betrifft. In den Zeichnungen A oder B zum Beispiel sind die Gegenstände leicht zu identifizieren, und wir können keine Unsicherheit in der Lesart feststellen; wir folgen den Linien des Baumes und des Hauses wie gewohnten Bahnen. Aber diese Vertrautheit entspringt dem Festhalten der Formen an kulturellen Darstellungsschemata.

Wir müssen also, was die Ähnlichkeit der graphischen Zeichen anbelangt, folgende Tatsachen feststellen: In der Mehrzahl der Fälle entsprechen die benutzten Formen Darstellungstypen, die das Kind zu sehen gewohnt ist und die offensichtlich seine Wahrnehmung der Wirklichkeit beeinflussen. Sobald das Schema sehr unvollkommen verwirklicht oder ungewohnt ist, enthüllt uns seine Lektüre einen Mechanismus, der gewöhnlich durch die Automatismen des Lesens verdeckt wird. Es handelt sich um eine Entzifferung aufgrund einer Hypothese. Diese wird durch einige induzierende Linien nahegelegt, die ihrerseits zu der Vorstellung von imaginären Linien führen, welche zur Ergänzung und Vervollständigung des realen Bildes beitragen sollen und deren Plausibilität den Beweis erbringen soll, daß unsere Hypothese richtig war. Bestimmte Schemata verlangen aufgrund der formalen Eigenschaften der gezeichneten Linien eindeutig nach dieser oder jener Interpretation, andere, die für verschiedene Hypothesen viel offener sind, ziehen mehrere prospektive Lesarten nach sich, die den psychologischen Schritt der Entzifferung ausmachen.

Wir erkennen daraus, daß der natürliche und symbolische »motivierte« Charakter der graphischen Zeichen nicht selbstverständlich ist.

Es handelt sich um Zeichen, die eine Identifikation der Zeichnung in Abhängigkeit von dem, was wir durch das Sehen wahrnehmen, stützen können, aber weit davon entfernt, als eine Emanation der Wahrnehmung und eine natürliche Gegebenheit der äußeren Erscheinung des Objekts zu erscheinen, stellen sie graphische Instrumente – Schemata – dar, die wir auf die Wahrnehmung anwenden können, um ihre Ähnlichkeit, ihre Wahrhaftigkeit bestätigen zu können.

Außerdem hat ein solches System als ganzes Gültigkeit, das heißt, wir können nicht eine bestimmte Arbeit der Dekodierung auf eine Form anwenden, ohne diese Dekodierung auf alle Formen derselben Zeichnung auszudehnen. Wenn wir das Haus der Zeichnung A (siehe Anhang) durch das Haus der Zeichnung D ersetzen, erschiene es uns nicht nur ungewöhnlich, sondern würde auch in die Kohärenz des geschriebenen Diskurses einen Bruch hineinbringen, denn seine Identifikation als Haus würde sich aus einer anderen Analyse ergeben als derjenigen, die uns den Baum oder die Straße identifizieren läßt. Und das Beispiel wäre noch deutlicher, wenn wir das Auto der Zeichnung D durch das Taxi der Zeichnung A ersetzten.

Wir kommen also zu folgendem Schluß: das graphische System, das die Zeichnung für das Kind darstellt, ist nicht konventionell: es stützt sich auf Formen, die das Kind in dem Maß seiner Fähigkeiten der Wahrnehmung und der Motorik und in Abhängigkeit von den Bildern, die es zu identifizieren lernt, zu gebrauchen vermag. Aber in jedem Augenblick bedingen diese Formen einen ganzen Darstellungsstil, ein ganzes System bildlicher Darstellung mit Regeln, von denen das Kind nicht abweichen kann.

Zweites Prinzip des sprachlichen Zeichens: sein linearer Charakter. Auch hier baut sich die Zeichnung nach verschiedenen Eigenarten auf. Die Bilderschriften der Eskimos[25] zeigen uns Beispiele der Darstellung in kleinen schematischen Zeichnungen, die eindeutig genug sind, um gewissermaßen eine lineare Lesart der gezeichneten Botschaft zu fordern.

Die Bildgeschichten stellen ein verwandtes, aber kein identisches Beispiel dar, denn jede einzelne Zeichnung erfordert ein Leben, das nicht nur auf der Linearität der Zeichen beruht, und allein die Abfolge der Zeichnungen scheint sich ihr zu unterwerfen. Man könnte bei dieser Gelegenheit auch an die Bildwerke erinnern, besonders an solche im internationalen flämischen oder italienischen gotischen Stil, auf denen in demselben symbolischen Raum verschiedene Szenen dargestellt sind, die zeitlich aufeinanderfolgen. Nur in Ausnahmefällen bedient sich das Kind dieser Kunstgriffe, wie Luquet beobachten konnte.

Im allgemeinen fehlt eine solche Linearität der Zeichen, und die Kombination der Zeichen geschieht nach einem anderen Prinzip. Die Elemente der Zeichnung bauen sich nach dem Prinzip der räumlichen Darstellbarkeit auf. Wir haben gesehen, wie schwierig es ist, die beiden Formen der Zeichnung D zueinander in Bezug zu setzen, wenn man von der Hypothese einer Frontaldarstellung ausgeht. Denn wir sind gewöhnt, Zeichnungen in der Weise zu lesen, daß wir dem Blatt dieselbe Homogenität wie dem »wirklichen« Raum zusprechen.

Diese Nebeneinanderordnung der Zeichen impliziert nicht die Notwendigkeit, den Raum in seiner Gesamtheit darzustellen; zwischen dem Haus und dem Baum der Zeichnung A befindet sich kein Gegenstand, der für das Vorhandensein eines homogenen und wahren Raums spräche; trotzdem müssen sich die beiden dargestellten Objekte in einer Beziehung räumlicher Kohärenz zueinander befinden.

Dieses Prinzip verleiht dem Bild eine Ausdruckskraft, die sich von der Erzählung stark unterscheidet. In der Erzählung, in der sich die Signifikanten nach dem linearen Modell der gesprochenen Sprache anordnen, werden die kausalen Zusammenhänge, die Reihenfolge, die Verknüpfung natürlicherweise durch die Abfolge der Zeichen wiedergegeben. Im Gegensatz dazu werden die räumlichen Bezüge nur durch Kunstgriffe des Stils ausgedrückt. Wenn wir eine Landschaft, selbst ein einfaches Objekt beschreiben wollen, dann erwecken die Reihenfolge der Worte und die notwendigen Aufzählungen den Eindruck, daß unsere Sehweise wie eine Kamera funktioniert, die über die Details des Bildes hinweggleitet und den Raum in einem zeitlichen Nacheinander erschließt. Ein gutes Beispiel für diese Art von Beschreibung geben die filmischen Kunstgriffe, zu denen die Regisseure greifen, wenn sie eine Erzählung durch ein Gemälde illustrieren wollen. Während der Sprecher die Geschichte erzählt, gleitet die Kamera über die Details des Werkes und gibt dabei eine völlig andere Darstellung von ihm als wir sie hätten, würden wir das Werk wirklich betrachten.

Beim zeichnerischen Ausdruck sind uns im Gegenteil die räumlichen Relationen und die Anordnung der Objekte von vornherein gegeben. Hier ist es die Verknüpfung der Handlungen, die uns durch eine Reihe von Kunstgriffen vermittelt wird.

Wenn man von den Linguisten die Begriffe der synchronischen und diachronischen Verbindungen übernimmt, um diese beiden Typen der Beziehung zu bezeichnen, kann man sagen, daß in der Sprache die diachronischen Verbindungen natürlicherweise durch die diachronische Verknüpfung der Zeichen dargestellt werden, während die synchronischen Beziehungen durch die Fiktion eines synchronischen *Approach* oder durch die Wirkungen psychischer Resonanz vermittelt werden, die uns zu dem bezeichneten Objekt seine Umgebung »assoziieren« lassen. Beim bildlichen Ausdruck dagegen ist diese synchronische Anordnung im Organisationsprinzip der Zeichen gegeben, wogegen die diachronischen Bezüge in der Weise der Anspielung zur Darstellung kommen, und zwar nach Modalitäten, auf die wir noch zurückkommen werden.

Der Linearität des sprachlichen Signifikanten muß also die Verräumlichung des »ikonischen« Zeichens gegenübergestellt werden.

Das letzte Prinzip der Anordnung der sprachlichen Zeichen schließlich: der diskrete Zeichencharakter. Wir haben gesehen, was unter diesem Begriff verstanden werden muß. Seine Untersuchung an der Zeichnung ist der schwierigste Punkt dieser Analyse des bildlichen Zeichens, denn er wirft das Problem der Lesbarkeit des Bildes auf.

Ein Beispiel wird das veranschaulichen.

Wir wollen ein Haus bildlich darstellen. Wir versuchen es mit dem Minimum der erforderlichen Linien darzustellen. Wahrscheinlich werden wir das Schema II übernehmen.

Wenn wir das Bild lesen, sagen wir: »Das ist ein Haus«; und wir können hinzufügen: »Wir erkennen sein Dach, seine Fassade, ein Fenster und die Tür«. So erscheint das Zeichen »Haus« in Wirklichkeit als ein komplexes Zeichen. Im Gegensatz zum sprachlichen Signifikanten »Haus«, der nur in Bestandteile zerlegt werden kann, die keine Beziehung mehr zu dem Zeichen Haus haben, also entweder in die Phoneme oder in die Buchstaben des Wortes, scheint das Bild, das wir gezeichnet haben, in Zeichen zerlegbar zu sein, die gleichmäßig mit einem Bedeutungsvermögen ausgestattet sind. Es muß nicht eigens gesagt werden, daß das »ikonische« Zeichen für Haus in Wirklichkeit eine Ansammlung von Zeichen ist: Dach + Fassade + Fenster + Tür. Wo müßte man hier Halt machen? Denn das Dach zeigt uns seine Kanten und seinen First, das Fenster seine Einfassung und sein Kreuz, usw. Wir könnten dazu kommen, jede Möglichkeit zu leugnen, daß dem Zeichen des Bildes ein einheitlicher und diskreter Charakter zuzusprechen ist. In Wirklichkeit sind wir hier wieder Opfer einer realistischen Täuschung, bei der wir die Materialität der Zeichen und die Wirkungen, die sie in uns hervorrufen, mit anderen Worten: Signifikant und Signifikat, verwechseln.

Denn wenn ich ein Viereck zeichne, das ein Kreuz einrahmt, oder ein Rechteck, dessen untere Schmalseite fehlt, wird man nicht sagen können, diese Zeichen stellten ein Fenster oder eine Tür dar. Ebenso bezeichnet ein Dreieck ein Dach nur dann, wenn es über ein Viereck gesetzt ist. Wenn man die Untersuchung noch weiter treibt, läßt sich das noch deutlicher demonstrieren. Wir glauben auf der Fassade des Hauses das Fensterkreuz zu identifizieren, aber wenn wir nur die beiden gekreuzten Linien zeichnen, die es bedeuten sollen, vermag diese isolierte Darstellung ihm überhaupt nicht mehr ähnlich zu sehen.

Diese Linien gewinnen nur dadurch ihr Bedeutungsvermögen, daß sie dem Zusammenhang angehören, der als Haus identifiziert wird. Man kann sagen, daß das Bildzeichen für »Haus« in dem Sinn ein »einheitliches« Zeichen ist, als die an seiner Komposition beteiligten Linien für sich genommen überhaupt keinen darstellerischen Wert haben. Nur in einem zweiten Schritt, bei einer retrospektiven Lektüre identifizieren wir sie mit einem Teil des Hauses. Im Unterschied zum sprachlichen Zeichen, das der Analyse überhaupt kein Detail des Hauses liefert, erlaubt uns das Bildzeichen eine Analyse seiner Details. Aber diese Details erhalten nur dadurch ihren Sinn, als sie dem formalen Zusammenhang angehören, der den Schlüssel für ihre Bezeichnung gibt.

Diese Analyse trifft für jedes Gemälde ebenso zu wie für die Kinderzeichnung. Wenn wir ein Portrait von Frans Hals betrachten, erscheint uns die Spitzenhalskrause so echt, daß wir ihre kleinste Falte zu bemerken glauben, aber wenn wir uns dem Bild nähern, wird sich das, was uns als ein wunderbares realistisches Detail erschien, zu einem derb auf die Leinwand aufgetragenen Flecken Grau. Auch hier wird die Wahrheit des Details nur von der Wahrheit des Ganzen getragen.

Bei dem Bild begründet eine Kombination von Linien den Signifikanten, aber rückwirkend scheinen uns die Linien, aus denen er zusammengesetzt ist, die Details des bezeichneten Objekts zu bezeichnen. Wir glauben in dem einheitlichen Zeichen konstitutive Zeichen zu erkennen. In Wirklichkeit aber würden sie ihren Zeichenwert verlieren, wenn man sie isoliert nähme.

Die Lektüre des Bildes setzt ein konstantes Hin- und Hergehen zwischen einem Ganzen voraus, das die Sinnwirkung garantiert, und Teilen, die ihren Sinn nur aus ihrer Vereinigung herleiten.

Diese Lektüre unterscheidet sich grundsätzlich von der der sprachlichen Botschaft; sie begründet das Spezifische des dem Bild eigenen Bezeichnungssystems.

Wir sehen, daß das »ikonische« Zeichen, wenn es sich nach Regeln aufbaut, die denen des sprachlichen Zeichens entgegengesetzt sind, dies nach zusammenhängenden Prinzipien tut, und daß wir einen Komplex von Prinzipien herausarbeiten können, die der Semiologie des Bildes eigen sind. Sie haben in der Kinderzeichnung dieselbe Funktion wie in jeder realistischen Darstellung der bildenden Kunst. Es muß nicht gesagt werden, daß diese Semiologie überhaupt keinen Bezug zu einer Untersuchung der allein in ihrer formalen Materialität genommenen Formen hat, die zu betrachten uns die ästhetische Untersuchung des Kunstwerks einlädt. Deshalb haben wir das plastische vom ikonischen Zeichen unterschieden.

Ein solches System von Schreibweisen ist teilweise mit der Sprache verbunden. Denn die Objekte, die es darstellt, die Handlungen, die es andeutet, sind in Worte übersetzbar. Aber – und das ist eine ganz elementare Einsicht – die Sprache läßt sich in verschiedene Sprachen übersetzen, wie ursprünglich das chinesische Ideogramm als Grundlage für unterschiedliche sprachliche Zeichen dienen und von Personen gelesen werden konnte, die nicht dieselbe Sprache sprachen.

Diese Überlegenheit des Bildes, seine mögliche Verbreitung über die sprachlichen Barrieren hinweg, darf nicht die Zwänge vergessen lassen, die es eben durch seine Natur jeder Kommunikation auferlegt, die mit seinen Mitteln geschieht. Der natürliche oder motivierte Charakter des Bildes ist eine Quelle von Mißverständnissen, und zwar in dem Maße, in dem das Zeichen nicht einem Standardmodell der Darstellung entspricht.

Aber diese Begrenzung ist auch eine Quelle des Reichtums, denn die Freiheit in der Ausführung der Form erlaubt ihr, viele Bezeichnungen zusammenzufassen oder sich auf sehr ausdrucksvolle stilistische Besonderheiten zu stützen. Zum Beispiel ist das Haus der Zeichnung D insofern amüsant, als wir darin vernünftigerweise den Versuch lesen können, ein Haus mit Etagen darzustellen. Ein großer Teil des Zaubers der Kinderzeichnung liegt in diesem Fehlen starrer Konventionen begründet, die der Zeichnung eine Freiheit des Ausdrucks verleihen, die der erzählerische Stil nur sehr unvollkommen realisieren kann. Während es im übrigen bei einer gesprochenen oder geschriebenen Erzählung einer außerordentlichen Kunst der Verkürzung, der Metapher bedürfte, um mit geringem Aufwand ein derart sinnbeladenes Zeichen herzustellen, eignet sich die Zeichnung naturgemäß gerade hierzu.

Eine andere Besonderheit dieser Bildersprache ist die Schwierigkeit, in der wir uns befinden, wenn wir sie zum Bezeichnen von Abstraktionen benutzen wollen. Denn wenn das Kind auch den Baum oder das Haus leicht darstellen kann, so wird es zweifellos auf größere Schwierigkeiten stoßen, wenn es die Kraft oder den Frieden darstellen will. Die Ausdruckskraft der Formen, der Rückgriff auf symbolische Darstellungen werden diesen Mangel ausgleichen. Man stößt hier auf eine Analogie zu der Traumarbeit, die Freud sorgfältig beobachtet hat: »Ein farbloser und abstrakter Ausdruck des Traumgedankens [wird] gegen einen bildlichen und konkreten ausgetauscht. Der Vorteil, und somit die

Absicht dieses Ersatzes, liegt auf der Hand. Das Bildliche ist für den Traum *darstellungsfähig*, läßt sich in eine Situation einfügen, wo der abstrakte Ausdruck der Traumdarstellung ähnliche Schwierigkeiten bereiten würde wie etwa ein politischer Leitartikel einer Zeitung der Illustration.«[27a]

Dieses Denken in Bildern wäre im Traum eine Folge der Entwicklung des Bewußtseinszustandes, wie die Arbeiten von Silberer, die Freud zitiert, zu zeigen scheinen. Dieser Autor hat sich im Moment des Einschlafens die Anstrengung abstrakter Reflexion auferlegt und den Ablauf seiner Gedanken notiert. Er hat festgestellt, daß diese sofort ihr begriffliches Substrat verloren, um sich in Bildvorstellungen zu verwandeln, die ein symbolisches Äquivalent des anfänglichen Gedankens darstellten.

In der Zeichnung ist der Vorgang anders, denn das Kind zeichnet ja in einem völlig wachen Zustand. Nur erlaubt ihm der Rückgriff auf ein Bildersystem gelegentlich, diese oder jene abstrakte Vorstellung zu übertragen, wie die Gedankenassoziationen zeigen, die uns das Kind anläßlich seiner Zeichnung mitteilt. Wir sehen also, warum die Zeichnung eine privilegierte Ausdrucksweise der Vorstellungstätigkeit und eine immer vorhandene Modalität des menschlichen Ausdrucksvermögens darstellt. Aber diese Bildersprache bildet nur eine Variante jedes Ausdrucksvermögens, und man könnte sie am besten mit einem System rhetorischer Kunstmittel vergleichen, das der Rückgriff auf ein besonderes Material mit sich bringt.

Man weiß in der Tat, daß die Bilder oder, wenn man will, die Vorstellungen, die wir uns von den Dingen machen, und die auf deren visueller Wahrnehmung beruhen, eine unerschöpfliche Quelle der Bedeutung für uns darstellen. Wenn ich durch einen Wald gehe und in einer Lichtung das Haus eines Waldhüters bemerke, könnte ich an dieser Situation natürlich nur ihren rein aktuellen und konkreten Aspekt erfassen. Wenn ich den Waldhüter aber suche oder mich vor ihm fürchte, wird mich das Haus auf seine Gegenwart aufmerksam machen; andernfalls wird mich seine Wahrnehmung nur gerade so lange aufhalten, bis ich es identifiziert habe.

Sich vorzustellen, daß die Dinge so ablaufen, ist eine Abstraktion: Dieses an einer Wegbiegung entdeckte Haus wird zur Quelle vielfältiger Vorstellungen. Unabhängig von dieser oder jener Besonderheit kann uns seine bloße Gegenwart an alles erinnern, was wir vom Haus im Wald wissen. Alle Märchen unserer Kindheit leben wieder auf: das Haus des Menschenfressers, das Haus der Zwerge, auf jeden Fall ein geheimnisvolles Haus in einem Element der Natur, an dessen Grenzen das Werk des Menschen gewöhnlich Halt macht. Von da an wird dieses Haus vor den Bäumen zum Zeichen für eine ungewöhnliche Begegnung. Man sieht, daß jede Darstellung von Dingen reich an bisweilen unerschöpflichen Symbolisierungen ist. Denkt man daran, daß wir in jedem Moment von einer unbegrenzten Welt von Dingen umgeben sind und daß jedes von ihnen wieder eine genauso unbegrenzte Zahl anderer Dinge hervorrufen kann, dann sieht man, daß dieses Hervorrufen von Bedeutungen, zu dem das Betrachten der Bilder führt, unserer Phantasie ein überquellendes Leben verleiht.

Zweifellos weiß das Tier, daß die Sonne jeden Tag wieder aufgeht, und in gewisser Weise wartet es auf ihre Rückkehr, aber die Fähigkeit, sich die Sonne als Lichtsymbol, sogar als die Zeit Unterteilendes vorzustellen, ist nur in dem Maße möglich, in dem ich das Bild der Sonne von den konkreten Situationen loslösen kann, um mir vorzustellen, daß ich ihre Identität in einer »perspektivischen Multiplizität«, wie Merleau Ponty[28] es ausdrückt, erfasse.

Wir können mit ihm in der Tat von dieser perspektivischen Multiplizität sagen, daß sie »ein kognitives Verhalten und ein freies Verhalten begründet. Indem sie erlaubt, alle Blickpunkte beliebig durch andere zu ersetzen, befreit sie die Stimuli von den momentanen Bezügen, in denen mein eigener Blickpunkt sie festlegt, und von den funktionalen Werten, die ihnen die ein für allemal definierten Bedürfnisse der Art zuweisen ... Mit den symbolischen Formen erscheint ein Verhalten, das den Stimulus um seiner selbst willen ausdrückt, das sich der Wahrheit und dem Eigenwert der Dinge öffnet, das nach der Angleichung von Signifikant und Signifikat und von der Intention mit dem, was sie verfolgt, strebt.« Nun erweitert sich dieses symbolische Erfassen der Dinge genau in dem Maß der Entwicklung der Sprache; diese Fähigkeit, eine Sache unabhängig von den Situationen, in denen man sie wahrnimmt, zu erfassen, setzt in mir eine Intention voraus, die mir erlaubt, sie in jedem Moment zu evozieren. Diese Intention ist offenbar meine Fähigkeit oder meine Macht, sie zu benennen. Daher ist es vielleicht falsch, die Existenz eines von der Sprache unabhängigen vorstellenden Denkens anzunehmen, und dieses vorstellende Denken ist vielleicht nur eine Auswirkung unserer Fähigkeit, die Welt der Dinge in Begriffen der Sprache neu zu formulieren, auf eben diese Welt der Dinge selbst. Die Sonne [frz.: *le soleil* – Anm. d. Red.] hat zum Beispiel durch uns ihre symbolische Funktion erhalten, da sich die Vorstellung von ihr durch das Spiel der Metaphern oder Metonymien, in erster Linie mit Hitze, Leben, Tätigkeit, befruchtender männlicher Kraft, und in zweiter Linie mit ihren Gegensätzen Kälte, Mond, oder den Gegenständen, die sie bestrahlt, der Erde, dem Meer, in dem sie untergeht usw., wiedergeben läßt.

Andere Besonderheiten der Bildersprache, die sich gut beim Kind beobachten lassen, betreffen die Darstellung der Zeit. Wir haben gesehen, daß das »ikonische« Zeichen aufgrund seiner Natur sie nicht darstellen kann. Luquet hat dieses Problem genau untersucht: »Die visuelle Erfahrung bietet, neben statischen oder einen kurzen Moment festhaltenden Bildern, dynamische oder wechselnde Schauspiele, die aus einer Folge von Momenten gebildet sind, von denen jeder dem vorhergehenden in einigen seiner Elemente ähnelt und sich von ihm in anderen unterscheidet. Wir geben einer Zeichnung, die ein solches Schauspiel mit Linien darstellt wie eine Erzählung es mit Worten beschreibt, die Bezeichnung graphische Erzählung.«

Der Autor unterscheidet drei Arten der graphischen Erzählung. Die erste besteht darin, einen symbolischen Augenblick der Szene zu wählen. Es ist das eine äußerst verbreitete Methode auf dem Gebiet der bildenden Kunst, besonders in der Historienmalerei, wie auch die vom Kind am häufigsten angewandte Methode, das damit reproduziert, was es in seinen Bilderbüchern sieht.

Die zweite Methode besteht darin, eine Reihe von Bildern zu zeichnen, die wie in den Bildergeschichten die aufeinanderfolgenden Szenen der Geschichte darstellen. Diese Methode wird seltener verwandt.

Die letzte Methode besteht darin, auf demselben Bild in einer scheinbar einzigen Szene verschiedene Handlungsmomente zur Darstellung zu bringen. Eine Person kann mehrmals in verschiedenen Positionen dargestellt werden, oder die verschiedenen Personen, die die Szene bilden, können in verschiedenen Momenten dargestellt werden. Luquet behauptet, diese Methode sei dem Kind eigentümlich, was aber fraglich ist. Sehr oft verleiht der Maler nämlich seinem Gemälde einen zusätzlichen Bewegungseffekt, indem er die Haltung der verschiedenen Personen leicht in der Zeit verschiebt. Ebenso wird die Zeichnung eines Pferdes oder einer Person viel echter und lebendiger, wenn ein Teil der Bewegung mit einer gewissen Asynchronie gezeichnet ist. Dieses letztere Verfahren verwendet das Kind nur selten: es bevorzugt die erste Methode, das heißt das exemplarische Bild. Es muß die Szene also mit genügend Details zeichnen, damit man den Fortgang der Handlung ahnen oder auch die Umstände erraten kann, die ihr vorausgegangen sind.

Die bildliche Botschaft stellt demnach eine Kurzfassung der Handlung dar, und die Sparsamkeit der Mittel, die sie der Erzählung auferlegt, verleiht ihr einen »poetischen« Wert: Wenn aber umgekehrt eine Situation der Ruhe beschrieben werden soll, läßt sie der Reichtum ihrer Mittel den Vorteil gegenüber der gesprochenen oder geschriebenen Sprache einbüßen, die erlaubt, mit Hilfe weniger Worte eine Szene mit hoher künstlerischer Wirkung »hinzulegen«.

Es wurde deutlich, wie schwierig es ist, Abstraktionen bildlich darzustellen, und daß es notwendig ist, auf den symbolischen Ausdruck zurückzugreifen. Es ist gleichfalls heikel, logische Sätze darzustellen, und wir stoßen hier auf ein Problem, das Freud im Zusammenhang mit dem Traum genau untersucht hat:

»Man muß zunächst darauf antworten, der Traum hat für diese logischen Relationen unter den Traumgedanken keine Mittel der Darstellung zur Verfügung. Zumeist läßt er all diese Präpositionen unberücksichtigt und übernimmt nur den sachlichen Inhalt der Traumgedanken zur Bearbeitung. Der Traumdeutung bleibt es überlassen, den Zusammenhang wieder herzustellen, den die Traumarbeit vernichtet hat.

Es muß am psychischen Material liegen, in dem der Traum gearbeitet ist, wenn ihm diese Ausdrucksfähigkeit abgeht. In einer ähnlichen Beschränkung befinden sich ja die darstellenden Künste, Malerei und Plastik im Vergleich zur Poesie, die sich der Rede bedienen kann, und auch hier liegt der Grund des Unvermögens in dem Material, durch dessen Bearbeitung die beiden Künste etwas zum Ausdruck zu bringen streben. Ehe die Malerei zur Kenntnis der für sie gültigen Gesetze des Ausdrucks gekommen war, bemühte sie sich noch, diesen Nachteil auszugleichen. Aus dem Munde der gemalten Personen ließ man auf alten Bildern Zettelchen heraushängen, welche als Schrift die Rede brachten, die im Bilde darzustellen der Maler verzweifelte. (. . .) Wie es aber endlich der Malerei gelungen ist, wenigstens die Redeabsicht der dargestellten Personen, Zärtlichkeit, Drohung, Verwarnung u. dgl. anders zum Ausdruck zu bringen als durch den flatternden Zettel, so hat sich auch für den Traum die Möglichkeit ergeben, einzelnen der logischen Relationen zwischen seinen Traumgedanken durch eine zugehörige Modifikation der eigentümlichen Traumdarstellung Rücksicht zuzuwenden.«[29]

Es ist nun sehr bemerkenswert, daß sich die bei Freud in bezug auf den Traum beschriebenen Verfahren in der bildnerischen Erzählung und in der Kinderzeichnung wiederfinden.

Die kausalen Zusammenhänge werden im Traum durch die Abfolge der Bilder dargestellt; auch die Zeichnung verwendet dieses Erzählverfahren. Eine Alternative wird im Traum oft durch das Nebeneinandersetzen der beiden Möglichkeiten ausgedrückt. Auch in der Zeichnung beobachtet man nun diese Art des Nebeneinandersetzens: in seiner Erzählung bestätigt das Kind diese Interpretation. Zum Beispiel zeichnet das Kind in einem Fischerboot einen Fischer, der sein Netz auswirft und einen anderen, der es verstaut. Es wird dann dazu erzählen, daß die Fischer ihren Fischfang fortsetzen oder in den Hafen zurückkehren können. Ein Nebeneinander von Personen oder Objekten bezeichnet gleichfalls die Gegensätzlichkeit oder im Gegenteil die Ähnlichkeit; die Interpretation dieses doppeldeutigen Ausdrucks ist offensichtlich schwierig, und allein der Kontext oder die Erzählung des Kindes erlauben uns, ihn aufzulösen.

*

*   *

Also ist die Kinderzeichnung ebensowenig wie jedes andere Bildersystem das Spiegelbild der wahrnehmbaren Wirklichkeit. Sie ist nur deren symbolische Übertragung in eine Zeichenordnung, in ein semiologisches System. Die Signifikanten fügen sich untereinander nach Prinzipien zusammen, die man durch eine Strukturanalyse freilegen kann. Als Zeichensystem steht sie in einem Äquivalenzverhältnis zur Sprache, aber es verlangt für seine Übertragung eine Reihe von stilistischen Kunstgriffen.

Wir haben schon gesehen, daß diese Weise, die Funktion der Zeichnung zu verstehen, es ermöglicht, ihre Entwicklung zu erklären: der intellektuelle Realismus kann nur als ein Schriftsystem gedeutet werden, das durch die motorischen Fähigkeiten und die visuelle Kontrolle, über die das Kind verfügt, bestimmt ist.

Wir werden sehen, daß sie als Ausdruckssystem durch ihren Stil, ihre elementare Malweise und die Wahl der Themen das Affektleben des Kindes offenbart.

Schließlich hat das Kind eine besondere Freude am Zeichnen. Zweifellos zeigt es damit seine Befriedigung an, darstellen zu können, was zu betrachten ihm Freude macht. Aber in keinem Moment täuscht sich das Kind über den Illusionscharakter des Bildes, das mit der realen Szene nur in einem Analogiebezug steht. Das Betrachten des Bildes ist keine Halluzination. Das Bild nimmt dadurch für sich ein, daß es Information vermittelt, und weil die Freiheit der Lektüre, die Arbeit des Entwerfens, die immer für die Interpretation der Formen offen ist, der Reichtum an Zeichen, an bedeutungsvollen Verkürzungen das Betrachten angenehm machen. Ein einfacher Effekt des Nebeneinandersetzens, ein Strich, der ganz allein den Ausdruck einer Gestalt grundlegend verändert, das sind alles Kunstgriffe, die bei geringem Aufwand eine starke Wirkung in bezug auf die Bedeutung ergeben. Darin ist die Zeichnung der Karikatur und auch dem Witz verwandt. Indem sich bei ihr, wie wir sehen werden, die Mechanismen der Zusammenziehung und der Verschiebung anwenden lassen, erscheint sie als besonders geeignetes Material für den Ausdruck unbewußter Wünsche. Das erklärt das Interesse an ihrer psychoanalytischen Interpretation.

KAPITEL 3

Zeichnung und Persönlichkeit

Wenn wir ein Reklameplakat betrachten, lassen uns das angepriesene Produkt und die Vorzüge, die man an ihm rühmt, die Arbeit des Zeichners vergessen. Die politische Karikatur und die humoristische Zeichnung amüsieren uns um ihrer selbst willen. Im Gegensatz dazu interessieren wir uns für die Kinderzeichnung in dem Maße, in dem wir uns für das Kind interessieren. Sicher können wir aus technischen Gründen die Zeichnungen unbekannter Kinder untersuchen oder aus persönlicher Neigung Freude am Stil dieser Zeichnungen haben, aber wenn uns ein Kind die Zeichnung zeigt, die es gerade gemacht hat, befragen wir das Kind, nachdem wir rasch den Sinn des Bildes erfaßt haben, über seine Intention, und bitten es, uns die Zeichnung zu »erklären«. Kurz und gut, wir interessieren uns mehr für den Schöpfungsakt als für das Objekt selbst. Denn die Kinderzeichnung hat nur einen schwachen informativen Wert: sie lehrt uns nichts, allein ihr Wert der persönlichen Kommunikation berührt uns. Durch dieses Zeugnis offenbart das Kind nicht nur gewisse praktische Fähigkeiten (manuelle Geschicklichkeit, Wahrnehmungsqualitäten, gute Raumorientierung), sondern vor allem Züge seiner Persönlichkeit. Diese Züge drücken besonders – das ist zu beachten – seine momentanen Gefühlsreaktionen und seine affektiven Verhaltensweisen in bestimmten Situationen aus. Wir sind es, die diese Beobachtungen verallgemeinern und uns auf der Grundlage dieser Reaktionen ein bestimmtes Bild von der Persönlichkeit des Kindes machen. Die Unbestimmtheit des uns vorliegenden Versuchs berechtigt uns dazu. Denn wenn jede Arbeit mehr von uns offenbart, als wir annehmen, ist der Ausdruckswert schwach und betrifft nur die momentane Disposition, sobald es sich um Versuche handelt, die eine ziemlich große

Anstrengung der Anpassung und die Ausführung präziser intellektueller oder manueller Operationen notwendig machen. Aber wenn es sich um Aufgaben handelt, die leicht und angenehm zu erledigen sind und die sich im wesentlichen an unsere Vorstellungskraft wenden, dann ist ihr Ausdruckswert groß, und die Dispositionen des Temperaments, die Verhaltensweisen, die sich darin manifestieren, offenbaren dauerhafte Züge der Persönlichkeit. Aus diesen Gründen hat beim Kind die Zeichnung den Wert eines projektiven Versuchs.

Unter Projektionsmethode versteht man Methoden zur Erforschung der Persönlichkeit, die eine Erforschung der gesamten Persönlichkeit vornehmen, welche nach den Worten von D. Anzieu[30] als ein Ganzes in der Entwicklung angesehen wird, dessen konstituierende Elemente sich in Wechselwirkung miteinander befinden.

Dieser Begriff der Projektion ist doppeldeutig, denn, wie Anzieu mit Recht bemerkt, ist er durch Freud mit einer ganz bestimmten Bedeutung in die Psychologie eingeführt worden: auf einen anderen das zu übertragen, was wir in uns nicht erkennen wollen.

In der Psychologie wird die Projektion also durch die Verschiebung definiert, die einen der grundlegenden Verteidigungsmechanismen gegen das darstellt, war wir nicht zulassen können.

Wenn man sich an diese Definition hielte, könnte man die Zeichnung nicht als einen Ort betrachten, an dem derartige Projektionen entstehen. Aber eine völlig andere Auffassung ergibt sich aus der Untersuchung der Tests. Kürzlich noch hat Roger Mucchielli[31] den Unterschied zwischen der psychoanalytischen und der psychometrischen Auffassung von Projektion energisch hervorgehoben. Es handelt sich für ihn um zwei völlig verschiedene Phänomene.

»Die in den Projektionstechniken wirksame Projektion ist nichts anders als der Wahrnehmungsakt selbst, obwohl er überhaupt nicht bewußt ist, nicht mehr, als sich unser Sehen der anatomisch-physiologischen Struktur des Auges bewußt ist oder der Vorgänge, in denen es sich vollzieht.«

Mit anderen Worten, wenn das Kind erzählt, was es auf einem Bild mit vieldeutigen Formen sieht, projiziert es buchstäblich seine Sehweise. So gesehen, stellt die Zeichnung in gewisser Weise einen Projektionsversuch dar, weil es die Sehweise des Kindes widerspiegelt. Der Begriff der Projektion wird hier also in einem ganz allgemeinen Sinn verstanden. Das Kind projiziert sich in der Zeichnung, weil wir, wenn wir sie betrachten, von dem Kind ein bestimmtes psychologisches Portrait entwerfen können.

Um ganz präzise zu sein, müssen vier verschiedene Ebenen in dem zeichnerischen Ausdruck der Gefühle und des Charakters unterschieden werden.

Die zeichnerische Gebärde, die Art und Weise, wie das Kind die weiße Oberfläche behandelt, die Wahl der Formen und der Farben drücken bestimmte Elemente seines emotionalen Zustandes aus. Das wird man als den Ausdruckswert der Zeichnung bezeichnen.

Der allgemeine Darstellungsstil offenbart bestimmte fundamentale Dispositionen der Weltsicht des Kindes und stellt damit seinen eigentlichen Projektionswert dar.

Indem uns das Kind die Produkte seiner Vorstellung liefert, offenbart es uns auch seine Interessenschwerpunkte, seine Sorgen, seine Neigungen. Das ist der narrative Wert der Zeichnung.

Diese drei Ausdrucksweisen betreffen zweifellos Dimensionen seiner Persönlichkeit, die ihm nicht bekannt sind, aber sie sind ihm unbekannt genauso wie die Mechanismen, die die Hand in Bewegung setzen, mit der es zeichnet. Außerdem offenbart die Zeichnung im psychoanalytischen Sinn des Worts unbewußte Gefühle und Gedanken, das heißt, sie entziehen sich der Kenntnis des Subjekts, nicht nur von Natur aus, sondern weil das Kind nichts von ihnen wissen will und sie Gegenstand einer echten Verdrängung sind. Dieser vierte Gesichtspunkt muß also von den vorhergehenden unterschieden werden. Von den anderen her gesehen verbirgt das Kind nichts; hier stoßen wir auf Prozesse defensiver Art. Um sie zu umgehen, müssen wir die Gedankenassoziationen des Kindes beachten, die uns indirekt erlauben, auf das Vorhandensein unbewußter Themen und ihre Natur zu schließen.

Der Ausdruckswert der Zeichnung

Der Ausdruckswert der Zeichnung hängt von der zeichnerischen Gebärde selbst ab. Das Eintragen von graphischen Zeichen auf eine glatte Oberfläche zeugt auf einer beinahe physiologischen Ebene von dem Temperament des Kindes und von seinen tonisch-emotionellen Reaktionen, wenigstens im Moment der Ausführung der Zeichnung. In diesem Zusammenhang ist an das Wort Wallons[32] zu erinnern: »Vor der Gebärde, die um ihrer selbst willen verfolgt wird, scheint es solche zu geben, die den dynamisch-genetischen Wirkungen des Leidens und des Wohlbefindens angehören. Sie können im übrigen nicht von den affektiven Zuständen, die ihnen entsprechen, getrennt werden, wie ein Ausdruck nicht von dem getrennt werden kann, was er ausdrückt. Sie hängen vollkommen von ihnen ab und sind mit ihnen in einer Art unmittelbarer Reziprozität verbunden; zunächst fallen sie ganz mit ihnen zusammen.«

Die Zeichnung registriert also den emotionalen Zustand, und man stellt zum Beispiel den wütenden und aggressiven Strich fest, der im äußersten Fall zu einem Zerreißen des Papiers führen kann, oder den zögernden Strich, der kaum zu erkennen ist.

In diesem Sinn unterscheidet sich die Untersuchung der Zeichnung nicht grundsätzlich von der Graphologie; sie könnte sogar einfach nur einen besonderen Unterfall von ihr darstellen. In diesem Zusammenhang kann man an den Satz von Max Pulver denken: »Bewußt schreiben heißt, sich unbewußt zeichnen.«

Die Untersuchung des Strichs ist von einer recht großen Anzahl von Autoren unternommen worden, die sich zum größten Teil von der Graphologie anregen ließen. Man kann in der Arbeit von Renée Stora[33] eine Zusammenfassung ihrer Thesen finden.

Diese verschiedenen Arbeiten haben vor allem eine Klassifikation der verschiedenen Typen des Strichs möglich gemacht, ohne daß man sich besonders mit einer Entsprechung zwischen einem bestimmten Typ des Strichs und einem bestimmten Typus der Emotion beschäftigt hätte. Man hat bestätigen können, daß eine große Übereinstimmung zwischen dem graphischen Ausdruck, dem Temperament und dem Charakter besteht.

Wenn man über umfangreiche klinische Unterlagen verfügt, stellt man jedoch fest, daß das Interesse einer Untersuchung der Handschrift ziemlich gering ist, denn das gesamte Betragen des Kindes kann uns genauso viele Informationen geben. Zu wissen, daß das Kind schlaff, mit zögernden Strichen zeichnet, sagt nicht mehr aus als die Feststellung seiner linkischen Art, mit der es uns ›Guten Tag‹ sagt oder sich hinsetzt. Das praktische Interesse der Graphologie besteht darin, daß sie uns erlaubt, schnell Urteile über Menschen zu fällen, die wir nicht kennen, und mit Hilfe von rasch analysierten Unterlagen unter ihnen auszuwählen. Man trifft damit auf ökonomische Weise eine Auswahl und nimmt dabei einige Ungerechtigkeiten in Kauf. Wenn wir unter tausend Kindern die zwanzig heraussuchen müßten, bei denen wir auf eine wissenschaftliche Karriere an der Universität hoffen könnten, würde uns eine rasche Untersuchung ihrer Zeichnungen zweifellos erlauben, neun Zehntel mit einer großen Sicherheitsspanne auszuscheiden, ohne sie je gesehen zu haben. Aber auf dem Gebiet der Auswahl für die Schulen sind wir noch nicht ganz so weit!

Dagegen ist es im Verlauf einer Psychotherapie nicht ohne Nutzen, in der einen oder anderen Sitzung das Vorhandensein eines schärferen, rascheren und stärker als gewöhnlich auf das Blatt aufgetragenen Strichs und einen Anfall von aggressiver Stimmung festzustellen. Aber auch hier hätte der Ton der Stimme und die wenig freundliche äußere Erscheinung uns vielleicht ebensoviel lehren können.

Die Graphologie beschränkt sich übrigens nicht darauf, die Form der Striche zu untersuchen; sie betrachtet auch die Art und Weise, in der die Schrift den graphischen Raum ausnutzt. Pulver behauptet, daß zwischen den Trieben und den Bewegungen der Schrift eine Parallele besteht. Mit anderen Worten, es bestünde eine Analogie zwischen dem räumlich-zeitlichen Rahmen, in dem sich der Mensch befindet, und dem graphischen Raum.

Der ehrgeizige Mensch, der seine Gegenwart an jedem Ort und in jedem Augenblick auffällig zu machen versucht, wird eine Schrift haben, die einen möglichst großen Raum bedeckt. Diese Ansichten haben Pulver zu einer symbolischen Auffassung vom Raum geführt, die wesentlich problematischer ist; er schlägt vor, das Zeichenblatt in drei horizontale Zonen und zwei vertikale Zonen einzuteilen; die obere horizontale Zone würde das Ideal symbolisieren, die mittlere Zone unser normales Interessenzentrum (das tägliche Ich), und die untere Zone würde unsere primitivsten Triebe symbolisieren, der vertikale rechte Streifen würde die Zukunft darstellen, der linke die Vergangenheit.

Man sieht, daß es mit Hilfe solcher Einteilungen nicht schwierig ist, auf der Grundlage der Schrift ein echtes Horoskop zu stellen. Wir würden sie nicht erwähnen, wenn sie nicht einige Arbeiten über die Kinderzeichnung angeregt hätten, von denen man ein Beispiel in dem Werk von Biedma und Alphonse[34] findet.

Es besteht Anlaß, solchen symbolischen Deutungen mit Vorsicht zu begegnen: daß sich das ehrgeizige selbstbewußte Kind dadurch ausdrückt, daß es mit Schwung die weiße Fläche bedeckt, entspricht ganz dem, was man von dem Ausdruckswert des Zeichenaktes weiß. Aber diesem oder jenem Teil des Raumes eine symbolische Bedeutung beizumessen, das bedarf der Diskussion. Es kann sich um eine besondere symbolische Bedeutung handeln: das Kind kann im Verlauf einer Zeichnung ein Überlegenheitsverhältnis dadurch kennzeichnen, daß es zwei Objekte übereinandersetzt, oder es kann ein kommendes Ereignis andeuten, indem es auf der rechten Seite des Blattes ein neues Objekt erscheinen läßt. In solchen Fällen gehört der Rückgriff auf den Symbolismus des Raumes zu den Methoden der graphischen Erzählung. Er hat Wert nur für diese Zeichnung oder im äußersten Fall für den üblichen Typus der Zeichnungen eines Kindes. Aber ihm einen allgemeinen Wert beizumessen, sprengt den Rahmen vernünftiger Arbeitshypothesen.

Der Gebrauch einer allgemeinen Raumsymbolik würde hier nicht mehr dem graphischen Ausdruck dienen. Es würde sich um die Projektion eines Bildes handeln, das wir uns von unserem psychischen Leben und von unserer Persönlichkeit machen.

Die Aufteilung des graphischen Raums durch die Formen war das Thema gründlicher Untersuchungen zweier amerikanischer Autoren, Rose Alschuler und B. Weiss Hattwick.[35] Sie haben versucht, den graphischen Stil und das Affektleben miteinander zu vergleichen und dafür Zeichnungen einer beträchtlichen Anzahl von Kindern untersucht, deren Persönlichkeit außerdem sorgfältig erforscht wurde.

Sie haben gezeigt, daß Kinder, die ein besonderes Interesse für gerade Linien und Winkel zeigen, realistische, oft ziemlich aggressive und opponierende Kinder sind, die über ein gutes Organisationstalent verfügen und Initiative besitzen. Diejenigen dagegen, die gebogene Linien bevorzugen, sind sensible Kinder, die sich darum bemühen, von den Eltern anerkannt zu werden, die sehr phantasievoll sind, denen es aber an Selbstvertrauen fehlt. Das Überwiegen von Kreisformen wäre ein Zeichen für Unreife und auch für feminines Wesen. Ein gutes Gleichgewicht zwischen Kreisformen und vertikalen Linien wäre das Spiegelbild von Ausgeglichenheit und gezügelter Impulsivität. Der Rückgriff auf vertikale Linien wäre das Charakteristikum männlicher, aktiver, konstruktiver, nach außen gerichteter Temperamente. Wenn die horizontalen Linien vorherrschen, was viel seltener ist, wäre das oft ein Indiz für psychologische Konflikte.

Die Autoren interessieren sich auch für die Anordnung der Linien im Raum: Man kann der Entschlußkraft derjenigen, die ihre Linien in zusammenhängende Richtungen ziehen, der Impulsivität derjenigen gegenüberstellen, die ihre Linien in alle Richtungen zerstreuen. Das Überwiegen winkliger Formen wäre Zeichen eines aggressiven Manierismus, Zick-Zack-Anordnungen und gebrochene Linien wären Zeichen für Instabilität. Vorliebe für Punkte und kleine Flecken würde Ordnung, sogar Pedanterie ausdrücken.

Was die Frage anbetrifft, wieviel Raum benutzt und in welcher Weise er aufgeteilt wird, so kann man die Tendenz zum Überschreiten des gegebenen Rahmens analysieren, die einen Mangel an Kontrolle, ein Zeichen für Unreife oder eine oppositionelle, revolutionäre Haltung gegenüber der Autorität und den Regeln darstellt.

Das systematische Ausfüllen des ganzen Blattes ist gleichfalls oft ein Zeichen für Unreife. Demgegenüber benutzen viele Kinder nur einen Teil des graphischen Raums: Wenn dieser Teil außerhalb der Mitte liegt und übertrieben klein ist, wäre das ein Indiz für eine gewisse Unausgeglichenheit. Das Kind, das den oberen Teil der Seite benutzt, drückt dadurch seine Tendenz zum Stolz aus, und das Kind, das seine Zeichnung unten auf das Blatt setzt, zeigt seine Stabilität, es ist »stark verwurzelt«.

Interessant ist, daß der Gebrauch der rechten oder der linken Seite keine Bedeutung haben soll.

Es schien uns interessant, zahlreiche Beispiele dieser Beobachtungen zu geben. Ihre praktische Anwendung ist sicher nicht sehr groß: fordert man selbst Beobachter, die kaum erfahren sind, auf, aus dem graphischen Stil einer Zeichnung psychologische Schlüsse zu ziehen, werden ihre Schlußfolgerungen oft mit denen dieser minutiösen Untersuchungen übereinstimmen. Die von Rose Alschuler und Berta Weiss Hattwick gegebenen Interpretationen tun nichts anderes, als die Interpretationen des gesunden Menschenverstandes zu bestätigen. Sie bleiben zu vage, um sich für nuancierte Beurteilungen zu eignen. Ihr Verdienst ist es, anhand einer umfangreichen statistischen Untersuchung und durch sorgfältige klinische Beobachtungen zu zeigen, daß sich die Meinung des gesunden Menschenverstandes über den Ausdruckswert der Linien auf objektive Gegebenheiten stützt.

In der Praxis wird uns die Untersuchung der graphischen Darstellungsweise in ihrer Gesamtheit dazu verhelfen, uns eine Meinung zu bilden. Die Schlußfolgerungen, die wir aus der Untersuchung der Kreise oder der Winkel ziehen können, müssen sich in eine mehr umfassende Betrachtung der Zeichnung einfügen.

Wir sollten uns darüber im klaren sein, daß in alledem keinerlei

Beziehung zur Symbolik hergestellt worden ist, und daß es nur um den Ausdruckswert der Zeichnung geht.

Es versteht sich jedoch von selbst, daß diese Grammatik des Ausdrucksvermögens der Linien sekundär in symbolischer Weise verwendet werden kann. Zum Beispiel kann man eine boshafte Person mit harten, durch Winkel miteinander verbundenen Strichen zeichnen. Die Linien und die Winkel hätten hier metaphorischen Wert, und ihr Gebrauch läßt sich mit dem der verbalen Metapher vergleichen, die wir in einer Erzählung verwenden können, wenn wir von einem »eckigen« Gesicht und von »harten« Gesichtszügen sprechen.

Auch die Farbe hat einen Ausdruckswert.

Jede Farbe besitzt eigene Wirkungen, und ihre Zusammenstellungen ebenfalls. Die kalten Farben, die Blautöne vor allem, haben die Tendenz, sich in sich selbst zu konzentrieren und vor unserem Blick zurückzuweichen, während die Rottöne ausstrahlen, sich ausbreiten und dazu neigen, sich auf uns zuzubewegen.

Es gibt Farben, die sich ergänzen, und solche, die einander konträr sind. Bestimmte Verbindungen erzeugen einen Eindruck von Harmonie und Kohärenz; andere dagegen machen den Eindruck des harten Aneinanderstoßens.

Der Gebrauch der Töne und ihrer Zusammenstellungen drükken eine bestimmte emotionale Tonalität aus. Schon der Begriff des warmen und des kalten Tons ist bezeichnend und scheint an elementare physische Eigenschaften der Farbe gebunden zu sein. Man kennt zum Beispiel die für bestimmte Tiere erregenden Eigenschaften der roten und orangefarbenen Ausstrahlungen.

Aber unabhängig von eigentlich physikalischen Wirkungen, die eine Rolle in der Auswahl der Farben spielen, können die Beziehungen zwischen den Tönen von viel komplexeren Faktoren abhängen. Die Gegenüberstellung der einem kalten und einem warmen Ton eigenen Wirkungen, einer Farbe und ihrer Komplementärfarbe, hat eine große Ausdruckskraft.

Zwei komplementäre Töne, ein Blau und ein Orange, bilden, wenn sie getrennt sind, einen gemilderten Kontrast und schaffen ein Gefühl des Gleichgewichts, aber »sobald der Maler in der Nähe dieser Töne die Blautöne zu Grüntönen und die Orangetöne zu Rottönen übergehen läßt, wird der Kontrast lebhafter, und er läßt uns zwischen den Komplementärfarben entstehende Spannungen erkennen«, wie Noël Mouloud[36] sagt.

Dieses Vermögen der Farben wird von den natürlichen Entsprechungen zwischen den Farben und bestimmten natürlichen Elementen gestützt. Wie René Huyghe[37] schreibt: »Die Kenntnis von Rot ist offensichtlich mit dem Anblick des Blutes verknüpft, das Zeichen für das Leben ist, aber auch für die Wunde, die Brutalität, die Grausamkeit . . . Es wäre leicht nachzuprüfen, daß es sich so auch mit den anderen Farben verhält. Ihre traditionelle, unvergleichlich beständige Symbolik bestätigt und kodifiziert nur die Beziehungen, die ursprünglich und fast schicksalhaft zwischen ihnen und dem Element bestehen, das sie zu manifestieren scheinen; Blau mit dem Himmel oder dem Wasser, Grün mit der Vegetation in ihrer vollen Entfaltung, Gelb mit dem Feuer und dem Licht . . . Die ausdrucksvollen Farben des Lichtes und des Himmels werden immer für Ideen der Reinheit, der Tugend und der göttlichen Weisheit stehen. Der Symbolismus hat so tiefe und universale Grundlagen, daß man ihn nahezu identisch in allen Teilen der Welt und in allen Epochen wiederfinden wird.«

Die Entsprechungen zwischen den Farben und der Natur betreffen nicht nur die Dinge selber, sondern auch bestimmte Zustände der Materie. Undurchsichtige und matte Töne evozieren eine feste materielle Substanz, während lebhafte Töne eine luftige Qualität haben, die das Licht evoziert, das die Dinge durchdringt.

Daraus folgt, daß die Wahl der Farben zunächst von dem Wunsch diktiert wird, dieses oder jenes Objekt möglichst eindeutig zu bezeichnen (das Blau des Meeres, das Rot des Daches, usw.), dann aber auch von viel allgemeineren Bedürfnissen nach Ausdruck.

Eindrücke von Traurigkeit oder Freude, von ungestörter Harmonie oder Spannung sind dank dieser Auswahl auf der Zeichnung abzulesen. Rose Alschuler und Berta Weiss Hattwick haben ebenfalls versucht, das durch Beobachtung und statistische Analyse nachzuprüfen.

Insgesamt sind die warmen Farben das Erbgut der offenen, der Gruppe angepaßten Kinder; die neutralen Farben charakterisieren die verschlossenen, unabhängigen und meist aggressiven Kinder.

Rot, die bevorzugte Farbe der kleinen Kinder, soll später feindselige Regungen und aggressive Veranlagung ausdrücken. Unter den Kindern, die Blau verwenden, sollen zwei Gruppen unterschieden werden: diejenigen, die sich den äußeren Regeln anzupassen versuchen, sie aber im Grunde nicht akzeptieren, und diejenigen, die sich den Regeln der Gruppe gleichfalls anpassen, die aber ausreichend entwickelt sind, um sie zu akzeptieren.

Schwarz soll die Hemmung, die Furcht, die Angst ausdrücken und würde mit einem depressiven Verhalten einhergehen. Orange soll einen glücklichen, entspannten Geisteszustand ausdrücken; Braun das Verlangen nach Beschmutzung; Grün eine Reaktion auf die allzu strenge Disziplin; Violett Konfliktspannungen.

Genauso interessant wie die Auswahl eines Tons ist seine Verteilung. Hier muß man das Überdecken, das Isolieren und das Vermischen der Farben unterscheiden.

Das Überdecken drückt den Konflikt der Neigungen aus, das Isolieren zeugt von Starrheit und von Furcht, das unterschiedslose Vermischen von Unreife und Impulsivität. Aber wie beim Strich heben die Autoren hervor, daß diese Interpretationen stark auf Vermutungen beruhen: man kann nicht auf der Grundlage eines Details verallgemeinern, man muß auch die anderen Faktoren berücksichtigen.

Diese Ausdruckskraft der Farbe muß von ihrem symbolischen Gebrauch getrennt werden. Die Wahl von Rot oder von Schwarz für das Kleid einer Person kann eine symbolische Bedeutung haben.

Im übrigen gebraucht auch die Sprache der Wörter Farbbilder.

Die Sprache der Farben gehört, wie die räumlichen Metaphern, die Matoré kürzlich besprochen hat,[38] ebenso zur Sprache der Formen wie zu der der Wörter.

Der Projektionswert

So trägt die Zeichnung in jedem Detail den Stempel des emotionalen Lebens des Kindes. Wenn wir jetzt die Zeichnung als Ganzes betrachten, können wir sagen, daß sie eine Gesamtansicht der Persönlichkeit widerspiegelt.

Es geht hier nicht mehr darum, die zusammengetragenen Details zu analysieren, sondern die durch die Zeichnung hervorgerufene umfassende Wirkung zu erfassen, das heißt, ihren Stil. Es geht auch nicht mehr darum, dieses oder jenes Kennzeichen des Affektlebens herauszustellen, sondern die Persönlichkeit als ein Ganzes zu betrachten.

Man sieht, daß eine solche Betrachtungsweise mit dem Projektionsbegriff in Einklang steht, der bei der Untersuchung des Tests angewandt worden ist.

Der Stil der Zeichnung spiegelt motorische Gewohnheiten und Nachahmungen wider, aber über diese Besonderheiten hinaus drückt er vielleicht eine ziemlich grundlegende Dimension des Wesens aus. Françoise Minkowska hat der formalen Analyse dieses Problems den Hauptteil ihrer Untersuchungen über die Zeichnung gewidmet.

Das innere Modell bildete bei Luquet eine Gegebenheit intellektueller Art; es bedeutete im großen und ganzen die Vorstellung, die sich der Geist in Abhängigkeit von den Wahrnehmungsgegebenheiten und unserem Wissen von dem Gegenstand macht.

Nach Françoise Minkowska muß man diesem Begriff eine viel weitere Definition geben, denn die Vorstellung, die wir uns von den Dingen machen, ergibt sich nicht nur aus den intellektuellen Gegebenheiten, sondern auch aus viel umfassenderen Anlagen der Persönlichkeit, die ebensosehr von der Affektivität wie von der Intelligenz abhängen. Den intellektualistischen Begriff des inneren Modells ersetzt sie durch den der »Weltsicht«.

1949 organisierte sie im *Musée Pédagogique* eine Ausstellung von Kinderzeichnungen, für die sie unter dem Titel: »Von van Gogh und Seurat zu den Kinderzeichnungen« einen Katalog verfaßte.

In der Tat ging sie bei ihren Untersuchungen von einem Vergleich der stilistischen Besonderheiten der Zeichnungen mit denjenigen aus, die in der Malerei zu beobachten sind, solchen z. B., die eine Gegenüberstellung der Kunst eines van Gogh und eines Seurat erlauben. Übrigens waren dieser Studie vor längerer Zeit Untersuchungen über van Gogh vorausgegangen.[39] Sie weist da mit Nachdruck auf den Nutzen hin, der darin läge, zwischen der klinischen Psychiatrie und der Psychoanalyse eine strukturale Psychopathologie zu entwickeln, deren Untersuchungsgegenstand die Form der krankhaften Ausdrucksweisen sowohl in dem Leben des Malers wie in seinem Werk sein sollte. Dieser *Approach* ist also wesentlich von einer phänomenologischen Perspektive angeregt. Sie hat diese Untersuchung in späteren Aufsätzen wieder aufgenommen, die gleichfalls in der Broschüre von 1963 abgedruckt worden sind; darin hebt sie die engen Beziehungen zwischen der Persönlichkeit des Malers und seiner Malweise hervor, d. h. der Wahl der Farbe, der Aufteilung der Formen und dem Strich selbst. Das hat sie dazu bewogen, in dem Katalog von 1949 Zug um Zug den Stil van Goghs dem Stil Seurats gegenüberzustellen.

Bei dem Epileptiker van Gogh überwiegt die Bewegung und die Farbe, die Aufwärts- und Abwärtsbewegungen, die bewirken, daß die Personen gebückt gehen, daß die Bäume wirbeln, daß sich der Erdboden aufrichtet. Bei den Farben bevorzugt er klare, lichte, satte Töne, die mit kräftigen, abgehackten Pinselstrichen nebeneinandergesetzt werden. Die Wahl der Themen ist genauso bezeichnend: schlichte Gegenstände des alltäglichen Lebens, verwandelt durch die gequälte Schrift des Malers.

Der Weltsicht van Goghs stellt Frau Minkowska diejenige Seurats gegenüber. Hier überwiegt ein ruhiges Gleichgewicht, und die Personen mit ihrer steifen Haltung erscheinen wie erstarrt und hieratisch. Der Pinselstrich ist von rigoroser Gleichförmigkeit. Die oft gebrochenen Töne werden nebeneinandergesetzt und stellen kaum merkliche Übergänge her, was dem Ganzen einen harmonischen Aspekt verleiht. So steht das Epileptoide, bei dem »der Mensch den Maler beherrscht« dem Rationalen gegenüber, bei dem »der Gelehrte den Maler beherrscht.«

Diese Gegenüberstellung stimmt mit der überein, die Frau Minkowska aus der Untersuchung des Rorschachtests glaubte ableiten zu müssen: Wenn auf dem Gebiet der Geisteskrankheit die Epilepsie und die Schizophrenie ein Kontrastpaar bilden, dann findet sich diese Unterscheidung bei der normalen Persönlichkeit in der Gegenüberstellung sensorisch – rational wieder, die bei der Untersuchung durch den Rorschachtest auftritt. Man kann hier nichts Besseres tun, als die Beschreibung zu zitieren, die Frau Minkowska von diesen beiden Temperamenttypen gibt: »Der Rationale findet Gefallen am Abstrakten, dem Unbeweglichen, dem Festen und dem Starren: mit dem Bewegten und dem Intuitiven kann er nichts anfangen; er denkt mehr, als daß er unmittelbar fühlt und versteht; er ist ›kalt‹ wie die abstrakte Welt; er unterscheidet und trennt, und deshalb nehmen die Objekte mit ihren scharfen Konturen in seiner Weltsicht einen bevorzugten Platz ein. Auf diese Weise gelangt er zu der Präzisierung der Form.«

»Der Sensorische lebt dagegen im Konkreten, sogar im Hyperkonkreten: er klebt daran fest und kann sich nicht von ihm lösen; er fühlt viel mehr, als daß er denkt, und er läßt sich im Leben von dieser Fähigkeit, Wesen und Dinge ganz aus der Nähe zu ›fühlen‹, leiten; er sieht die Welt in Bewegung (die Kinästhesien im Rorschachtest), in einer Bewegung, die sich nicht auf eine einfache Verschiebung der Gegenstände im Raum reduziert, sondern die in ihrer elementaren Dynamik den Vorrang vor dem Objekt hat, wenn man so sagen kann, und sich so oft zum Nachteil der Form durchsetzt; er sieht schließlich die Welt in »Bildern«, die immer leben und fern jeglicher Abstraktion sind.«[40]

In der Kinderzeichnung findet man diese Gegenüberstellung wieder, sowohl in freien Zeichnungen als auch in solchen, die ein Thema haben.

Das sensorische Kind interessiert sich für vertraute Gegenstände, stellt gern viele von ihnen zusammen, was seiner Zeichnung den Eindruck größten Reichtums verleiht. In den Landschaften drängen sich die Häuser, Bäume, Straßen und Personen. Jedes Objekt ist mit größter Bemühung um das realistische Detail dargestellt. Alles lebt, alles bewegt sich. Denise Osson, die der Kindererziehung ihre These gewidmet hat, der wir das Wesentliche dieser Beschreibung entnehmen,[41] faßt das in der glücklichen Formel zusammen: »Sie bilden ein dynamisches Ganzes, alles ist miteinander verbunden! In allen Dimensionen und auf allen Ebenen des Blattes sind Bewegung und Leben. Alles verläuft in Kurven und Windungen.«

Die Wahl der Farben ist genauso charakteristisch. Das sensorische Kind liebt die lebhaften und realistischen Töne, die Farbe herrscht über die Form und gibt dem Ganzen einen Eindruck von Licht und Leben. Für das rationale Kind trifft genau das Gegenteil zu. Die Zeichnung hat die Oberhand über die Farbe, und wenn sie benutzt wird, dann nur, um ein Element der Zeichnung auszuschmücken. Die Konstruktion ist hier präzise, ausgeglichen, aber statisch und erstarrt; die Linien sind klar und deutlich, die Gliederung ist präzise, die Symmetrie dominiert, der Raum ist nur unvollständig ausgefüllt, die Objekte lassen leere Flächen zwischen sich. Über diesen Gegensatz sollte man übrigens kein Werturteil fällen, wie Denise Osson betont: »Jede dieser Welten hat ihre Schwächen und ihre Stärken; die erstere, auf Bewegung ausgerichtet, leidet oft an Ungenauigkeit der Form, die zweite neigt zum Immobilisieren und gewinnt an Präzision, was es an Dynamik verliert.« Andererseits bezeichnet dieser Gegensatz nicht zwei Gruppen von Kindern, sondern vielmehr zwei Pole bei den formalen Besonderheiten der Kinderzeichnung. Man findet im allgemeinen diese beiden Tendenzen, in verschiedenen und wechselnden Formen, überall wieder.

Diese Arbeiten haben zur Gründung einer regelrechten Schule

geführt, deren Träger der *Groupe de recherche et d' enseigne-*
ment Françoise Minkowska ist. Unter der Leitung von Dr. Minkowska und Frau Z. Helman wird Unterricht erteilt und werden
Hefte veröffentlicht, die alle die mit Interesse lesen werden, die
sich in das Gebiet der formalen Analyse der Zeichnung vertiefen
wollen.

Was soll man von dieser Art Forschung halten?

Soweit es sich um formale Analyse handelt, stellt sie eine objektive Untersuchung dar, und alle, die Kinderzeichnungen studieren, werden die Züge wiederfinden, die Frau Minkowska beschrieben hat. Aber diese Typologie hat die Nachteile, die jede
binäre Typologie aufweist. Sie ist um so wahrer, je allgemeiner
sie ist. Man hat versucht, sie durch eine ganze Reihe vergleichen-
der Untersuchungen zu stützen (Rorschachtest, Elektro-Ence-
phalogramm, andere psychometrische Untersuchungen). Die
Gültigkeit des Gegensatzes sensorisch-rational ist auf diese
Weise bestätigt worden.

Aber das praktische Interesse dieser beiden Kategorien liegt
weniger in dem, was sie einander gegenüberstellt, als in dem, was
sie miteinander verbindet. Untersuchungen über die Entwicklung des zeichnerischen Stils im Lauf der Entwicklung eines Kindes, und über die Beziehungen, die bei dem einzelnen Sujet zwischen einem bestimmten traumatischen Ereignis und plötzlichen
Stilveränderungen bestehen, sind viel fruchtbarer als die stark
dogmatisch gefärbte Bemühung, das Gegensatzpaar rational-
sensorisch jeden Augenblick wiederzufinden.

Das größte Verdienst von Françoise Minkowska liegt vielleicht woanders als in dieser ein wenig einfachen Typologie. Es
liegt in der Methode der Analyse. Die formale Untersuchung der
Zeichnung ist nämlich eine besonders fruchtbare Methode.

Das minutiöse Feststellen stilistischer Züge in der Art des
Kunsthistorikers bahnt den Weg für eine ganze Semiologie.
Wenn wir auch noch nicht wissen, zu welchen Schlüssen und
Entdeckungen sie führen kann, so bereichert sie doch wenigstens
die Betrachtung der Zeichnung.

In den »*Cahiers du Groupe Françoise Minkowska*« gibt es dafür ein sehr schönes Beispiel, nämlich die Gespräche mit Henri Wallon über die Kinderzeichnung, die von L. Lurçat aufgezeichnet und in der Dezembernummer 1963 zum Gedenken für den kürzlich verstorbenen großen Psychologen veröffentlicht worden sind.[42]

Wir sehen hier am lebendigen Beispiel, was eine formale Analyse, die undogmatisch unternommen wird, erbringen kann. Auf diesem Gebiet ist die Arbeit von Françoise Minkowska exemplarisch gewesen.

Aber wenn die formale Analyse einen methodisch notwendigen Ansatz darstellt, so ist sie doch keine ausreichende Methode. Françoise Minkowska und ihre Schüler haben vielleicht recht gehabt, die Übertreibungen einer ausschließlichen Untersuchung der Inhalte der Zeichnung und ihres Symbolismus zu kritisieren, aber es wäre ebenso übertrieben, sie zu vernachlässigen.

Übrigens beschränkt sich die Untersuchung des Inhalts nicht auf die psychoanalytische Interpretation. Jeder Beobachter unternimmt eine Untersuchung des Inhalts; das ist der erste Schritt der Entzifferung des offensichtlichen Sinns der Zeichnung, und niemand kann ihn umgehen.

Bevor man aber diesem Inhalt einen symbolischen Wert beimißt, sollte man ihn in seinem wörtlichen Sinn nehmen und erkennen, daß das Kind, wenn es einen Elefanten oder einen Berg für uns zeichnet, das tut, weil es Freude daran hat.

Der narrative Wert

Das Thema der Zeichnung hängt von ganz bestimmten Beweggründen ab, die das Kind dazu gebracht haben, diese Zeichnung zu machen und nicht eine andere.

Selten wählt das Kind sein Thema auf die Anregung eines Dritten hin aus. In diesem Fall übrigens unterwirft sich das Kind um so eher, je vertrauter ihm das so empfohlene Thema ist.

Öfter ist es die Situation, die die Wahl des Gegenstands bestimmt. Ein Aufenthalt am Meer oder in der Stadt löst entsprechende Themen aus. Ein Besuch im zoologischen Garten oder im Zirkus haben ebenfalls eine bestimmte anregende Wirkung. Hier sind auch die jahreszeitlichen Faktoren zu erwähnen. An Weihnachten kommen die Zeichnungen von Tannen, Geschenken, Schneelandschaften wieder. Ostern bringt Zeichnungen von Glocken und Eiern, usw. Krieg und große Entdeckungen sind ebenfalls die Wurzel vieler gewählter Themen.

Auch der Anblick eines Gegenstands kann den Anlaß bieten, aber dieses Objekt muß die Phantasie des Kindes aus ihm bewußten oder unbewußten Gründen angesprochen haben. Es kann sich um etwas Neues handeln – ein Flugzeug, eine Rakete zum Beispiel, oder ein Gegenstand –, bei dem das Kind plötzlich intuitiv meint, es korrekt darstellen zu können. Oft ist es nicht das Objekt selbst, das anregend wirkt, sondern ein Bild oder eine Photographie, die das Objekt darstellt.

Es ist nicht so sehr der Gegenstand, der fasziniert, als seine Reproduktion, um so mehr, als das Kind leichter die Möglichkeit findet, anhand des Bildes darzustellen, als an Hand der Beobachtung des realen Objekts.

Ebenso haben ältere Zeichnungen eine starke Anziehungskraft und begünstigen die häufige Wiederholung derselben Themen. Manchmal findet das Kind anläßlich eines Irrtums oder einer Improvisation in seinem vertrauten Schema eine neue Bedeutung, oder es entdeckt plötzlich die Möglichkeit, einen neuen Typus von Gegenständen darzustellen.

Die Wahl des Themas hängt also im allgemeinen von zwei Reihen von Beweggründen ab: dem Wunsch, ein bestimmtes Objekt darzustellen, und der Freude daran, bestimmte vertraute graphische Schemata zu reproduzieren und anläßlich absichtlicher oder unerwarteter Veränderungen diese bei der Darstellung anderer Objekte, die nicht um ihrer selbst willen gewählt würden, anzuwenden.

Was die direkte Nachahmung des wahrgenommenen Objekts betrifft, so spielt sie nur eine sehr untergeordnete Rolle. Nicht, daß der Anblick des realen Objekts dem Kind den Wunsch nähme, durch die Zeichnung eine Vorstellung von ihm zu geben: das ist ein Bemühen, das dem Kind überhaupt fremd ist; was es will, ist nicht, die Illusion der Gegenwart eines nicht anwesenden Dings zu schaffen, sondern sich seiner Macht versichern, mit dem Bild etwas zu bezeichnen. Wenn das Kind selten die wirklichen Gegenstände kopiert, dann deshalb, weil diese Übung ihm nur sehr wenig dazu verhilft, seine vertrauten Schemata zu vervollkommnen.

Aber wenn die Wahl der Objekte auch oft an die Umstände gebunden ist, so hängt sie doch genauso von gewohnten Vorlieben ab. Es handelt sich dann um Objekte, die mit seiner täglichen Welt verbunden sind und vor allem mit der Welt seiner Bücher, der Märchen und Erzählungen, die es besonders liebt, und schließlich mit seinen Träumereien.

Wahl der Objekte und Wahl der Themen sind übrigens eng ineinander verflochten. Das eine Kind wird Szenen von Krieg und Aggression darstellen, das andere Szenen von Forschungsreisen. Bei dem einen wiederholen sich häusliche Szenen mit großer Regelmäßigkeit, bei dem anderen Tierszenen. Man errät hinter diesen Themen die gewöhnlichen Gedanken des Kindes, die Ängste und Wünsche, die den Gang der Träumereien bestimmen.

Bestimmte Besonderheiten der Darstellung haben da durch ihre Wiederholung einen ziemlich großen anzeigenden Wert. Hier sind zum Beispiel die Arbeiten über die Zeichnung der Familie, über die Zeichnung des Hauses zu erwähnen, sowie die von L. Michaux, M. Saulnier und Frau Horison über die Zeichnung des Dorfes, die bei Labilen eine große Häufigkeit im Vorkommen längerer und stark gewundener Straßen zeigt.

Das bringt uns dazu, den symbolischen Wert der Themen zu betrachten. Sicher, die Objekte, die Szenen und die Einzelheiten der Darstellung verweisen auf die gelebte Erfahrung, auf momentane Interessen oder Erinnerungen; aber sie haben außerdem Symbolwert.

Daß die Dinge und die Beziehungen, die wir zwischen ihnen wahrnehmen, mehr aussagen, als sie in dem Kontext, in dem wir sie wahrnehmen, bedeuten, das ist eine Eigentümlichkeit, die den menschlichen Geist an der entscheidenden Stelle seines Wesens kennzeichnet.

Es gibt keine konkrete, aktuelle Situation, in der die Dinge und die Ereignisse nicht eine Bedeutung annehmen, die über sie hinausgeht. Man kann sich auch nicht vorstellen, daß wir das Universum anders begreifen können. Wenn ich an meinem Tisch sitze und auf ein weißes Blatt schreibe, müßten dann der Tisch und das Papier in dem Moment nichts anderes darstellen als das gegenwärtig bereitliegende Objekt in einer gegebenen Anordnung. Von dem Moment an, in dem dieser Tisch ein Tisch und dieses Papier Papier ist, gehören sie zu einem symbolischen Universum.

In diesem Universum gehören die Objekte nicht nur zu Klassen von Objekten, sie sind auch durch ihre Beziehungen zu anderen Objekten nach Gesetzen definiert, die aus unserem Universum eine Welt der Kräfte und der Beziehungen machen. So symbolisiert die Sonne Wärme, Leben und Fruchtbarkeit. In jeder dieser Beziehungen befindet sie sich in einer analogen Situation mit anderen Objekten, die ebenfalls Symbole der Wärme, des Lebens oder der Fruchtbarkeit sind. In einer Hinsicht steht sie im Gegensatz zum Mond, dem nächtlichen Gestirn, in anderer Hinsicht wiederum zur Erde, die sie bestrahlt. Die Welt der Objekte ist also auch eine Welt der Symbole. Das Kind kann einen Löwen zeichnen, weil es gerade einen gesehen hat. Aber der Löwe hat für es eine Bedeutung, die ihn von den anderen Tieren unterscheidet. Das kindliche Bestiarium ist, wie das des Fabeldichters, Symbol einer menschlichen Welt, und jede Art spiegelt diese oder jene charakterliche Besonderheit wider. Dieser Bereich der Vorstellung, der einen so großen Teil im Leben des Kindes einnimmt, kommt ganz natürlich in seinen Zeichnungen zum Ausdruck.

Es wäre ungenau, die symbolische Interpretation der Zeichnung mit der psychoanalytischen zu verwechseln. Die letztere benutzt die symbolische Interpretation, aber hat nicht das alleinige Recht dazu.

Wir werden übrigens sehen, daß sich diese beiden Interpretationsweisen nicht durch verschiedene Inhalte unterscheiden, sondern durch unterschiedliche topologische Bezüge.

Wenn uns das Kind in einem Universum wilder Tiere die Spinne als das furchtbarste Tier schildert, weil sie aus Freude und nicht aus Hunger tötet, muß man dieses Thema wörtlich nehmen und ihm seine symbolische Dimension erhalten, noch bevor man an eine psychoanalytische Interpretation herangeht. Dieser Art sind die Untersuchungen Gaston Bachelards, über die Gilbert Durand vor einigen Jahren eine großartige Besprechung vorgelegt hat.[43]

Der narrative Wert der Zeichnung hat, abgesehen von seinen Aktualitätsbezügen, vor allem eine symbolische Bedeutung. Er zeigt uns die Art und Weise, in der das Kind durch die Dinge hindurch die symbolischen Bedeutungen erlebt, die es ihnen verleiht. Seine ganze Vorstellungswelt spiegelt sich in seiner Zeichnung wider. Was es uns von seinen Träumereien und dem, was es in den konkreten Situationen bewegt, nicht sagen kann, läßt es uns durch seine Zeichnungen erkennen.

Man beobachtet es viel besser, wenn man sich nicht damit zufrieden gibt, eine einzige Zeichnung zu studieren, sondern wenn man eine vergleichende Untersuchung einer ganzen Reihe von Zeichnungen desselben Kindes vornimmt und dabei nach den ihnen gemeinsamen Themen sucht. Ebenso wird man seinen Kommentaren große Wichtigkeit beimessen.

Praktisch handelt es sich hier um eine Bedeutungsskala, von der in der Kinderpsychiatrie reichlich Gebrauch gemacht worden ist. Der Erwachsene kann uns von der Bedeutung erzählen, die er den gelebten Situationen beimißt, er kann aber auch nur die Gegenstände seiner Träumereien mitteilen und die Bilder, die ihn beschäftigen. Es handelt sich hier um ein »Material«, auf das sich der Psychotherapeut stützt. Beim Kind ist eine gleichartige wörtliche Mitteilung unmöglich; die Zeichnung ersetzt sie zum großen Teil unter der Bedingung, daß uns das Kind selbst die Erklärungen dazu liefert oder frei von dem spricht, was die Zeichnung für es darstellt.

Der psychoanalytische Gesichtspunkt tritt dann in Erscheinung, wenn wir bei der Untersuchung des Inhalts der Kinderzeichnungen sehen, daß die Wahl bestimmter Objekte, bestimmter Themen und bestimmter stilistischer Besonderheiten für es nicht zu erklären sind. Man kann hier nicht mehr von ihrem narrativen Wert sprechen, es sei denn, wir berücksichtigen, daß sich die erzählte Geschichte in ein Gedankensystem einfügt, das sich von dem bewußten Gedankensystem unterscheidet.

Dieses System verfügt nicht über Ausdrucksverfahren, die ihm eigen sind. Auf der Ebene der elementarsten formalen Besonderheiten, bei der Auswahl der Farben, können diese unbewußten Phantasien ins Spiel kommen. Diese neue Ausdrucksebene unterscheidet sich also nicht von den vorhergehenden, sie schließt sie ein und überlagert sie. Der Unterschied liegt in der Motivierung: anstatt sich in das bewußte System der Gedanken und Gefühle einzufügen, zu dem wir durch die reflexive Analyse Zugang haben, ist sie Ergebnis eines unbewußten Gedankensystems, das wir nur durch deduktive Methoden erreichen können. Sie werden wir im folgenden Kapitel betrachten.

Bevor wir diesen deduktiven Interpretationsschritt gehen, wollen wir versuchen, zusammenzufassen, was uns die Lektüre des offensichtlichen Inhalts der Zeichnung von der Persönlichkeit, der Affektivität und dem Vorstellungsleben des Kindes zeigt.

Der erste Schritt der Lektüre besteht darin, die dargestellten Objekte und die Szene, die sie darstellen, zu identifizieren. Das ist eine Arbeit, die sie mit der Untersuchung jeden Bildes gemeinsam hat. Sie beruht nicht auf einem konventionellen Code, sondern auf einem bestimmten Analogiebezug zwischen den gezeichneten Formen und dem, was wir durch die Wahrnehmung der realen Objekte erkennen. Diese Analogien erfassen wir aufgrund einer langen Erfahrung in der Lektüre von Bildern. Und wir haben gelernt, in einigen Strichen das komplexe und verworrene Bild wiederzuerkennen, das uns die Wahrnehmung vermittelt. Diese Arbeit der Identifizierung entzieht sich meistens aufgrund ihrer Leichtigkeit der Beobachtung. Man wird nur auf Sie aufmerksam, wenn wir die Zeichnung eines sehr kleinen oder psychotischen Kindes untersuchen. Wir können dann feststellen, daß wir in deduktiver Weise vorgehen, indem wir eine Hypothese aufstellen, die unser Sehen bestätigen soll, auf die Gefahr hin, dem Bild einige Verzerrungen in der Wahrnehmung zuzufügen, damit die Zeichnung so gut wie möglich mit der vorgeschlagenen Interpretation übereinstimmt. Wenn diese Identifikation des Bildes zu schwierig ist, können wir eine neue Hypothese suchen, die ihm angemessener ist. Aber, wiederholen wir es noch einmal, eine solche Arbeit ist nur bei schwer verständlichen Formen zu beobachten; im allgemeinen ist die Identifikation der Formen einfach, da die Mehrzahl der Kinder unseres Kulturkreises eine gemeinsame Ikonographie besitzt.

Die so erzählte Geschichte gibt bereits Aufschluß über die Vorstellungstätigkeit, und wir müssen uns fragen, welche Beweggründe das Kind veranlaßt haben, lieber dieses Thema als ein anderes darzustellen. Das Kind kann uns, wenn es nicht allzu eingeschüchtert ist, sehr oft eine oder mehrere Erklärungen geben. In der Tat liegt oft eine Überdetermination der Beweggründe vor.

Es genügt nun nicht, festzustellen, was dargestellt worden ist; auch die formalen Besonderheiten müssen sorgfältig untersucht werden: die Größe und die Gestalt der Personen, der Tiere, der Häuser und der Schiffe haben einen narrativen Wert. Wenn die Zeichnung, die eine Mutter und ihr Kind darstellt, einen übertriebenen Größenunterschied aufweist, dann können wir annehmen, daß das einer zumindest unterschwelligen Obsession des Kindes entspricht.

Wenn wir in unserer Untersuchung fortschreiten, stellen wir fest, daß sich parallel zu dieser Identifikationsarbeit in uns eine Reihe von affektiven Reaktionen ausbilden. Das gewählte Thema ruft angenehme oder unangenehme Gedanken wach, und viele andere Faktoren kommen zusammen, um uns einen Gesamteindruck zu hinterlassen. Die eine Zeichnung hinterläßt einen Eindruck von Freude, Ausgeglichenheit und Humor, eine andere mißfällt uns wegen ihres tragischen Tons oder wegen ihrer Kargheit, wieder eine andere kann ihrer Seltsamkeit, ihrer Ungereimtheiten und ihrer morbiden Themen wegen ein echtes Unwohlbefinden hervorrufen. Hinzu kommen die dargestellten Objekte, die von ihnen gebildete Szene und die stilistischen Elemente, wie die Wahl der Farben, die Ausnutzung des Raumes, der Anspielungscharakter bestimmter Darstellungen. Was hier am Werk zu sein scheint, ist also die Gesamtheit der stilistischen Besonderheiten, die aus der Zeichnung den Reflex einer bestimmten Weltsicht machen, die wir mehr oder weniger nachempfinden können. Dann können wir sie analysieren.

Andere Elemente kommen hinzu, die von einer noch grundlegenderen graphischen Tätigkeit abhängen, nämlich der Art und Weise, in der ein Abschnitt des Raums von Formen und Farben besetzt ist, die ihm eine Bedeutung verleihen, unabhängig von dem, was er darstellt. Diese Tätigkeit spiegelt ein bestimmtes Wesen des Subjekts und seine Art und Weise, den Raum zu strukturieren, wider, die nicht nur von intellektuellen Mechanismen, sondern auch von seiner Sensibilität abhängt.

Noch grundlegender und nur mit gespannter Aufmerksamkeit zu bewältigen, ist die Untersuchung der Striche und Farbflecken, die uns die Spuren der graphischen Gebärde in ihrem elementarsten Aspekt zeigt. Schließlich werden wir versucht sein, der Zeichnung einen Symbolwert beizulegen, und hinter den dargestellten Objekten suchen wir Entsprechungen, metaphorische Bedeutungen und Evokationen, die uns auf eine Bahn führen, die ebenso vielversprechend ist.

Diese verschiedenen Schritte, in die die Lektüre der Zeichnung für den Betrachter zerfällt, tragen also dazu bei, uns über das Kind eine Kenntnis zu verschaffen, die über die Kenntnis seiner praktischen Fähigkeiten, die Realität durch das Bild darzustellen, hinausgeht. Sie erstreckt sich auf seine affektiven Beziehungen zu seiner Umwelt, seine Bewegungen der Annäherung oder des Zurückweichens, der Begierde oder der Furcht, die seine Beziehungen zu den Wesen und den Dingen kennzeichnen.

KAPITEL 4

Die Zeichnung und das Unbewußte

Der Begriff des Unbewußten umgreift sehr verschiedene Realitäten. Wenn das Kind zeichnet, weiß es nicht, wie seine Muskeln und sein Nervensystem funktionieren, es weiß nichts von den Gesetzen der Perspektive, die es anwendet, und schließlich sind ihm die soziologischen und kulturellen Gegebenheiten, die seinen Stil beeinflußen, unbekannt. Man kann also psycho-physiologische, psychologische oder soziologische Mechanismen als unbewußt bezeichnen, und wir haben schon gesehen, wie die Interpretation der Zeichnung dem Rechnung tragen sollte.

Aber wenn wir gewöhnlich vom Unbewußten sprechen, haben wir den psychoanalytischen Begriff im Auge, der eine ganz andere Art von psychischen Prozessen betrifft.

Denn es handelt sich, wie wir ausführen werden, um ein zweites Gedankensystem, das in demselben Maß strukturiert ist wie dasjenige, das uns das reflexive Bewußtsein offenbart, und das seinen eigenen Zusammenhang besitzt.

Dieses System wird uns durch die psychoanalytische Untersuchung erschlossen und wahrscheinlich in bevorzugter Weise durch das Bild ausgedrückt.

Freud selbst hat sich wenig für die Kinderzeichnung interessiert. Er liefert dazu ein Beispiel in dem ersten publizierten Fall von Kinderpsychoanalyse, und zwar dem des »kleinen Hans«,[14] aber er hält sich nicht bei den Einzelheiten des bildnerischen Ausdrucks auf. Diese haben ihn auf dem Gebiet der Kunst beschäftigt, in seinen Arbeiten über den Moses des Michelangelo und über die Malerei Leonardo da Vincis. Er konnte an diesen Fällen zeigen, wie eine Einzelheit der Form durch unbewußte affektive Motivierungen erklärt werden kann. Die ersten Kinderpsychoanalytiker haben der Zeichnung größere Aufmerksamkeit gewidmet, ohne sie jedoch entschieden vom Spiel im allgemeinen zu trennen. Und in einem [1961 veröffentlichten] Werk von Melanie Klein[45] sehen wir, daß Zeichnung und Spiel zusammen interpretiert werden, ohne daß sich die Autorin für die Differenzierung von bildnerischer Gestaltung und spielerischer Aktivität zu interessieren scheint.

Es scheint, daß gerade in Frankreich einige Psychoanalytiker den besonderen Wert der Zeichnung als Ausdrucksform des Unbewußten herausgestellt haben.

1926 überträgt Dr. Heuyer Sophie Morgenstern die Aufgabe, einen Jungen von neun Jahren psychoanalytisch zu behandeln, der seit zwei Jahren einen Mutismus neurotischer Natur zeigt. Das Kind zieht die Zeichnung jeder anderen Kommunikationsweise vor, und durch die Beobachtung seiner Zeichnungen dringt Frau Morgenstern allmählich in seine Ängste und seine psychologischen Konflikte ein, die die Wurzel seines Mutismus zu sein scheinen.[46]

Die Zeichnungen zeigten Szenen der Gewalt: Morde, Angriffe wilder Tiere, Hinrichtungen, usw. Dann kam ein zentrales Thema zum Vorschein: das eines Mannes mit finsterem Gesichtsausdruck und mit einem Messer bewaffnet. Die Aggressionsszenen kreisten um dieses Thema des Messers: zerschnittene Gegenstände, Verstümmelungen und chirurgische Eingriffe.

Dieses Material erlaubte Frau Morgenstern, auf die Bedeutung der Kastrationsangst hinzuweisen und sie zu interpretieren.

Das große Interesse dieser Untersuchung besteht darin, daß uns die Autorin zunächst die Zeichnungen und ihre Interpretationen vorlegt, und uns dann mitteilt, was der Junge selbst über seine Zeichnungen sagen konnte, nachdem sein Mutismus behoben worden war. Die Interpretationen der Psychotherapeutin stützen sich zum Teil auf das Thema der Zeichnung und die Geschichte, die sie illustriert; ebenso auf die symbolischen Bedeutungen, die sie aufgrund ihrer psychoanalytischen Erfahrung diesen Themen selbst zuschreiben konnte; schließlich und vor allem auf die Zusammenhänge der einzelnen Zeichnungen miteinander und auf den Zusammenhang zwischen ihnen und ihrem eigenen Eingreifen. Denn nachdem sie dem Kind eine Deutung für eine Zeichnung oder für sein momentanes Verhalten vorgeschlagen hatte, nahm der junge Patient wieder den Stift und machte eine neue Zeichnung, die sie mit gutem Recht als eine Antwort auf ihr eigenes Eingreifen betrachtete.

Die Autorin kam, ausgehend von diesen klinischen Daten, zu dem Schluß, daß man in der Gestaltung der Zeichnung die spezifischen Mechanismen des Unbewußten im psychoanalytischen Sinn wiederfindet.

Nach dieser ersten Fallstudie setzte Sophie Morgenstern ihre Untersuchungen fort, von denen sie in ihrem Buch berichtet.[47] Sie hebt zunächst die Analogien zwischen der Zeichnung, dem Spiel und den Träumen hervor. Sie zeigt, daß die Zeichnung und das Spiel beim Kind einen Ausdruckswert haben, der über den der Sprache hinausgeht. Diese gehorcht übrigens Gesetzen, die sich von denen der Sprache des Erwachsenen unterscheiden, woraus sich bedeutende Mißverständnisse ergeben. Hinter diesen Ausdrucksweisen ist es das Denken des Kindes selbst, das sich von dem des Erwachsenen unterscheidet. Es wäre dem Denken des Schizophrenen oder Primitiven sehr viel näher; Symbol und Realität fallen zusammen. Auch reicht es nicht mehr aus, sich auf unser logisches Denksystem zu beziehen: man muß an die Deutung der Symbole herangehen.

Was die symbolische Deutung der Träume für das Unbewußte des Erwachsenen leistet, das würde die Entzifferung des Spiels, der Zeichnungen und der Phantasiegeschichten beim Kind leisten. Denn bei ihm äußern sich aufgrund seiner prälogischen Denkweise in seinen bewußten Tätigkeiten die unbewußten Phantasien in aller Freiheit.

Unter den Symbolen spielen die Symbole sexuellen Ursprungs eine wichtige Rolle, und mit der Arbeit Sophie Morgensterns beginnt die Symbolik der phallischen Objekte, der Kastrationsängste, der Auseinandersetzung mit dem oralen und dem analen Bereich, die von vielen als der größte Beitrag der Psychoanalyse zur Interpretation der Zeichnungen angesehen wird.

In diesem Buch übrigens schließt die symbolische Interpretation die Untersuchung der Ausdrucksmittel nicht aus, die wir weiter oben untersucht haben.

Aber einer der interessantesten Gedanken von Frau Morgenstern ist der, daß sie die Zeichnung wegen ihrer Sublimierungsfunktion als einen in besonderem Maße geeigneten Zugang zum Unbewußten erklärt. Für das Kind wäre die Zeichnung schon mit dem Kunstwerk des Erwachsenen vergleichbar und würde einen Versuch darstellen, die Triebbedürfnisse zu überwinden und einen Ausweg für sie in einem Werk mit »sozialer« Zielsetzung zu finden.

Die Untersuchungen von Sophie Morgenstern hatten in Frankreich zur Folge, daß bei den Kinderpsychotherapeuten ein großes theoretisches Interesse an der Zeichnung erwachte.

Hier sind die Arbeiten von Françoise Dolto-Marette[48] zu erwähnen.

Die Theorie von der Symbolik der Zeichnung erhält dort zwei Korrektive. Das erste betrifft die Symbole, die allen Kindern gemeinsam sind. Sophie Morgenstern hatte eine allgemein gültige Interpretation für das gesamte symbolische Material vorgeschlagen. Übergroße Rauchwolken bei Lokomotiven wären zum Beispiel ein Indiz für eine angstvolle Beschäftigung des Kindes mit seinen Geschlechtsteilen und für seine Kastrationsangst. Solche Interpretationen stützen sich auf die Beobachtung mehrerer analoger Fälle. Françoise Dolto schlägt nun eine echte Experimentaltechnik vor, die darin besteht, in jeder Zeichnung alle signifikanten Elemente aufzusuchen und dann die Zeichnungen verschiedener Kinder miteinander zu vergleichen, um festzustellen, ob gewisse formale Besonderheiten in Analogie zu den klinischen Fällen stehen können. Eine Entzifferung des Symbols, das einzig und allein mit den Gedankenassoziationen des Kindes oder des Psychoanalytikers arbeitet, ersetzt Françoise Dolto durch eine objektivere vergleichende Untersuchung.

Ein anderes Korrektiv der Symboltheorie besteht darin, daß sie den Projektionswert der Zeichnung betont. Das Kind drückt nicht nur bestimmte Gedanken und Gefühle aus, sondern es projiziert ein Gesamtbild von sich selbst auf die Zeichnung. In ihrer ersten Arbeit entnimmt Frau Dolto die Elemente dieser projektiven Semiologie den Ideen Jungs und Adlers ebenso wie den Ideen Freuds. Zum Beispiel erlaubt die Anordnung der Zeichnung auf einer oder auf mehreren Ebenen, die Einheit oder den Grad der Spaltung der Persönlichkeit abzuschätzen. Ebenso verdeutlicht das Vorhandensein oder das Nichtvorhandensein von Grenzen oder von einem Rahmen, inwieweit sich das Kind mit seiner Umgebung in Harmonie befindet. Die psychologischen Gedanken, die Frau Dolto hier verwendet, sind zum Teil Gedanken von Adler. Und die Entsprechungen, die sie zwischen bestimmten Bildern und der Natur des seelischen Lebens annimmt, beruhen auf der Psychologie Jungs. Im Lauf der Zeit hat sie dem Projektionswert des eigenen Bildes in der Zeichnung eine immer größere Bedeutung zugeschrieben, ist dabei aber immer ausschließlicher von der Psychoanalyse Freuds ausgegangen.

Denn wenn sie sich auf den Begriff des Körperbildes beruft, setzt sie ihn nicht mit dem des Körperschemas gleich. Das Körperbild hat eine dynamische Bedeutung; es macht nicht so sehr die Darstellung deutlich, die wir uns von unserem Körper machen, sondern das Interesse, das wir ihm entgegenbringen. Dieses variiert nun nach den Körperteilen: das Kind kann für die Zone um den Mund herum sehr großes Interesse zeigen, und die Empfindungen, die aus dieser Gegend kommen, sind in diesem Fall stark und Quelle eines erotischen Vergnügens, so daß man sagen kann, die libidinöse Besetzung der oralen Zone sei vorherrschend. In jedem Alter hat das Kind also von seinem Körper ein dynamisches Bild, das sich aus den verschiedenen libidinösen Besetzungen ergibt, die es an die verschiedenen Körperteile fixiert.

Da wir die Umwelt durch unseren Körper erfassen, so drückt die Beziehung des Kindes zu ihm auch seine libidinösen Beziehungen zu den Gegenständen der Außenwelt aus. Diese spezifisch Freudschen Begriffe werden von Frau Dolto auf die Interpretation der Zeichnung angewandt. Das Körperbild finde im bildnerischen Ausdruck (Zeichnung oder Modellieren) einen bevorzugten Ort der Projektion: »Dieses Bild ist eine lebendige, in jedem Moment aktuelle Synthese unserer emotionalen Erfahrungen, die wir in bestimmten erogenen Empfindungen unseres Körpers, seien sie archaisch oder neu, wiederholt erlebt haben, und bei denen jeweils die frisch erlebten erinnerungsträchtigen Emotionen die unbewußte Wahl der unterschwelligen Gefühlsassoziationen steuern, denen sie an die Oberfläche zu kommen erlauben.«[49] Das Körperbild ist also Spiegelbild alles dessen, was das Subjekt in seinen Beziehungen zu seiner Umgebung erlebt hat, nicht nur in dem, was es gefühlt hat, sondern auch in dem, was es symbolisch erfaßt hat.

Es drückt sich nicht nur in den Selbstportraits oder in den Zeichnungen von Personen aus, sondern in allen Darstellungen von Gegenständen, Pflanzen und Tieren, sogar in der nicht gegenständlichen Zeichnung. So wird die Einteilung des graphischen Raums symbolisch für das Körperbild und damit zum Ausdruck der ganzen Persönlichkeit und ihrer Beziehungen zu den Anderen.

Man kann dieser Ansicht vorwerfen, daß sie die Zeichnung von vornherein als ein fertiges Ganzes betrachtet, die das Kind in seiner Ganzheit enthüllt, während die Ausarbeitung, die eine gewisse Zeit in Anspruch nimmt, aus der fertigen Zeichnung etwas macht, was notwendigerweise von dem entfernt ist, was sich in dem Geist des Kindes tatsächlich abgespielt hat. Wenn man außerdem die projektiven Beziehungen zu dem Körperbild mit Vorzug behandelt, so ist nicht sicher, daß man alle an der Ausarbeitung der Zeichnung beteiligten unbewußten Mechanismen berücksichtigt. Es muß übrigens angemerkt werden, daß der Einfluß von Frau Dolto auf dem Gebiet der freien Zeichnung noch mehr von ihren klinischen Vorlesungen als von ihren veröffentlichten Schriften abhängt. Wie sie selbst immer betont hat, setzt das Verständnis der Zeichnung den ganzen klinischen Kontext voraus.

Auch Juliette Boutonnier hat in ihrem Buch auf diesem Punkt insistiert[50]. Von ihren originellen Ansichten, die sie darin entwickelt, soll ihre Warnung vor jeder psychoanalytischen Interpretation, die unabhängig vom ganzen Kontext der Psychotherapie vorgenommen wird, erwähnt werden, sowie die Bedeutung, die sie der Tatsache beimißt, daß die Zeichnung eine für einen anderen bestimmte Zeichnung ist. Schließlich hebt sie hervor, wie interessant es ist, die Ausarbeitung der Zeichnung zu beobachten und zu analysieren: »Bei sehr jungen Kindern ist die Zeichnung oft reich an Überraschungen, denn das Thema wechselt unter dem Zeichnen, und sie erzählen eine richtige Geschichte, was sie die Zeichnung verwandeln, umändern und überladen läßt. Es ist ganz offensichtlich, daß in diesem Fall das Werk völlig unverständlich wäre, wenn man nicht Schritt für Schritt die Kommentare des Kindes notieren würde; diese Kommentare scheinen manchmal so reich zu sein, sogar und vielleicht besonders bei Kindern, die intellektuell gar nicht sehr begabt sind, daß wir es äußerst willkürlich finden, sich nur an das Gezeichnete zu halten, um die Mentalität eines Kindes zu beurteilen.«

Die psychoanalytische Interpretation verkennt also nicht die Ausdrucks- und die Projektionskräfte der Zeichnung. Sie verleiht ihr eine zusätzliche Bedeutung, indem sie sie mit einer unbewußten psychischen Tätigkeit in Verbindung bringt.

Ebenso nehmen das Repertoire der Gegenstände und die Wahl der Themen eine neue symbolische Dimension an. Wenn nun die psychoanalytische Interpretation für das große Publikum, das in ihr einen etwas verdächtigen Zug von Wahrsagerei entdeckt, eine Faszination darstellt, so muß man wohl zugeben, daß ein uneingeweihter Leser, der in einem Krankenblatt oder in einer Krankengeschichte liest, welchen Gebrauch der Psychoanalytiker von der Zeichnung macht, zumindest gewisse Verständnisschwierigkeiten haben wird. Was die Spezialisten der Zeichnung anbetrifft, wenn sie auch nicht versäumen, der psychoanalytischen Interpretation ein Kapitel zu reservieren, so zeigen doch die Kritiken, die sie an der Methode üben, daß ihnen die methodologischen Grundlagen oft fehlen.

Schließlich leisten die Psychoanalytiker, die zu oft mit der Bedeutung beschäftigt und weniger anspruchsvoll sind, wenn es um die logischen Grundlagen der Methode geht, diesen Verständnisschwierigkeiten selbst Vorschub, wenn sie sich zu gefährlichen Extrapolationen vorwagen.

Deshalb kann eine psychoanalytische Untersuchung der Zeichnung und ihrer Beziehungen zum Unbewußten nicht unternommen werden, ohne daß zu Beginn eine gewisse Anzahl theoretischer und methodischer Punkte geklärt worden sind.

Das veranlaßt uns, nochmals an das zu erinnern, was den unbewußten Gedankenprozeß in der Hauptsache charakterisiert, seine Kennzeichen bei der Ausarbeitung der Zeichnung zu untersuchen und zu vergleichen, was sich dort und was sich bei den Mechanismen der Vorstellung und der Sprache abspielt. Anschließend werden wir die Natur und die Funktion der Phantasie und ihre Beziehungen zur Begierde und dem Mechanismus der Verdrängung erörtern. Das führt uns zur Präzisierung der Regeln, die der Psychoanalytiker beachten muß, um das unbewußte System der Zeichnung zu interpretieren. Und anschließend werden wir dann die Funktion des Traums, des Witzes und der Zeichnung miteinander vergleichen.

Der unbewußte psychische Prozeß

Die Zeichnung, hat man gesagt, ist ein Spiel. Mit dem Spiel teilt sie in der Tat den Ernst und die Phantasie. Der Fleiß, den das Kind aufs Zeichnen verwendet, das außerordentliche Interesse, das es ihm entgegenbringt, all das zeigt, daß das Kind wie für das Spiel in der zeichnerischen Betätigung einen Geist entfaltet, der weit von einer einfachen Unterhaltung entfernt ist. Aber die Phantasie regiert ebenfalls. Um sich davon zu überzeugen, genügt es, daß man die Komposition einer Zeichnung betrachtet: ein Schiff wird mit Fahnen geschmückt, dann mit Seeleuten, die fischen; daraufhin bevölkert sich das Meer mit Fischen, die Aufmerksamkeit wendet sich ihnen zu, und neue Unterwasserszenen werden zu Papier gebracht, die überhaupt keinen Bezug zum ursprünglichen Schiff haben. Ein ungeschickter Strich entstellt ein Boot, das das Kind anbringen wollte, aber das schadet nichts, das

Boot wird zum Felsen, und auf dem Felsen wird ein Leuchtturm errichtet.

Soll man das, was als eine übertriebene Beweglichkeit des Bewußtseins erscheinen kann, allein dem Zufall zuschreiben? Wenn die Frage so gestellt wird, erkennt man, daß die Beweggründe der Zeichnung mit denen des Spiels übereinstimmen, und das Paradox, das die scheinbare Antinomie zwischen Ernst und Zweckfreiheit des Spiels zum Vorschein bringt, löst sich auf mit der Hypothese einer unbewußten psychischen Betätigung.

Denn wenn wir den Inhalt der Zeichnungen und die Gründe für ihre Wahl untersuchen, erkennen wir, daß ein Teil der Motive für diese Wahl dem Kind bewußt ist, während andere ihm vom Zufall abzuhängen scheinen. Warum hat es sich entschlossen, ein solches Haus darzustellen, warum umgibt es dieses Haus mit einer solchen Gruppe von Menschen? Zunächst findet es keine Antwort. Aber wenn wir es mit einem einigermaßen begabten und nicht allzu gehemmten Kind zu tun haben, dann könnte es anläßlich dieser Zeichnung Erinnerungen hervorholen, die für seine Wahl bestimmend sind, und uns Phantasien mitteilen, mit denen seine Vorstellung sich gewöhnlich beschäftigt und die sich in der gezeichneten Szene niederschlagen. Wir müssen uns fragen, aufgrund welcher Gesetze gerade diese Erinnerungen oder Phantasien sich durchgesetzt und dazu geführt haben, daß diese Zeichnung statt anderer Themen ausgeführt worden ist, die ebenso im Bewußtsein des Kindes vorhanden waren.

Diese Frage ist tatsächlich derjenigen ähnlich, die man sich in bezug auf die Träume, die Tagträume und im allgemeinen auf jede geistige Tätigkeit stellen kann, die nicht direkt von den Erfordernissen der momentanen Situation her bestimmt zu sein scheint. Man weiß, daß gerade diese psychische Produktion für Freud der Anlaß und dann das Thema für seine Untersuchung des Unbewußten gewesen ist. Wenn Freud anfänglich das Vorhandensein eines solchen psychischen Prozesses bei den neurotischen Symptomen und ganz besonders bei den Symptomen der Hysterie vermutet hatte, so stellte er sehr schnell fest, daß das, was sich bei den Kranken bei der Ausbildung ihrer Symptome abspielt, eine allgemeine Tätigkeit des Geistes darstellt, die bei allen Menschen vorhanden ist und sich besonders deutlich bei einer Reihe von Produktionen beobachten läßt, die man bis dahin für ein reines Chaos gehalten hatte. Die Traumdeutung war für Freud die bevorzugte Methode, Zugang zum Unbewußten zu finden.

Es ist nicht möglich, hier die psychoanalytische Theorie des Unbewußten zu resümieren. Wir wollen nur daran erinnern, daß man diesem Begriff zwei Denkweisen gegenüberstellen kann. Die eine, wesentlich besser durchgearbeitete, gehorcht den Regeln der Logik und ist unserem Bewußtsein zugänglich. Sie stellt den sekundären psychischen Prozeß dar. Aber es gibt auch eine andere der ersten parallel verlaufende Denkweise, die sich unserem Bewußtsein entzieht und jeder Anstrengung introspektiver Reflexion völlig verborgen bleibt; sie ist bei der Traumarbeit am Werk und beim Witz, und man denkt an sie, wenn es darum geht, die Fehlleistungen zu erklären.

Bevor wir die Gesetze seines Funktionierens schildern, schauen wir zunächst, wie es sich in der Ausarbeitung der Zeichnung manifestiert. Nehmen wir zum Beispiel die Zeichnung, die Zeichnung eines zwölfjährigen Mädchens, das zu einer ersten psychotherapeutischen Sitzung kommt. Es handelt sich um ein Kind, das erhebliche Charakterstörungen zeigt und das unter der Trennung der Eltern leidet, die vor einigen Jahren stattgefunden hat. Wenn wir die Zeichnung betrachten, dann sehen wir ganz vorn einen riesigen Baum mit breitem Stamm, zu seinen Füßen ein kleines Haus mit einem spitzen Dach, im Hintergrund eine gepflasterte Straße, auf der ein Auto fährt. Himmel, Sonne und kleine Gräser scheinen diese Landschaft zu begleiten. Warum hat das Kind gerade den Baum in die Mitte seiner Zeichnung gesetzt? Warum erscheint das Haus neben ihm so klein? Was bedeutet das Auto? Hören wir viel mehr auf das, was das Kind dazu sagt: Das Haus betrachtet den Baum – in dem Haus ein kleines Mädchen und seine Mutter – sie verlassen es, um Einkäufe zu machen und nehmen das Taxi, das sie in der Stadt absetzen wird, denn das Haus steht allein – das Taxi erinnert es an dasjenige, das es beinahe jeden Donnerstag nimmt, um seine Mutter zu besuchen – es ist froh darüber, wenn es dorthin gehen kann. (Wir sehen hier, daß die Geschichte, die das Kind anläßlich der Zeichnung erzählt, mit einem Teil seiner realen Situation in Beziehung steht.) Es nimmt die Beschreibung der Zeichnung wieder auf: Das Haus ist noch nicht fertig, aber es gibt ein Eßzimmer, ein Zimmer für das kleine Mädchen, ein Zimmer für die Mama, und das Fenster des letzteren ist dasjenige, das zum Baum hin blickt. Und der Baum? fragt man es, was macht der da? Es weiß es nicht. Er erinnert es an die großen Bäume, die es aus dem Wald von Chantilly kennt, in den es jeden Sonntag mit seinem Vater geht.

Zweifellos, wird man sagen, projiziert die junge Patientin ihr familiäres Problem auf die Zeichnung, und man ist versucht, in der Tatsache, daß das kleine Mädchen in der Erzählung mit seiner Mutter zusammenwohnt, den bewußten Ausdruck seines Verlangens nach dem Zusammenleben mit seiner Mutter zu sehen. Das ist aber nicht so einfach, denn wenn man es fragt, ob das kleine Mädchen in der Zeichnung darüber froh ist, bei seiner Mutter zu sein, antwortet es zustimmend, aber wenn man es fragt, ob das kleine Mädchen ein wenig es selber sei, antwortet es negativ, denn, sagt es: »Ich, ich würde mich langweilen.«

Auf die Frage des Arztes hin erfindet es übrigens eine Geschichte in bezug auf die Zeichnung: Das Haus wäre leer – das kleine Mädchen und die Mutter sind in den Ferien – sie haben das Haus Freunden überlassen, einem Papa, einer Mama und einer kleinen Tochter, die sich sehr gut um das Haus kümmern, und jedermann ist zufrieden. Man könnte hier den Wunsch des Kindes sehen, in einer normalen Familie zu leben, aber es ist zu beachten, daß in diesem Fall das Haus selbst den Wunsch symbolisieren würde, da das erste kleine Mädchen mit seiner Mutter abreist, und daß es ein anderes kleines Mädchen ist, das mit seinen Eltern hierherkommt. Man muß auch beachten, daß unsere junge Patientin tatsächlich in einer Familie untergebracht ist, die aus Eltern und einer kleinen Tochter besteht. Wenn es in seiner Erzählung die Befriedigung ausdrückt, in der Familie dieses zusammenlebenden Elternpaares untergebracht zu sein, dann erkennt man, wie schwer es fällt, genau anzugeben, an welche Stelle sich unsere Patientin in ihrer Erzählung projiziert. Sie ist gleichzeitig das kleine Mädchen, das bei seiner Mutter ist, und das Haus, um das sich diese intakte Familie kümmert. Sie ist vielleicht auch das kleine Mädchen, das gerne mit seinen Eltern zusammen sein würde, aber dann stellt das Paar, dem die Sorge für das Haus überlassen worden ist, gleichzeitig das Ehepaar dar, bei dem es untergebracht ist, und das ideale Elternpaar, das es gern wiederfinden würde.

Diese Zeichnung stellt in der deutlichsten Weise die Frage nach den Beziehungen des Mädchens zu seinen Eltern, so wie sie unsere Patientin sich wünschen oder wie sie sie mit Bitterkeit betrachten kann.

Stellen wir uns einen Moment lang vor, daß sie bewußt durch eine Zeichnung ihre familiäre Situation und ihre Gefühle hätte darstellen wollen, dann hätte sie eine exemplarische Situation ausgewählt: sie selbst auf Besuch bei ihrer Mutter oder bei ihrem Vater. Sie hätte ebensogut eine Allegorie wählen können, zum Beispiel ein zwischen zwei Nestern herumflatterndes Vögelchen. In der Tat sind das wenig wahrscheinliche Vermutungen, denn man kann sich schlecht vorstellen, daß ein Kind bewußt eine Familiensituation zum Thema nimmt, die ihm soviel Kummer bereitet. Diese Annahme, wenn sie auch noch so theoretisch ist, zeigt uns, daß, wenn die bewußte Intention des Kindes dem entsprochen hätte, was es uns vorlegt, wir eine Darstellung in der Hand hätten, in der das gemeinte Thema nach ganz anderen Regeln ausgedrückt worden wäre. Die Szene würde sich zu einer bestimmten Zeit, an einem präzisen Ort und in einem zusammenhängenden Raum abspielen, und wir fänden keine Mehrdeutigkeit im Ort oder bei der Identität der Personen; die Szene erschiene uns realistisch.

In der Zeichnung, die wir untersuchen, werden diese Regeln respektiert, aber sie betreffen nur das vordergründige Thema, das sofort erkennbar ist, das heißt, die Landschaft: ihr Aufbau ist durch keinerlei logischen Fehler, durch keine Mehrdeutigkeit gekennzeichnet. Nur wenn wir versuchen, in dieser Zeichnung etwas anderes zu lesen als das, was offensichtlich ist, und wozu uns die kleine Patientin durch alle die Gedanken, die ihr spontan kommen, auffordert, sind wir gezwungen, auf ein anderes Denksystem zurückzugreifen. Hier gibt es keine Zeit mehr: wir sehen, daß das Haus gleichzeitig der Ort ist, in dem sich das Zusammentreffen von Mutter und Tochter abspielt, und dasjenige, wo eine intakte Familie wohnen wird. Ebenso sind die Identität und die Stellung der Personen mehrdeutig. All das schafft Widersprüche, die die Patientin keineswegs stören. Die Nichtbeachtung der üblichen Zeitkategorien und die Verstöße gegen den Satz vom Widerspruch zeigen, daß, wenn der unbewußte Denkprozeß seine Logik hat, diese zur Logik unserer bewußten Denkprozesse im Gegensatz steht.

Wovon hängt es ab, wie sich der mögliche Zusammenhang dieses unbewußten Diskurses aufbaut, den das Kind durch seine Zeichnung ausdrückt? Was hier auffallen muß, ist die Rolle bestimmter Objekte, die geradezu als Bezugspunkte für vielfältige Bedeutungen dienen: der Baum als Symbol für die »Welt des Vaters«, das Haus als Symbol der Beziehung oder des Paares »Mutter und Tochter«, aber ebenso als »Bleibe« der Tochter, soweit der eine oder der andere Elternteil sich um sie kümmern kann. Das Taxi auf der Straße bezeichnet die Entfernung von der Mutter, aber auch die Möglichkeit, sie wiederzufinden und mit ihr zusammenzusein. Schließlich bezeichnet eines der Fenster des Hauses den Blick, den das Haus auf den Baum richtet, und zwar genauer den des Zimmers der Mutter.

Das bemerkenswerteste am Aufbau dieser unbewußten Gedanken ist also der sehr eigentümliche Platz, den die Gegenstände in ihm einnehmen. In einem geschriebenen Text besitzt ein Wort eine mißverständliche Bedeutung, aber in dem Maße, in dem die Kommentare den Text ergänzen, wird die Bedeutung präziser. Hier dagegen, je mehr wir die unterschwelligen Bedeutungen des Bildes vertiefen, um so mehr stellen wir fest, daß die Zeichen, die die dargestellten Gegenstände bilden, als Grundlage dienen für divergierende Gedankenassoziationen. Das Haus ist zum Beispiel gleichzeitig das Symbol für das Paar Mutter-Tochter und Symbol der Tochter, für die eine andere Familie sorgt. Kurz, der dargestellte Gegenstand ist ein Symbol, das auf eine Vielzahl von Bedeutungen verweist. Nach der Terminologie, die Freud für den Traum verwendet, können wir sagen, daß um das Bild herum eine *Verdichtungsarbeit* stattfindet. Diese wird in »der Traumdeutung« so definiert: »Der Traum ist kurz, arm und lakonisch verglichen mit der Fülle und dem Reichtum der Traumgedanken.« Das gilt ebenso für die Zeichnung.

Die Fähigkeit, vielfältige Bedeutungen in einem einzigen Objekt zu verdichten, ist nicht das einzige Mittel, über das das Bild verfügt, um sich mit seinen Bedeutungen auszudrücken. Die Zeichnung A [siehe Anhang] zeigt uns ein anderes Beispiel: der Baum evoziert die väterliche Gestalt nicht direkt, wie in einer Allegorie, sondern durch ein Spiel der *Verschiebung.* Er läßt an andere Bäume eines Waldes denken, der seinerseits die Gegenwart des Vaters hervorruft. Diesmal vollzieht sich die Ausarbeitung der Zeichnung wie die des Traums durch die Verschiebungsarbeit. Freud sagt: der Traum ist anders »zentriert« als der Gedanke, der ihn beherrscht. Hier hat sich die Darstellung des Vaters auf die eines Waldes verschoben, der häufig den Rahmen für ihre Zusammenkünfte bildete, und dann auf einen einzigen Baum dieses Waldes.

Es ist also leicht, in der unbewußten Ausarbeitung der Zeichnung die Verdichtungs- und Verschiebungsarbeit wiederzufinden, die, wie Freud gezeigt hat, »die zwei großen Vorgänge (darstellen), denen wir die Form unserer Träume verdanken.« Eine der wichtigsten Aufgaben seiner Forschung zwischen 1900, dem Erscheinungsjahr der »Traumdeutung«, und 1913, dem Datum seines Aufsatzes über das »Unbewußte«, war die Entdeckung von Mechanismen, die mit denjenigen des Traums identisch sind, in einigen psychischen Produktionen wie dem Witz oder den Fehlleistungen.

Will man sie auch bei der Ausarbeitung der Zeichnung nachweisen, so muß man zwei Einwänden begegnen. Der erste besteht in der Beobachtung, daß die Gedankenassoziationen des

Kindes anläßlich seiner Zeichnung erst im Nachhinein entstehen. Wir schließen vielleicht zu schnell, daß dieselben Gedanken der Ausarbeitung der Zeichnung vorausgegangen sein oder sie begleitet haben müßten. Dieser Einwand könnte auch gegen die Traumdeutung erhoben werden, und in ihrem Zusammenhang hat Freud auf ihn geantwortet. Man kann annehmen, daß Gedanken, die so spontan beim Überdenken der Zeichnung kommen, im Moment der Ausarbeitung genauso dagewesen sein müssen, denn sie sind nicht an irgendein neues Ereignis geknüpft, das zwischen der Ausführung der Zeichnung und ihrer Interpretation eingetreten wäre. Andererseits sind die auf die Zeichnung folgenden Gedankenassoziationen frei, sie sind von keinerlei fester Orientierung geleitet; es sind also die gleichen Voraussetzungen, unter denen das Kind seine Zeichnung entworfen und ausgearbeitet hat, und diese Identität der Situation muß die Wiederholung derselben Phantasien während und nach der Zeichnung begünstigen. Diesen Wahrscheinlichkeitsargumenten fügte Freud ein Erfahrungsargument hinzu: wenn einem Neurotiker, insbesondere einem Hysteriker, die Gedankenassoziationen erlaubten, für ein Symptom einen Sinn zu finden, so verschwand dieses, was deutlich zeigt, daß in diesem Fall die unbewußten Gedanken, die am Ursprung des Symptoms standen, und die während der Assoziationen des Kranken aufgetretenen identisch waren. »Es lag nun nahe, den Traum selbst wie ein Symptom zu behandeln und die für letztere ausgearbeitete Methode der Deutung auf ihn anzuwenden.«[50a]

Der zweite Einwand stimmt mit dem überein, den Freud selbst anläßlich seiner Untersuchung über den *Witz* gemacht hat.[51] Wenn man in den Mechanismen des Witzes wie in denen der Zeichnung die Prozesse wiedererkennt, die bei der Bildung der Träume wirksam sind, dann könnte man einwenden, daß man sie um so leichter wiedererkennt, als man sie am Beginn sucht. Tatsächlich besteht hier das Risiko, die Bedeutung der Zeichnung tendenziös einzuschränken, aber es läßt sich leicht erkennen, daß andere Mechanismen am Werk sind. Die Tatsache, daß bei der Ausarbeitung des Traums zu beobachtende psychische Prozesse ebenfalls bei der Zeichnung zu beobachten sind, ist also auf diese Weise nicht zu bestreiten.

Wenn man sagt, die im psychoanalytischen Sinn unbewußten psychischen Prozesse seien wie ein Diskurs strukturiert, dann darf man darüber nicht vergessen, daß sie ihrer Natur nach verdrängte Elemente sind. Es handelt sich nur um Vorstellungen, die zu einem gegebenen Moment aus der Kette der bewußten Gedanken ausgestoßen werden. An ihre Stelle setzt sich als Ersatz ein neuer Signifikant, der sie in bestimmter Weise symbolisiert. Wenn die unbewußten Prozesse also aus solchen ausgeschiedenen Elementen bestehen, dann ist aufgrund ihres fragmentarischen Charakters schlecht einzusehen, wie sie ein zusammenhängendes Ganzes bilden können. Aber diese Kohärenz will nicht besagen, daß sie ein Sprachsystem bilden, das von der Gesamtheit der zu bezeichnenden Dinge Rechenschaft ablegen kann. Die Tatsache, daß hier die Verdichtungs- und Verschiebungsprozesse bestimmend sind, zeigt, daß sie im Gegenteil ihre Kohärenz ihrer unbegrenzten Fähigkeit verdanken, sich miteinander zu verbinden und sich gegenseitig zu ersetzen. Wenn man deshalb Hypothesen vorbringt über die der Ausarbeitung einer Zeichnung zugrunde liegenden Vorstellungen, legt man eine große Zahl verschiedener Formulierungen vor, die auf einer sehr kleinen Zahl repräsentativer Elemente beruhen. Wenn andererseits das Unbewußte wie ein Diskurs strukturiert ist, besagt das nichts im voraus über die Natur der Signifikanten, die da zum Ausdruck kommen. Wir kennen die Bedeutung der verbalen Signifikanten im bewußten Denken; die Bilder erscheinen da in gewisser Weise nur als Illustration der verbalen Zeichen. Ist es bei dem unbewußten System genauso? Freud hat sich vorsichtigerweise in diesem Punkt nie festgelegt, außer in einem sehr kurzen Abschnitt seines Aufsatzes von 1913 über das Unbewußte, wo es heißt, wenn in dem vorbewußten-bewußten System die Wortvorstellung an die Sachvorstellung gebunden ist, daß dann »die unbewußte Vorstellung die Vorstellung nur der Dinge ist«: auf der unbewußten Ebene gehörte die Vorstellung zu den Bildern und nicht zu den verbalen Zeichen, und im großen und ganzen wären »die Sätze« des unbewußten Diskurses aus Bildern zusammengesetzt. Aber was kann wohl ein aus Bildern bestehender Diskurs bedeuten? Wäre das nicht einfach die Rückkehr zu der klassischen Dichotomie, Denken in Bildern – Denken in Worten, und die Entdeckung Freuds liefe dann darauf hinaus, daß dem Imaginären eine wesentliche Rolle im menschlichen Geist zurückgegeben würde?

Dieses Leben des Imaginären, das Bachelard so wunderbar in seinem Werk beschrieben hat, können wir es mit dem Unbewußten Freuds gleichsetzen? Wenn Gilbert Durand in der Einleitung seines Buches über die »anthropologischen Strukturen des Imaginären«[43] die Kritik Piagets übernimmt und schreibt: »Der Symbolismus in seinem Reichtum übertrifft bei weitem den winzigen Sektor des Verdrängten und beschränkt sich nicht auf die durch Zensur tabuisierten Objekte«, dann hält er eine Verwechslung der Herrschaft des Imaginären mit der Stellung des Bildes in den unbewußten Prozessen im Sinne Freuds aufrecht. Nun sind die Einfälle, die uns die Bilder ermöglichen, nicht unbewußt, sie können sich unserem klaren Bewußtsein entziehen, aber es ist uns möglich, sie mit Hilfe der Reflexion wiederzufinden; sie gehören also dem Denksystem an, das Freud unter dem Begriff des Bewußten-Vorbewußten herausarbeitet. Ohne notwendigerweise bewußt zu sein, sind sie es virtuell, bereit, es in jedem Moment zu werden, und sie werden von den Gesetzen unseres bewußten Systems beherrscht. Das bedeutet, daß die Beziehungen zwischen dem inneren Diskurs und den Bildern genauso unser vorbewußtes wie unser unbewußtes Denksystem betreffen.

Im unbewußten Denksystem haben nur einige Trümmer dieser imaginären Welt einen besonderen Platz. Das sind jene, die die Erforschung des Unbewußten demjenigen aufdecken muß, der sie besitzt, das aber nicht weiß. Die Gedanken, die dem Kind anläßlich der Zeichnung als Erinnerungen, als eine imaginäre Geschichte kommen, sind in keiner Weise unbewußt. In unserem Beispiel weiß das kleine Mädchen sehr gut, was es angesichts seiner familiären Situation empfindet. Aber viel bezeichnender ist die Tatsache, daß es wegen Charakterstörungen zum Arzt kommt und sich ihm, der es wegen dieser Störungen behandeln soll, auf dem Weg über eine dem ersten Anschein nach banale Zeichnung mitteilt, und daß es damit an erster Stelle seine Ratlosigkeit als Kind einer gescheiterten Ehe zum Ausdruck bringt. Diese Verbindung zwischen den Charakterstörungen und der familiären Situation ist wahrscheinlich größtenteils unbewußt. Sie drückt sich für uns in der Zeichnung aus. Wir sehen also, daß die Erforschung des Unbewußten auf einer methodischen Erforschung der Assoziationsketten und ihrer Beziehungen untereinander beruht. Die Zeichnung tut uns also denselben Dienst wie die anderen besonders ergiebigen Produktionen (Träume, Tagträume, Symptome), und bei dem Kind entspricht sie gerade durch ihre Form und durch die Erzählungen, die das Kind bei dieser Gelegenheit mitteilt, den freien Wortassoziationen des Erwachsenen. Was die eigentlich unbewußten Themen betrifft, so offenbaren sie sich wie beim Erwachsenen durch die ungewöhnlichen Vergleiche, die ungerechtfertigten Wiederholungen und den bezeichnenden Mangel an Kohärenz.

Es kann sich also nicht darum handeln, anhand einer einzigen Zeichnung das »Unbewußte« des Kindes entziffern zu wollen. Nur die Untersuchung der Gedankenassoziationen und der Wiederholung der Zeichnungen ist von Bedeutung. Zum Beispiel macht unsere kleine Patientin drei Tage nach der Zeichnung A die Zeichnung B [siehe Anhang]. Eine formale Ähnlichkeit mit der ersten ist evident: der Baum ist durch eine Pflanze ersetzt worden, die sich in drei unwirklichen Blüten entfaltet. Das Haus ist ein großes Gebäude mit zahlreichen Fenstern geworden, die Vielzahl der rauchenden Schornsteine unterstreicht, daß es mehrere Bewohner hat, die Horizontlinie verliert sich hier am oberen Rand der Zeichnung. Da, wo die Straße und das Taxi dargestellt waren, sieht man viele blaue ovale Formen. Die Sonne in der oberen rechten Ecke bleibt identisch, Gräser und ein Blumenbeet bringen das Vorhandensein einer Vegetation zur Darstellung, und zwar im linken unteren Viertel wie in der vorherigen Zeichnung. Die Erzählung der Patientin bringt Licht in die Zeichnung: das Haus ist ein Hotel, und was man für blaue Blätter halten könnte, sind Fische im Himmel: es ist ein Traum, und die Leute, die das Hotel bewohnen, betrachten dieses ungewöhnliche Schauspiel. So folgt auf die realistische Zeichnung, die sehr reale familiäre Sorgen beschworen hat, in einem ähnlichen Bild eine Träumerei voller Seltsamkeit.

Der Betrachter kann sich zu vielen Hypothesen hinreißen lassen. Die folgenden Zeichnungen sollten diese Themen bereichern und präzisieren: eine Woche später zeichnet sie das Haus ihres Vaters mit der Reproduktion des Portraits van Goghs mit dem abgeschnittenen Ohr an der Wand. Sie sagt dann von diesem Portrait: Ich weiß nicht, was das ist, das ist ein unglücklicher Mann. Der Blick des kleinen Hauses auf den Baum und aller Leute des Hotels auf die fliegenden Fische ist ihr eigener Blick auf die psychologische Armut ihres Vaters geworden.

Die Vielzahl der Bilder erlaubt, formale Analogien, Analogien der Themen und der Komposition, herauszuarbeiten. Bei der Interpretation der Zeichnung geht man nicht anders vor als bei der Entzifferung einer Schrift oder einer Sprache: je mehr Textfragmente wir besitzen, um so mehr Vergleiche sind möglich.

Für die Deutung des Unbewußten erlaubt der Rückgriff auf eine Vielzahl von Zeichnungen jedoch nicht nur Vergleiche. Im Laufe der Psychotherapie produziert das Kind in jeder oder beinahe jeder Sitzung eine neue Zeichnung. Jede von ihnen kann eine Hypothese überprüfen helfen, die man bei der Betrachtung der vorhergehenden Zeichnungen aufgestellt hat; aber die Reihenfolge der Bilder läuft in einer nicht umkehrbaren psychologischen Zeit ab, nämlich in der Beziehung, die zwischen dem jungen Patienten und dem Psychotherapeuten entsteht und sich entwickelt. Es ist möglich, in dieser Dynamik, die der psychotherapeutischen Erfahrung eigentümlich ist, gewisse fundamentale Gesetze zu erkennen, die übrigens die Psychotherapie des Kindes und die des Erwachsenen gemeinsam haben.

Ein Kind wird wegen einer Störung, deren pathologische Natur es nicht immer erkennt, von seinen Eltern gebracht. Ein unbekannter Erwachsener bittet es, sich so auszudrücken, wie es gerne möchte, ohne daß ihm eine präzise Aufgabe gestellt wird.

Die Zeichnung wird ihm in verschiedenen technischen Abwandlungen als eine dieser Ausdrucksmöglichkeiten vorgeschlagen. Das Kind nimmt in dieser Situation verschiedene Verhaltensweisen an. Eine der häufigsten besteht darin, die neue Situation mit einer Schulsituation zu identifizieren. Man schlägt ihm vor, eine Zeichnung zu machen; es muß also eine schöne Zeichnung machen. Das bedeutet, daß es ein vertrautes Thema wählen wird, nämlich Gegenstände, die es glaubt, besonders gut darstellen zu können. Die erste Zeichnung ist also oft für das Kind exemplarisch, exemplarisch durch ihre Thematik, durch ihre Form und durch ihre Besonderheiten im Ausdruck. Sie ist es auch oft durch die Themen unbewußter Affekte, die sie verbirgt, aber wir können das nur retrospektiv verifizieren, wenn uns eine gründlichere Kenntnis des Falles die Bestätigung dafür gegeben hat. Man sieht dann, daß zahlreiche Themen, die später eine wichtige Rolle spielen, in der Form von Anspielungen schon in der ersten Zeichnung da waren. Diese kündigt wie die Ouvertüre in der Oper in gewisser Weise die späteren Entwicklungen an. Die folgenden Zeichnungen werden von denselben Leitgedanken angeregt. Aber in dem Maße, wie die Zeit fortschreitet, wird das Kind von dem Schweigen des Therapeuten enttäuscht. Da es zu seinen Zeichnungen keinen Kommentar bekommt, weder Lob noch Kritik, und nur aufgefordert wird, über sie zu sprechen und – von ihnen ausgehend – seiner Vorstellung freien Lauf zu lassen, wird sich im Denken des Kindes notwendigerweise mehr oder weniger unterschwellig die Frage einstellen: Was will denn dieser Erwachsene mit seiner Aufforderung, ich soll zeichnen?

Auf diese ungreifbare und beunruhigende Person projiziert das Kind eine Reihe von Gefühlen: Verlangen nach Zuneigung, nach Interesse, aggressive Reaktion; es identifiziert den Psychotherapeuten mit anderen Personen, mit anderen »Imagos« seiner persönlichen Geschichte. Die Situation wird als Reproduktion anderer Situationen der Vergangenheit erlebt. So entsteht allmählich eine Übertragungsneurose. Es sind seine ursprünglichsten Wünsche, diejenigen, die am nächsten das Zentrum seines Affektlebens berühren, die zum Ausdruck kommen wollen. Die unbewußten Vorstellungen, die mit den Mechanismen der Verdrängung verknüpft sind, stehen im Zusammenhang mit diesem zentralen Teil der Affektproblematik des Kindes. Die Zeichnungen werden dann von dieser Dynamik der Affekte beeinflußt. Ohne Ziel und ohne Anweisung wird das Kind mit Vergnügen oder unlustig seinen momentanen Phantasien gehorchen. Seine Produktionen werden an Logik und an Kohärenz verlieren, an projektivem Reichtum aber gewinnen. Die Themen werden mehr und mehr von seinen vorherrschenden Phantasien beeinflußt. Diese gehören dem vorbewußten-bewußten und auch dem unbewußten psychischen System an. Die Geschichten, die das Kind zeichnet, haben ihr Phantasie-Äquivalent zum Teil im Unbewußten. Die Ausführung der Zeichnung bildet einen Kompromiß zwischen den Themen, die ihre Existenz und ihre Logik aus dem Unbewußten ziehen, und der Überarbeitung, die notwendig ist, damit sie in einer zusammenhängenden, logischen Zeichnung erscheinen können.

Wenn die Vielzahl der Bilder uns dazu verhilft, die großen symbolischen Themen, die das Kind beschäftigen, besser zu sehen, erlaubt sie uns auch, die Dynamik der Übertragung und der Regression zu verstehen, die es dazu bringt, eine für es wesentliche Affektproblematik auf die Situation zu projizieren. In diesem Rahmen ermöglicht sie uns den Zugang zu den unbewußten Phantasien. Auf der einen Seite können wir die Entzifferung der signifikanten Formen verbessern, auf der anderen Seite konzentriert das Kind seine Ausdrucksthematik auf die unbewußten Phantasien.

Aus dieser doppelten Bewegung geht, wenigstens in den meisten Fällen, die Interpretation des unbewußten Teils der Ausführung einer Zeichnung hervor. Dies zeigt uns, und das sollten wir beachten, daß in den Beziehungen des Unbewußten zur Zeichnung zwei Gesichtspunkte gleichermaßen notwendig sind. Der eine, der strukturale, berücksichtigt die Funktionsgesetze eines unbewußten psychischen Apparates, wie ihn uns Freud zu untersuchen gelehrt hat. Wir haben gesehen, welche ausschlaggebende Rolle die Mechanismen der Verschiebung und Verdichtung und die symbolische Darstellung spielen. Der andere, der dynamische Gesichtspunkt betrachtet das Triebleben des Patienten: nicht mehr die Form der verdrängten Vorstellungen, ihre Aufbauweise, sondern die Zweckbestimmtheit ihrer Inhalte, die Wünsche, denen sie entsprechen, die Gründe für ihre Verdrängung heraus aus dem Feld des bewußten-vorbewußten Systems.

Hier kommen also die ursprünglichsten Wünsche des Patienten zur Auswirkung. Und wir entdecken auch, in welcher Weise sie sich in einem Bezug zu Gegenständen ausdrücken, von denen wir erwarten, daß sie sie befriedigen. Diese Beziehung zwischen einem wünschenden Subjekt und einem gewünschten Gegenstand stellt sich her in Form einer Geschichte, eines »Dramas«, das heißt, einer imaginären Handlung. Diese wird die Substanz der unbewußten Vorstellungen bilden. Außer den Wünschen treten auch die Konflikte auf, die sie wecken, denn aus diesen Konflikten geht der Verdrängungsprozeß hervor.

Unbewußte Vorstellungen, die nach den spezifischen Gesetzen dieses Typus' geistigen Diskurses aufgebaut sind, die Rolle des Wunsches und des defensiven Konfliktes am Ursprung der Verdrängung, der strukturale und der dynamische Gesichtspunkt; das sind die großen theoretischen Linien einer klinischen Untersuchung des Unbewußten, ob sie an der Untersuchung der Zeichnungen, der Analyse der Träume, oder auf jedem anderen korrekt bereiteten psychoanalytischen Feld durchgeführt wird. Damit kommen wir zu dem Begriff der Phantasie.

Zeichnung und Phantasie

Die Phantasie ist ein doppeldeutiger Begriff, der sich leichter begrenzen als definieren läßt. Insofern sie dem bewußten psychischen System angehört, bildet sie den Kern der Tagträume, der imaginären Produktion, die unsere gesamte geistige Tätigkeit begleitet. Insofern sie dem unbewußten psychischen System angehört, kann man sie nur durch Deduktion nachweisen und sie auf der Grundlage der bewußten Vorstellungen rekonstruieren. Sie wird da um so leichter sichtbar, als die bewußten Vorstellungen weniger von einer präzisen Aufgabe abhängen und mehr von der Suche nach unmittelbaren imaginären Befriedigungen bestimmt sind.

Diese »unbewußten« Phantasien bilden Reste, die aus der Kette des vorbewußten-bewußten Denksystems ausgestoßen worden sind, und stehen in Bezug zu bestimmten Kernkomplexen unseres Affektlebens; genauer gesagt, bilden sie den verdrängten Teil dieser Komplexe, den wir am schwierigsten in die Gesamtheit unseres geistigen Lebens integrieren können und der, von uns nicht anerkannt, versuchen wird, sich in der Form der Phantasie im innersten Bereich unseres Wesens auszudrücken.

Die unbewußte Phantasie könnte in der Gestalt einer »Anekdote« zum Ausdruck gebracht werden, die nach der Formulierung von D. Lagache[52] »konkret und persönlich« ist.

Ihre Beziehungen zum Wunsch sind komplex. Sie sagt eine Beziehung zwischen einem Subjekt und einem Objekt oder besser zwischen verschiedenen »Objekten« aus. Als echt dramatische Handlung mit mehreren Personen erscheint sie als Ausdruck eines Wunsches (oder einer Furcht), wenn man einen der Angelpunkte dieser Handlung mit dem Subjekt, das sie denkt, identifiziert. Sie wird dann zu einer Beziehung des Subjekts, das die Phantasie denkt, zu dem Objekt, das in diese Phantasie einbezogen ist.

Zum Beispiel drückt ein Kind in aufeinanderfolgenden Zeichnungen ein Thema mit Beharrlichkeit aus: eine Hexe, ein Löwe oder irgendein anderes verschlingendes Wesen bedroht mitten in einer unbestimmten Landschaft ein schutzloses Wesen. Wir sind bei einer ersten Annäherung geneigt, das zeichnende Subjekt auf die Ebene dieses schutzlosen Wesens zu setzen und die Phantasie so auszudrücken: Ich habe Angst (oder wünsche mir; was wissen wir schon?), daß mich dieses mächtige und bedrohende Wesen verschlingt. Es wird übrigens leicht sein, die Zustimmung des Patienten zu einer solchen Formulierung zu erhalten. Aber hieße das nicht, allzu schnell vorangehen und allzu schnell die unbewußte Produktion auf ihre bewußte Formulierung zurückführen zu wollen?

Wenn wir uns genau an das zum Ausdruck gebrachte Thema halten wollen, müssen wir die betreffende Phantasie so in Worte fassen: ein starkes und bedrohendes Wesen verschlingt ein kleines schutzloses Wesen. Wir können hinzufügen, daß, da das Kind das Bedürfnis empfindet, dieses Thema zum Ausdruck zu bringen, diese Darstellung einem bestimmten Wunsch in ihm entspricht. Kann es sich nicht abwechselnd mit dem einen oder dem anderen Protagonisten identifizieren? Kann es nicht gleichzeitig die verschlingende Mutter und das Kind sein, das gepackt ist von einem Gefühl, gemischt aus Entsetzen und Lust, und sich in eine solche Liebesbeziehung hineinziehen läßt?

Kurz, die »kleine Geschichte« ist nicht notwendigerweise auf eine bestimmte Beziehung des Subjekts zu einem Objekt seiner Umgebung reduzierbar. Sie ist vor allem ein Drama, in dem sich in der Beziehung selbst ein Wunsch und der Bezug des anderen zu diesem Wunsch ausdrückt. Was das Subjekt betrifft, das die Phantasie hat, so nimmt es in gewisser Weise dadurch, daß es sich dieses Drama vorstellt, alle seine Ereignisse in sein Wesen selbst hinein.

Man kann einen solchen Mechanismus interpretieren, indem man darauf aufmerksam macht, daß die Phantasie nicht nur in Beziehung zu einem bestimmten Wunsch steht, sondern auch zu den Verteidigungsmotiven, die dieser Wunsch hervorruft, um so mehr, als er dem Verdrängungssystem angehört. Die dramatische Erscheinungsweise der Phantasie wäre der Ausdruck latenter Konflikte, Konflikte zwischen entgegengesetzten Trieben, oder – anders gesehen – Konflikte zwischen den psychischen Instanzen.

Man kann sich ebenfalls über die Natur des Wunsches selbst befragen und sich fragen, ob es eigentlich sehr legitim ist, ihn in eine einfache Beziehung zu dem Subjekt zu setzen, das ihn übernehmen soll.

Das Kind in einer verschlingenden Liebesbeziehung zu der Mutter ist ebenso Subjekt, das die Mutter oder die Mutterbrust, die sie darstellt, verschlingt, wie Subjekt des verschlingenden Wunsches der Mutter, die es wie einen Teil ihrer selbst behandelt. Wir gehen immer davon aus, daß die erste Bewegung dieses Triebbezugs, welche seine Subjektivität prägt, diejenige ist, die von den Trieben des Kindes ausgeht. Wir sind da von einer sensualistischen Annahme abhängig. Das Kind ist ebenso ein den Diskurs des Anderen aufnehmendes rezeptives Wesen, wie es Subjekt von Trieben ist. Es wird in das Verlangen der Mutter nicht als ein Objekt hineingenommen, das passiv erträgt, was für es nur eine Aggression sein kann, sondern als ein Wesen, das tief von dem Diskurs des Anderen abhängig ist und seinen eigenen Diskurs danach gestaltet, daß es am Anfang in den der Mutter hineingenommen worden war. Der Wunsch der Mutter muß in gewisser Weise über die Vermittlung des Diskurses von dem Kind selbst übernommen werden. Das Kind tut es, indem es sich an ihre Stelle setzt, das heißt, indem es selbst durch seine »oralen« Triebe ein verschlingendes Wesen wird. Es bewerkstelligt dieses Übernehmen des Wunsches der Mutter auch, indem es sich entweder zu seinem Objekt macht oder ihn in seinem imaginären Leben realisiert. Es ist also ebenso verschlingendes wie verschlungenes Objekt. Was also der Phantasie als wirklicher Wunsch zugrunde läge, wäre diese Tendenz des Wesens, nicht als Subjekt oder Objekt des Wunsches aufzutreten, sondern als lebendige Szene seiner Realisierung.

Jenseits der Befriedigung unserer Bedürfnisse gäbe es in uns einen Mangel an Sein, wie es Lacan ausdrückt,[53] den unsere Fähigkeit offenbart, uns den Gesetzen der Sprache des anderen zu beugen, darin seinen Wunsch zu erkennen, ihn zu dem unseren zu machen und auf die Weise der Phantasie seine Realisierung zu erleben.

Man begreift, daß sich die unbewußten Phantasien letzten Endes auf eine begrenzte Zahl von Themen beziehen. Diese betreffen die grundlegenden Momente, die die Ausbildung und die Entwicklung unserer Beziehung zu den Anderen gliedern, die auf der Triebebene durch die Entwicklung der Sexualität gekennzeichnet ist. Man wirft dem Psychoanalytiker oft die

Monotonie seiner Schlußfolgerungen vor: letzten Endes läuft diese gründliche Analyse der Produktion des Unbewußten auf eine stark begrenzte Liste von Phantasien hinaus. Affektbeziehungen zur Mutter und ihren Ersatzpersonen auf orale und anale Weise, phallische Einstellung, Kastrationskomplex, Ödipussituation – reduziert sich die Triebdynamik, die in dem Wuchern des Imaginären wirksam ist, hierauf? Es geht hier nicht darum, noch einmal zu diskutieren, was im Werk Freuds von der niemals beendeten Suche nach dem Ursprung der unbewußten Phantasien zur Sprache kommt; J. Laplanche und J.-B. Pontalis haben das Thema kürzlich wieder aufgegriffen. Wir wollen uns damit begnügen, im Vorbeigehen das davon deutlich zu machen, was direkt mit einer Annäherung an das Unbewußte auf dem Weg der Zeichnung zusammenhängt.[54]

Diese Themen, die in der psychoanalytischen Deutung ständig wiederkehren, hängen mit dem zusammen, was Freud die Urphantasien nennt, »diesen Schatz unbewußter Phantasien, die die Analyse bei allen Neurotikern und wahrscheinlich bei allen Menschenkindern finden kann.« Laplanche und Pontalis bemerken dazu: »Diese Worte für sich allein legen nahe, daß nicht nur die empirische Tatsache ihrer Häufigkeit, sogar ihrer Allgemeinheit es ist, was sie charakterisiert. Wenn »jedesmal dieselben Phantasien mit demselben Inhalt erzeugt werden, wenn man unter der Verschiedenheit der individuellen Handlungen einige ›typische‹ Phantasien immer wiederfinden kann, dann bedeutet das, daß die Ereignisgeschichte des Subjekts nicht das *primum movens* ist und daß man ein älteres Schema voraussetzen muß, das als Organisator fungieren kann.«

Die erste Erklärung, die Freud gegeben hat, war phylogenetischer Art: die im Unbewußten eines Jeden vorhandenen Phantasien wären am Anfang die Spur von Ereignissen gewesen, die sich »in den Urzeiten der Menschenfamilie« begeben hätten. Ob diese Hypothese wahrscheinlich oder unwahrscheinlich ist und die Wirkung eines Mythos hat, so muß man doch an den in ihr beschriebenen Beziehungen zwischen der unbewußten Phantasiebildung und der fundamentalsten Kommunikation festhalten, die sich in den familiären Beziehungen knüpfen. Die Entwicklung dieser Kommunikation ist außer durch das zufällige Ereignis eines traumatischen Geschehens durch die Reifung der Bedürfnisse des Kindes und die Anwendungsmöglichkeiten der Gesetze gekennzeichnet, die die Kommunikation der Menschen untereinander und im besonderen die Institution der Familie begründen.

Es ist also nicht überraschend, daß wir im Innersten der Ausarbeitung der Phantasie unablässig auf diese grundlegenden Schritte stoßen, die die Dialektik der Reifung der Bedürfnisse und der Gesetze kennzeichnen, welche die Struktur der menschlichen Gesellschaft sichern. Aber dieses Eingreifen organischer Triebe in den Symbolbereich manifestiert sich in einer Reihe konkreter Einstellungen.

Aber wenn alle »Geheimnisse« des Unbewußten, wenn der Ertrag so vieler individueller Untersuchungen auf die Feststellung hinausliefe, daß jedes menschliche Wesen auf einem verdrängten Sektor seines geistigen Apparates die von ihm selbst nicht erkannten Spuren seiner oralen, später analen Beziehung zu den Objekten, von denen es die Befriedigung seiner Bedürfnisse erwartet hat, bewahrt und damit Gesetzen gehorcht, die der Logik unseres bewußten psychischen Ablaufs entgegenlaufen; und daß es ebenso an seiner Antwort auf die Frage nach dem Besitz des Phallus und nach dem Kastrationskomplex und an der in dem interpsychologischen Feld eingenommenen Stellung, die das Dreieck Vater-Mutter-Kind bildet (Ödipuskomplex), festhält, dann muß man wohl eingestehen: diese Geheimnisse würden einen Teil ihres Zaubers verlieren, und es wäre leicht vorzustellen, daß die Psychoanalyse im Grund nicht mehr wäre als eine Heilpädagogik des Trieblebens und der familiären Beziehungen.

Dem ist nicht so, glücklicherweise oder unglücklicherweise. Das Vorhandensein eines unbewußten psychischen Feldes in uns, auf dem sich der Wunsch strukturiert, hängt nicht von den kontingenten [= in funktionalen Beziehungen stehenden] Repressionen ab, die die Erziehung unseres persönlichen Forderungen auferlegt. All das läßt daran denken, daß der Wunsch, »der im Subjekt dadurch bewirkt wird, daß ihm die Existenz des Diskurses die Bedingung auferlegt hat, sein Bedürfnis durch den Engpaß des Signifikanten hindurchzuführen« (Lacan), notwendigerweise seinen Platz in einem unbewußten Gedankensystem findet, das der Garant des menschlichen Diskurses selbst sein könnte, wie Leclaire und Laplanche zu zeigen versucht haben.[55]

Was diesen unbewußten Wünschen ihr ganzes Geheimnis zurückgibt, ist die Notwendigkeit, in der sie sich befinden, sich ihres Fortbestands in einem System zu versichern, in dem sich durch die Beweglichkeit des Spiels der Verschiebungen und Verdichtungen die Bedeutungsergebnisse vervielfachen und damit jedem, der ihre Manifestationen erforscht, den Eindruck äußersten Reichtums vermitteln.

Letzten Endes ist es wichtiger, für jedes Subjekt zu präzisieren, auf welchen Wegen sich der Wunsch in diesen Spielen von Metapher und Metonymie versteckt, und die Wandlungen seines Ausdrucks in Abhängigkeit von dessen persönlicher Geschichte zu entdecken, als sich der Tatsache zu versichern, daß sich in einer mehr oder weniger dunklen Symbolik die großen Themen wiederfinden lassen, deren Existenz man zu Beginn postuliert.

Wir wissen genau, daß wir letzten Endes bei der Erforschung der Phantasien eine in ihren Grundzügen bekannte Thematik immer wiederfinden werden. Wir wollen uns mehr damit befassen, die Verteidigungsmethoden herauszuarbeiten, das heißt, die Arten der Tarnung, deren sich das Subjekt bedient, wobei es auf Konflikte zurückgreift, die auftreten, wenn die Wünsche die Probe der Begegnung mit der Realität bestehen müssen, und die Auswege, die es sich schafft, um sie schließlich doch zu befriedigen.

Bei den Kinderzeichnungen ist es nur zu verlockend, das Gewicht auf das Aufspüren der Phantasien zu legen, ohne diese Mechanismen des Verbergens zu berücksichtigen. Dies liegt daran, daß sich die Zeichnung, wie der Traum, besonders für diese Arbeit des Imaginären eignet, dank derer die bildnerische Ausarbeitung uns in gewisser Weise direkt den befriedigenden Kompromiß zwischen den Zensurmechanismen und dem Ausdruck der Phantasie liefert.

Der Erwachsene dagegen vermeidet es, sich dieser Aktualisierungsarbeit der Phantasie auf imaginäre Weise zu überlassen. Er unterhält uns mit seinen Beziehungen zu den Anderen, mit seiner Unzufriedenheit, seinen Kämpfen und letzten Endes mit allen Forderungen, die er an die Realität stellt in der Absicht – wie er glaubt – in ihr die Befriedigung seiner Bedürfnisse zu finden. Er versucht tatsächlich, durch Handeln das zu reproduzieren, was die unbewußten Phantasien ihn im Imaginären zu verwirklichen drängen. Die Aufgabe des Psychotherapeuten von Erwachsenen wird oft darin bestehen, daß er dem Patienten hilft, sich von diesen Forderungen, die er unablässig an die Realität und an den Psychotherapeuten selbst stellt, zu befreien, um deren unbewußte Motivation zu entdecken. Das Tun erscheint dann als eine unter anderen Realisierungen der unbewußten Phantasie. Deren Entdeckung wird durch die Untersuchung der Ausarbeitungen der Phantasie gefördert. Die Träume werden da um so mehr von ihrem Sinn offenbaren, als sich der Patient von dem Zwang zu handeln, von den Forderungen der Umgebung und den täglichen Aufgaben befreit fühlen wird.

In einer Psychotherapie durch die Zeichnung liegt die Gefahr umgekehrt. Das Kind trennt sehr leicht die bildnerische Tätigkeit, zu der es aufgefordert wird, von Forderungskonflikten, wie es Lagache nennt, in die es in der Realität verwickelt ist. Das Kind, das jeden Tag mit den vielfältigen familiären und gesellschaftlichen Konflikten konfrontiert wird, bei denen es noch weniger als der Erwachsene die Rolle kennt, die es in ihnen spielt, sucht in der Zeichnung ein Vergnügen, das zwar nicht analog, aber wenigstens mit demjenigen vergleichbar ist, das es im Spiel, in den Tagträumen und den Träumen findet.

Der Psychotherapeut seinerseits riskiert, sich von dem Zauber dieser imaginären Ausarbeitungen gefangennehmen zu lassen. In seinem Bemühen, die Phantasiewelt des Kindes zu erforschen, bringt er sich in Gefahr, das Wichtigste zu vernachlässigen: die Verbindung zwischen den Forderungen des Patienten und seinen

Wünschen. In einer Psychotherapie dürfen die Bezüge zu den sozialen Realitäten, auf das Milieu und das Tun des Kindes nicht vernachlässigt werden. In einer Psychoanalyse ist die Analyse der Übertragung der wichtigste Bezug. Es handelt sich da um eine Notwendigkeit, die nicht nur therapeutischer Art, sondern zuallererst an unser Bemühen geknüpft ist, die unbewußten Phantasien zu entdecken und zu verstehen.

Ohne solche Schärfe – und wir stoßen auf dieser Ebene erneut auf eine schon herausgearbeitete Notwendigkeit bei der Entzifferung der Phantasien selbst – löst sich die Erforschung der unbewußten Thematik in eine vertiefte Erforschung des imaginären Lebens auf, erkennt aber nicht, inwieweit die Einfügung seiner Phantasien in die Gesamtheit seiner Forderungen und Handlungen für den betreffenden Patienten spezifisch ist.

Die Arten und Weisen, den Wunsch zu verbergen, sind genauso wichtig für das Verständnis dieses Wunsches wie sein Aufspüren selbst. Man kann sogar sagen, daß, wenn man das nicht berücksichtigt, das Aufspüren des Wunsches mit Hilfe der Phantasie mit dem Aufspüren eines imaginären Schemas zusammenfällt.

Genau dieser Gefahr setzen wir uns mit einer klinischen Erforschung der Kinderzeichnung aus, die unter dem Einfluß der Auffassungen Jungs die Lektüre des Imaginären mit der Entdeckung der Phantasien verwechselt. Diese werden dann in ihrer Banalität zu echten Archetypen, deren immer deutlichere Manifestationen dazu führen, daß das imaginäre Leben einen bevorzugten Platz erhält, womit ein analytischer Prozeß in einen kathartischen verwandelt wird.

Die Erforschung der unbewußten Phantasien über die Kinderzeichnung beschränkt sich also nicht auf die Identifikation einer grundlegenden imaginären Thematik, deren »sexuelle« Natur letztlich ihre psychoanalytische Bedeutung garantieren würde.

Die direkte, isolierte Untersuchung der Kinderzeichnung kann nur auf solche Abwege führen. Indem wir sie von den Forderungen, den Aggressionen und den Widerständen befreien, durch die sie sich ausdrückt, indem man sie auf eine analysierbare Sache reduziert, können wir vielleicht das Wesentliche der unbewußten Phantasien, von denen sie Zeugnis ablegt, erfassen, wir vergessen dabei aber, daß sich diese Phantasien in einer psychologischen Zeit, in der das Kind gezeichnet hat, und in einer besonderen affektiven Verfassung aktualisiert haben.

In einer ein wenig bildhaften Formulierung könnten wir sagen, daß die unbewußten Phantasien nicht in der Kinderzeichnung da sind, sondern daß sie nur im Geist des Kindes in dem Moment da waren, als es zeichnete. Es handelt sich also um einen Mißbrauch des Begriffs, wenn man die Zeichnung, einen Gegenstand, den das Kind uns zeigt, und einen Traum miteinander identifiziert.

Zeichnung, Traum und Witz

Die Zeichnung ist kein Traum, sie ist eher der Erzählung des Träumers über seinen Traum verwandt. Es wäre jedoch leicht zu zeigen, wie sich in der Vorstellung Freuds die Traumarbeit von derjenigen des zeichnenden Kindes unterscheidet. Wir können da zitieren, was Freud über den Witz schreibt: »Der Traum ist ein vollkommen asoziales seelisches Produkt; er hat einem anderen nichts mitzuteilen; innerhalb einer Person als Kompromiß der in ihr ringenden seelischen Kräfte entstanden, bleibt er dieser Person selbst unverständlich und ist darum für eine andere völlig uninteressant.«

Der Witz dagegen, und die Kinderzeichnung ähnelt ihm in dieser Hinsicht, ist eine soziale Tätigkeit, die dazu bestimmt ist, von Anderen gehört und verstanden zu werden. »Der Traum dient vorwiegend der Unlustersparnis, der Witz dem Lustererwerb.«[55a] Dieser Vergleich zeigt übrigens, daß sich das, was vom Traum gesagt wird, nicht auf die Erzählung von dem Traum anwenden läßt, die sich viel mehr dem Witz nähert.

Wir stoßen also wieder auf unsere Ausgangsfrage: Stellt die

Kinderzeichnung einen bevorzugten Weg dar, das Unbewußte zu erkennen, und aus welchen Gründen?

Mit dem Traum teilt sie eine ganz bemerkenswerte Qualität: die bildliche Darstellung. Wenn der Informationswert und die Fähigkeit, einen logischen Gedankengang zu verfolgen, bei dem Bild geringer als bei der Sprache ist, so eignet sich das Bild dagegen leichter für das Spiel der Verdichtung und der Verschiebung und überhaupt für die Funktionsgesetze des unbewußten Diskurses. Daher haben die Bilder das Privileg, viel leichter von den unbewußten Vorstellungen »angezogen« zu werden.

Aber die Ausarbeitung der Traumbilder unterscheidet sich sehr von derjenigen der Zeichnung. Wenn das Kind zeichnet, wenn es spielt oder im wachen Zustand träumt, versucht es nicht zu vermeiden, daß es von quälenden Vorstellungen und unbefriedigten Wünschen ergriffen wird. Es weicht nicht dem Mißvergnügen aus wie der Träumer, der vor allem zu schlafen versucht und der das Erscheinen einer Vorstellung, die auf einen Wunsch Bezug hat, nur auf die halluzinatorische Weise der Pseudo-Realisierung duldet.

Hier geht das Kind über diese Spannungen hinaus; es versucht vor allem, an der Zeichnung Vergnügen zu finden. Die Befriedigung wird nicht durch eine Illusion, durch eine Halluzination erzeugt, sondern durch einen aktiven Erinnerungsprozeß. Dieser entsteht auf die Weise einer Anspielung: in einigen Bildern verdichten sich zahlreiche phantastische Themen. Man muß also in den Mechanismus des Vergnügens die Rolle der psychischen Sparsamkeit einbeziehen, die sich in der Fähigkeit äußert, mit einer großen Ökonomie der Mittel Situationen darzustellen, deren Erinnerung beschworen werden soll. Zweifellos kann die Zeichnung eine bedrückende oder beängstigende Situation betreffen. Aber wir haben bei der Phantasie gesehen, daß der Ausdruck einer unbewußten Phantasie nicht notwendig bedeutet, daß sich das Subjekt mit dem Wunsch identifiziert, der in Beziehung zu dieser Phantasie steht. Das Kind, das eine Szene des Schreckens, eine Szene des Verschlingens zeichnet, kann bewußt die Furcht darstellen wollen, die sie in ihm erregt. Aber diese Furcht steht in Beziehung zu dem wichtigen Platz, den diese Szene oder ihr verwandte Vorstellungen in seinen unbewußten Phantasien einnehmen. Auf dieser Ebene handelt es sich für das Kind nicht darum, zu wissen, ob es zu verschlingen oder verschlungen zu werden wünscht, sondern viel mehr darum, einen Beziehungstyp auszudrücken, nämlich das Verschlingen, der in gewisser Weise für es eine Art des Wunsches und der Befriedigung symbolisiert. Sein Vergnügen hängt also im wesentlichen davon ab, daß es diese Szene darstellt, welche auch immer die Rolle sei, die es dann in ihr zu spielen behauptet.

Was dem Kind Lust auf das Zeichnen macht, ist eben die Möglichkeit, durch das Bild diese unbewußten Imagos zu bezeichnen, die sich zu aktualisieren versuchen.

Man kann also die Ausarbeitung der Zeichnung mit dem Spiel der Gedankenassoziationen vergleichen, die im Geist des Kindes aufeinanderfolgen. Aber dieser Bezug muß noch mehr präzisiert werden, denn die Zeichnung ist nicht nur ein Ausdruck seiner psychischen Vorstellungen zu einer gegebenen Zeit. Ihrerseits modifiziert sie deren Verlauf. Während das Kind zeichnet, tauchen andere Gedanken auf, die in Beziehung zu anderen unbewußten Vorstellungen stehen. Zwei entgegengesetzte Mechanismen sind also beteiligt.

Der eine versucht, das Ausgangsthema festzuhalten. Das Kind bleibt seiner leitenden Absicht strikt treu. Die Weiterarbeit an der Zeichnung hängt völlig von ihr ab. Wir haben gesehen, daß die von Luquet vorgeschlagene Idee eines inneren Modells kritisierbar ist, aber es ist klar, daß das Kind beinahe immer über ein Schema verfügt, um die Geschichte oder den Gegenstand zu illustrieren, die es zunächst zu bezeichnen beabsichtigt. Daher kommen die rasch ausgeführten Zeichnungen, die in sich selbst wenig evokativ sind, die aber ihre Bedeutungen aus den Gedanken und Phantasien ziehen, die mit dem gewählten Thema in Beziehung stehen.

Der andere Mechanismus dagegen ist ein Faktor der Verwandlung. Die skizzierte Zeichnung ist ihrerseits die Quelle neuer Gedankenassoziationen, die den Ablauf ihrer Realisierung verändern. Bestimmte Veränderungen oder Hinzufügungen sind an einen Faktor gebunden, den schon Luquet gut beschrieben hat: an die Tatsache nämlich, daß ein Detail der Zeichnung die Darstellung eines Objekts nach sich zieht, die es vervollständigt. So zieht die Darstellung eines Schiffes diejenige eines Leuchtturms oder eines Fisches nach sich, der seinerseits Objekte hervorrufen kann, die nicht zu dem ursprünglichen Darstellungsprojekt gehörten. In diesem Mechanismus kann man mühelos die Wirkungen der Verschiebung wiederfinden, von denen wir weiter oben gesprochen haben.

Ein anderer Faktor der Veränderung, der ebenfalls gut von Luquet beobachtet worden ist, ist folgender: die zweiten Interpretationen, die den ursprünglichen Sinn der Zeichnung korrigieren, sei es aufgrund morphologischer Analogien, sei es wegen einer Ungeschicklichkeit, die aus einem passenden ein abweichendes Detail macht. Das Kind kann dann das Thema der Zeichnung von diesem Irrtum ausgehend korrigieren: Zum Beispiel wird eine männliche Person weiblich, weil die zu weite Hose an einen Rock erinnert, usw. Die Psychoanalytiker neigen dazu, diese Irrtümer als echte Fehlleistungen zu betrachten; der Wunsch, eine Frau darzustellen, ginge dem Irrtum voraus, anstatt seine Folge zu sein. Solche Erklärungen sind in bestimmten Fällen wahrscheinlich, aber nicht in allen. Es ist sicher, daß oft die Form der skizzierten Zeichnung neue Darstellungen, neue Themen nach sich zieht.

Die Ausarbeitung der Zeichnung ist also ein Kompromiß zwischen zwei Tendenzen; die eine begünstigt die Ausführung des ursprünglich entworfenen graphischen Schemas, die andere begünstigt Veränderungen und Hinzufügungen in der Ausführung des Projekts.

Wenn die erste Tendenz vorherrscht, haben wir eine wenig ausdrucksvolle Zeichnung, die mit den gewöhnlichen Schemata des Kindes übereinstimmt. Käme die zweite ohne Einschränkung zur Geltung, wäre die Zeichnung nur eine Anhäufung aufeinanderfolgender Entwürfe, und die ersten Elemente der Zeichnung wären durch die späteren Intentionen verwischt oder

überdeckt. Man beobachtet das recht oft im Verlauf psycho-
therapeutischer Behandlungen (Zeichnung C). Die Zeichnung
im Ganzen ist dann nicht interpretierbar. Sie ist nur Depot aufeinanderfolgender graphischer Akte und teilweiser Realisierungen, die sich überschneiden.

Am häufigsten wird die zweite Tendenz durch die erste begrenzt. Je weiter die Zeichnung voranschreitet, um so geringer
wird der Spielraum der Unbestimmtheit. Am Anfang kann die
zweite Absicht das ursprüngliche Projekt völlig verändern, am
Schluß kann es sich nur noch um Veränderungen am Detail handeln. Diese Detailveränderungen, ungewohntes Nebeneinandersetzen von Gegenständen, mehrdeutige Formen, bringen,
ohne dem Zusammenhang des Ganzen zu widersprechen, eine
humorvolle und geheimnisvolle Note hinein.

Hier bekommt der Vergleich mit dem Witz seine volle Bedeutung. Die Zeichnung drückt einen Konflikt zwischen dem Festhalten an einem ursprünglich logisch entwickelten Thema und
dem Eindruck neuer Tendenzen aus. Um über diesen Konflikt
hinauszukommen, spielt das Kind mit der Anordnung der Details der Zeichnung und läßt mit graphischen Analogiewirkun-
gen, mit dem Hinzufügen von Details oder der Verschiebung des
Interessenpunkts der Zeichnung den neuen Phantasien freien
Lauf, ohne die ursprüngliche Ordnung zu stören.

Der Witz fügt sich ebenfalls in den Rahmen einer ernsten Rede
ein. Er gibt vor, sie fortzusetzen, führt aber durch die Mehrdeutigkeit der gebrauchten Worte einen doppelten Sinn ein, der über
psychische Tendenzen Rechenschaft ablegt, die keine Beziehung
zur Ausgangssituation haben.

Der Vergleich ist noch unvollständig, denn die mehrdeutigen
Details der Zeichnung erscheinen bis jetzt einfach als Ergebnis
eines Konfliktes der Tendenzen. Wir werden sehen, daß sie für
die Vollendung einer jeden Kinderzeichnung praktisch notwendig sind, und das erklärt die Seltenheit von Zeichnungen, die
in jedem Punkt mit dem ursprünglichen Schema übereinstimmen.

Das Kind ordnet auf dem Blatt eine gewisse Anzahl von Strichen an, die einen Gegenstand, eine Gruppe zusammengehöriger Gegenstände oder eine Szene bezeichnen sollen. Die Zeichnung vollenden heißt, alle die Striche zu Ende ziehen, die ihre Identifizierung erlauben. Aber das Kind hat oft einen Widerwillen gegen eine vollkommene Sparsamkeit der Mittel. Es empfindet das Bedürfnis, die Bedeutung der Dinge zu verdeutlichen, und wenn es die Zeichnung vervollständigt, befriedigt es auch den Wunsch, den Raum so gut wie möglich darzustellen, in dem sich die Dinge bewegen. Es wird dann überflüssige Objekte anbringen, die der Bezeichnungskraft der Zeichnung nichts hinzufügen und einer Stilwirkung Platz machen, die mit dem Phänomen der Redundanz vergleichbar ist, wie es von den Linguisten beobachtet worden ist. Die Ergänzungsgegenstände können in der Wiederholung eines Gegenstands bestehen (Anhäufung von Bäumen, von Blumen, usw.), oder in der Hinzufügung eines oder mehrerer scheinbar unnützer Details.

In der Zeichnung A ist die Darstellung des Grases überflüssig, aber sie füllt den Raum aus.

Sehr oft werden diese Details von assoziativen Mechanismen beeinflußt, die wir gerade beschrieben haben: Indem sie an dem ursprünglichen Thema festhalten, können sie leichter auf einen neuen Gedanken antworten. Dieser Mechanismus wird durch die folgende Beobachtung demonstriert: man erlebt bei Reihen von Zeichnungen, die im Laufe einer Psychotherapie angefertigt worden sind, ziemlich oft ein Phänomen, das mit dem identisch ist, was man in der Filmtechnik *travelling* nennt. Auf einer ersten Zeichnung kündigt ein Detail das Hauptthema der folgenden Zeichnung an. Wir sind geneigt, darin eine Stilwirkung zu sehen, die mit der des Erzählers vergleichbar ist, der, nachdem er eine Landschaft beschrieben hat, von einer Person aus diesem Stück Welt erzählt, die dann der Held seiner Erzählung werden wird. Aber es ist unwahrscheinlich, daß das Kind auf einen so überlegten stilistischen Kunstgriff zurückgreifen kann. Viel wahrscheinlicher ist, daß im Verlauf der ersten Zeichnung ein zweites Thema eingedrungen ist und sich in einem oder mehreren überflüssigen Details ausgedrückt hat. Auf assoziativem Weg dient es dann bei der Ausarbeitung der neuen Zeichnung als erste Intention.

Um den Zusammenhang der ersten Zeichnung zu bewahren, mußte das Kind notwendigerweise diese ungewöhnlichen Elemente, die in Bezug zum neuen Thema stehen, verbergen. Es muß also bestimmte Details behandeln, indem es auf alle Hilfsmittel der Verschiebungs- und Verdichtungsmechanismen zurückgreift. Daher stammt ihre privilegierte Position bei den unbewußten Phantasien.

Im Laufe einer Psychotherapie erscheinen die Assoziationen des Kindes um so reicher, je mehr sie sich auf solche mehrdeutigen Elemente stützen. Man hat oft festgestellt, daß das Kind mit Vorliebe sehr banale Gegenstände oder Szenen darstellt: Haus, Männchen, Schiff, usw. Diese Vorliebe liegt in seiner Neigung begründet, Zeichnungen zu reproduzieren, deren Ausführung ihm leicht fällt. Außerdem besitzen sie ein vielfältiges, sehr vages Evokationsvermögen und können deshalb den unterschiedlichen Phantasien als Träger dienen.

Aber das Kind hat auch Freude daran, diese typischen Zeichnungen mit Details zu verzieren (Menschen oder Tiere rings um das Haus, Details in der Kleidung des Männchens, Seestücke), die dem beschriebenen Konflikt der Tendenzen als vieldeutige Stütze dienen: dem ursprünglichen Thema treu zu bleiben, oder die neuen Phantasien zum Ausdruck zu bringen, die das Kind dazu drängen, sein Interesse für das ursprüngliche Thema aufzugeben.

Um zu zeigen, welche Rolle in der Ausarbeitung der Zeichnung diese sekundären Interpretationen und die Wirkung dieser Details spielen, die zwischen ihnen und der ersten Intention als Kompromiß dienen, ist es das einfachste, sie mit dem zu vergleichen, was man in den Psychotherapien von Erwachsenen beobachtet.

Die Zeichnung, deren Vollendung uneingeschränkt von der ursprünglichen Intention bestimmt bleibt, stellt für den Beobachter des Kindes das dar, was der Psychoanalytiker von Erwachsenen beobachtet, wenn sich ein Patient, nachdem er am

Anfang ein Thema vorgeschlagen hatte (eine augenblickliche Sorge, eine Erinnerung oder eine Phantasie), daran macht, die Beschreibung durch alle für seine Intelligenz notwendigen Einzelangaben zu vervollständigen. Wir bemerken, daß alle diese Präzisierungen nur dem logischen Denkprozeß entstammen, das heißt, dem Sekundärprozeß. Die Tatsache, daß nichts vom primären Denkprozeß eindringt, kennzeichnet den defensiven Charakter dieser Haltung. Unser einziges Untersuchungsobjekt ist das Initialthema, seine Bedeutung und die Gründe für seine Wahl.

Wenn die Zeichnung dagegen nur das Spiegelbild aufeinanderfolgender graphischer Improvisationen ist, ist die Situation identisch mit derjenigen, in der sich der Psychoanalytiker von Erwachsenen befindet, wenn sich sein Patient, nachdem er das Thema, das ihn beschäftigt, entwickelt hat, einer Kette von rasch vorbeiziehenden flüchtigen Gedanken überläßt, die mit der Gedankenkette des Traums verglichen werden kann. Tatsächlich sind diese beiden Situationen Grenzsituationen und niemals völlig realisierbar.

Die dritte entspricht tatsächlich derjenigen, die man am häufigsten in einer Erwachsenenpsychotherapie beobachten kann: der Patient schwankt zwischen dem Festhalten am ursprünglichen Thema und den sich einschaltenden Assoziationsketten, und seine Rede ist ein Kompromiß zwischen den beiden Tendenzen, bis zu dem Moment, wo sich ein zweites Thema durchsetzt und das erste ersetzt. Jedoch kommt hier ein Unterschied zum Vorschein: der Erwachsene bewerkstelligt diesen Kompromiß mit Hilfe eines Hin und Her der Rede, und die dazutretenden Assoziationen präsentieren sich als Zusätze, die er allmählich mit der willentlichen und bewußten Kette seiner Erzählung verknüpft. In der Ausarbeitung der Zeichnung ist ein solches Auf und Ab unmöglich. Es läßt sich nur realisieren, wenn das Kind gleichzeitig spricht und zeichnet, was ihm erlaubt, sich während des Zeichnens verbalen Assoziationen zu überlassen. Wenn es nur zeichnet, drückt sich dieser Prozeß durch den Rückgriff auf Details von starkem Symbolgehalt aus.

Um beim Erwachsenen ein Äquivalent zu finden, müßte man sich vorstellen, daß dieser mehr und mehr Schwierigkeiten empfindet, die erste Intention und die hinzukommenden Gedanken zu verdichten, und eine Sprache von starker metaphorischer und metonymischer Kraft benutzt, das heißt, eine poetische Sprache.

Wenn man die Funktion der psychischen Ökonomie bei der Zeichnung berücksichtigt, könnte man sie vielleicht besser mit einer humoristischen Sprache, die reich an witzigen Wendungen ist, vergleichen. Sie würde dann die Bewahrungs- und Entwicklungstendenzen miteinander kombinieren.

Um einen literarischen Vergleich anzustellen, könnte man sagen, daß, wenn der naturalistische Stil die erste Tendenz illustriert, die automatische Schreibweise der Surrealisten die zweite, für die dritte die Sprache Prousts ziemlich gut der Bewegung entspricht, die beim Erwachsenen beschrieben wurde, und daß die Sprache von Joyce, wenigstens im »Ulysses«, dem sich annähern dürfte, was wir im Blick auf die Zeichnung beschreiben wollen und wozu eine Analogie beim Erwachsenen nur sehr schwer zu beobachten ist.

So ähnelt die Kinderzeichnung in ihren Beziehungen zum Unbewußten vielleicht am meisten dem Witz. Wie der Witz entspricht sie dem Sinn für die Ellipse, für die bedeutungsvolle Abkürzung, die ja einen Faktor psychischer Ökonomie und eine Quelle des Vergnügens darstellt. Wie der Witz wird sie dem Konflikt zwischen einer Tendenz, an dem bewußten Diskurs festzuhalten, und einer Öffnung gegenüber neuer Tendenzen, die sich mit der ersten nicht vereinbaren läßt, gerecht. Wie der Witz wendet sie sich grundsätzlich an irgendjemanden, und aus dem Vergnügen, sie zu entziffern, ziehen Autor wie Zuhörer ihre hauptsächliche Befriedigung.

Im Unterschied zum Witz jedoch, der mit einem Wortmaterial arbeitet, ist die Zeichnung aus Bildern gemacht. Diese, geeignet für alle symbolischen Umformungen, benutzen die Sprache des Unbewußten in der Weise des Traums.

Wenn die Zeichnung also am Traum und Witz partizipiert, der Erzählung vom Traum vergleichbar und mit den Gedankenassoziationen eng verknüpft ist, dann steht sie im Zentrum der bevorzugten Ausdrucksweisen unbewußter Phantasien.

Welche Regeln lassen sich für die Praxis aufstellen?

Wenn man irgendeine Hypothese über die Form der unbewußten seelischen Konflikte und über den Platz, den die Phantasien dabei einnehmen, aufstellen will, muß man eine vertiefte vergleichende Prüfung der Zeichnungen vornehmen. Man muß das Kind beobachten, wenn es zeichnet, und sehen, an welchen Stellen seiner Zeichnung der Bruch mit der ersten Intention entsteht, und welche vieldeutigen Details es häufig und mit Beharrlichkeit herausarbeitet. Auch die Zeichnung im Ganzen erlaubt uns, sie aufzufinden; von ihr kann man die großen beherrschenden Themen ablesen.

Wenn wir nur über diesen Schritt der Untersuchung verfügten, wäre die Wahrscheinlichkeit unserer Hypothesen wohl sehr gering. Oder vielmehr, wir wären darauf verwiesen, Hypothesen aufzustellen, die um so wahrscheinlicher wären, je allgemeiner sie sind. Darin üben sich diejenigen, die nicht darauf verzichten können, einen »Schlüssel der Träume« und der Zeichnung zu erstellen, und denen es ausreichend zu sein scheint, anläßlich eines Baumes, eines Leuchtturms, eines in Stücke geschnittenen Gegenstands oder einer Szene, in der sich Tiere auffressen, vom Sinnbild des Phallus, vom Kastrationskomplex, vom oralen Sadismus zu sprechen. Das kann jedoch nur ein erster Schritt sein, der auf der Erfahrung des Beobachters beruht: es ist richtig, daß es typische Zeichnungen gibt, wie es typische Träume gibt. Freud hat sie nicht übersehen, und er hat sie analysiert. Er nahm das Vorhandensein einer allen gemeinsamen Traumsymbolik an, die bei der Analyse der Träume berücksichtigt werden sollte, etwa die der Entsprechung zwischen dem Königspaar und den Eltern, und wie die vielfältigen sexuellen Symbolisierungen. Wir finden sie auch in der Zeichnung wieder. Die Welt, die uns umgibt, dient offensichtlich als Illustration für eine ganze Reihe fundamentaler Beziehungen zwischen den Wesen, und wir können aus ihr die Materialien schöpfen, um diese Beziehungen symbolisch auszudrücken. Es ist normal, daß wir bei der Arbeit der Entzifferung unsere eigene symbolische Interpretation der Dinge auf die Zeichnung anwenden, und da diese Interpretation zu einem großen Teil bei allen Individuen dieselbe ist, besonders in demselben kulturellen Milieu, ist es nicht falsch, in dieser Weise vorzugehen. Aber wie bei der Traumdeutung muß man wissen, daß diese Universalität der Symbole ihre Grenzen hat, und zwar sowohl für den Beobachter, der Gefahr läuft, sein Interpretationsschema willkürlich auszuwählen und die symbolische Entsprechung für gesichert zu halten, die ihm am vertrautesten ist, als auch für das Kind, das dieses Symbolvokabular nach Gesetzen umgestaltet, die ihm eigen sind.

Diese Grenzen finden sich also natürlicherweise in der Interpretation der Zeichnung wieder, und wir können am Ende dieser ersten Arbeit nur die zum Ausdruck gekommenen Themen formulieren, ohne allzu tief in ihre Bedeutungen und ihre Beziehungen einzudringen. Wir gehen ebenso vor beim Analysieren eines Textes in einer fremden Sprache, die uns wenig vertraut ist, wenn wir uns bemühen, ihn in seine syntaktischen Einheiten zu zerlegen, während wir den Sinn der Worte noch nicht verstehen.

Die Vertiefung der Interpretation muß aber unser Ziel bleiben. Zunächst wird man Kommentare, die das Kind zu seinem Bild gibt, provozieren und benutzen. In der Zeichnung A hatten wir dafür ein gutes Beispiel. Durch seine Gedankenassoziationen liefert uns das Kind die Zusammenhänge zwischen den imaginären Ausdrucksweisen seiner Phantasien und seiner gelebten Erfahrung, seinen Erinnerungen und seinen Tagträumen. Es ist selten, daß die Kommentare in alle Richtungen laufen, und wenn wir das Kind nicht in einer allzu direkten Weise befragen, erzählt es uns von Erinnerungen, die die Zeichnung wachruft, oder von einer Geschichte, die ihre Fortsetzung bildete oder – viel seltener – von Gedankenassoziationen, die es veranlaßt haben, dieses Thema zu wählen und auszuführen.

Wir werden diese Kommentare mit späteren Zeichnungen und den Kommentaren zu diesen vergleichen. Diese Dokumente sind von unersetzlichem Wert.

Unglücklicherweise kommt es oft vor, daß das Kind wenig

über die Zeichnung spricht, die es gerade gemacht hat. Das entspricht übrigens genau dem Darstellungswert, den es der Zeichnung selbst zumißt. In solchen Fällen können wir nur die Zeichnungen untereinander vergleichen. Wir werden trotzdem bemerken, daß sich symbolische Ausdrucksformen herauslösen, die beim Kind eine entscheidende Rolle spielen. Wir müssen auf formale Analogien achten (Zeichnung A und B), um bei verschiedenen Themen eine Identität der Struktur zu erfassen. Mit Aufmerksamkeit ist die Wiederholungsfrequenz zweier oder mehrerer verwandter oder aufeinanderfolgender Themen zu registrieren. Wenn zum Beispiel ein vereinzeltes Auftreten des Themas »Verletzung« in sich nur geringe Bedeutung hat, dann ist es schon viel bezeichnender, wenn es sich regelmäßig gegen Ende eines Entdeckungsthemas wiederfindet (ein Tiefseetaucher, dessen Gewehr an einem Felsen zerbricht; ein Junge, der sich ein Bein bricht, während er im Wald spazierengeht) und wird die Vermutung nahelegen, daß die Furcht vor einer Verletzung als eine Bedrohung, eine Bestrafung verstanden wird, angesichts der Wünsche, zu sehen oder zu hören, was für es nicht bestimmt ist. Diese Abfolge ist dann bezeichnend.

In unserem Beispiel hätte der Komplex Blickrichtung des Hauses – Mutter zum Baum gewandt – Vater der Zeichnung A – nur wenig Bedeutung, wenn wir dieses Thema des Blickes nicht in der folgenden Zeichnung wiederfänden. In den späteren Zeichnungen wird es noch weniger »symbolisch« und steht mit Szenen in Zusammenhang, die sich neben dem Zimmer der Eltern oder ihrem Badezimmer abspielen. Hier bestätigt die Abfolge der Zeichnungen beinahe ohne die Hilfe von Kommentaren die Wichtigkeit des Themas und zeigt seine Bedeutung für die konkreten Beziehungen der jungen Patientin. Jedesmal wenn eine symbolische Interpretation durch Erinnerungen oder Gedanken bestätigt wird, die das konkrete Affektleben betreffen, können wir sagen, daß wir einen weiteren Schritt in der Erkenntnis des Unbewußten getan haben.

Vor allem sollten wir uns noch einmal klar machen, daß Hypothesen und Schlußfolgerungen nur von geringem Wert sind, wenn sie nicht in den Zusammenhang der Beziehung gestellt sind, die sich zwischen dem Kind und dem Psychotherapeuten entwickelt hat. Hier spielen alle Informationselemente eine Rolle: außer der Zeichnung etwa, wie sich das Kind verhält, was es sagt, was es im Verlauf der Sitzung tut. Bei der Untersuchung der Zeichnungen selbst müssen alle Ausdruckselemente (Strich, Farbe, Stil) des offensichtlichen Inhalts der Zeichnung berücksichtigt werden. Denn es genügt nicht, dem Kind zu deuten, was im Unbewußten enthalten ist, man muß ihm auch einen ganzen Komplex von Gedanken und Vorstellungen bewußt machen, von denen es kein klares Bewußtsein hat, die aber auch nicht richtig verdrängt sind. Kurz gesagt, man muß vor jeder Interpretation unbewußten Materials dem Kind eine bessere Kenntnis von dem verschaffen, was es fühlt, und was es erlebt. Indem wir die Qualität seiner Ausdrucksweise fördern, nähern wir uns einer Kenntnis seiner selbst, die uns der Erwachsene sehr viel leichter vermittelt. Es handelt sich hier um Gefühle und Meinungen des Patienten im Hinblick auf die Umgebung und auch im Hinblick auf den Psychotherapeuten. Dieses vorbewußte psychische Material öffnet uns den Weg zu allen Bewegungen der Annäherung und des Rückzugs, zu allen Gefühlen der Furcht und der Sicherheit, die das Kind in der Beziehung zum Psychotherapeuten bewegen.

Dieses klinische Wissen gibt dem Einbruch einer unbewußten Phantasie in das graphische Material seinen Sinn. Nur in einem geduldigen Vergleich mit allen Erfahrungsdaten und unter Berücksichtigung der Verteidigungsmechanismen wie der expliziten oder impliziten Forderungen findet das unbewußte Material seine konkrete Bedeutung, und nicht in einer raschen Formulierung, die mehr von der Kunst des Weissagers als von der des Mediziners oder Psychologen an sich hat.

Als letztes konfrontieren wir dann unsere Interpretation mit der Entwicklung der Zeichnungen. Denn für jede psychoanalytische Interpretation bleibt die langfristige Brauchbarkeit das große Kriterium der Gültigkeit. Noch weniger als anderswo haben wir uns hier nicht um eine unmittelbare Zustimmung oder

Ablehnung zu kümmern. Die eine wie die andere können nur der Reflex einer momentanen Stimmung sein und einfach ein Kennzeichen von Zustimmungswilligkeit oder Negativismus darstellen. Wenn wir dagegen, nachdem wir eine Deutung vorgenommen haben, in späteren Zeichnungen die Anzeichen ihrer Wirkungen vertieft weitergeführt wiederfinden, dann sind wir im Recht, anzunehmen, daß die Deutung das Richtige im richtigen Moment getroffen hat.

Aber das geht über das Problem der Interpretation der Zeichnung hinaus, und wir sind damit zu dem Problem der Technik psychoanalytischer Psychotherapie selbst gelangt.

KAPITEL 5

Die praktischen Anwendungen

Unter mehr als sechshundert bibliographischen Referenzen zur Zeichnung, die Renée Stora gesammelt hat, betrifft ungefähr die Hälfte die Aufstellung von Tests zu Zwecken psychologischer Diagnostik. Sehr wenige beschäftigen sich dagegen hauptsächlich mit Pädagogik und Psychotherapie. Diese Differenz findet sich in der Praxis nicht wieder, denn die Zeichnung spielt in der Technik der Kinderpsychotherapie eine bedeutende Rolle, und ihre pädagogische Anwendung breitet sich immer weiter aus, sowohl in Spezialinstituten wie auch in der Schule und vor allem in Kindergärten. Wir werden zunächst die Benutzung der Zeichnung für das Aufstellen einer Diagnostik ins Auge fassen und nacheinander die Rolle der Zeichnung in den Intelligenztests, in den Persönlichkeitstests und in der Psychopathologie betrachten. Dann werden wir die Stellung der Zeichnung in den Psychotherapien und schließlich ihre Rolle in der Pädagogik untersuchen.

Es handelt sich darum, die verschiedenen Anwendungsmöglichkeiten darzustellen, zu zeigen, welchen Ideen sie gehorchen, sowie die verschiedenen möglichen Orientierungen und die aufgetretenen Schwierigkeiten zu zeigen. Es ist dabei unmöglich, jede Testmethode mit allen notwendigen Einzelheiten für ihren Gebrauch zu beschreiben, und noch weniger die psychotherapeutischen oder pädagogischen Techniken. Jedesmal, wenn es möglich ist, werden wir bibliographische Hinweise zur Literatur geben, die diese Informationen ergänzen können.

Aber weder die Anwendung von Tests, noch die Anwendung in der Pädagogik, und am wenigsten die therapeutische Anwendung lassen sich aus Büchern erlernen; dafür bedarf es einer kontrollierten Praxis und einer allgemeinen Ausbildung, an die hier nicht erinnert werden muß.

I. Psychologische Anwendungen

A. *Zeichentests und die Untersuchung der intellektuellen Reifung*

Da die Entwicklung der Zeichnung teilweise parallel zu der Entwicklung der Intelligenz verläuft, war es berechtigt, die Zeichnung als ein Mittel für die Erforschung dieser Entwicklung zu betrachten.

Man kann sich bei jeder beliebigen Kinderzeichnung eine Meinung über den intellektuellen Reifegrad bilden. Es genügt, die verschiedenen Stadien der Entwicklung der Zeichnung zu betrachten und die Zeichnungen eines Kindes mit denen gleichaltriger Kinder zu vergleichen. Allerdings läßt dieser Vergleich nur ziemlich ungenaue Bewertungen zu, denn wenn sich auch die Zeichnung mit dem Alter entwickelt, sind die Faktoren, die diese Entwicklung bestimmen, so zahlreich, daß man nicht auf ein intellektuelles Defizit schließen kann, bevor man eine Verzögerung des psychomotorischen Reifungsprozesses, eine Störung des Körperschemas oder eine Affektstörung ausgeschlossen hat.

Schon ältere Untersuchungen haben gezeigt, daß zwischen Schulerfolg und der Fähigkeit, zu zeichnen, eine feste Wechselbeziehung besteht. Claparède hatte in Zusammenarbeit mit Guez den Plan für eine Umfrage entworfen, die 1906 veröffentlicht wurde. Die Umfrage wurde in der Schweiz unternommen und stützt sich auf 9764 Zeichnungen. Die Ergebnisse wurden 1908 von Ivanoff veröffentlicht. Sie zeigen, daß statistisch erwiesen ist, daß der Prozentsatz der intellektuell begabten Kinder (nach ihrem Schulerfolg beurteilt) unter den guten Zeichnern höher ist als unter den schlechten. Es besteht auch eine positive Wechselbeziehung zwischen der Schrift und der Zeichnung, zwischen dem Zeichnen und dem Rechnen, dem Zeichnen und dem muttersprachlichen Aufsatz, und zwischen dem Zeichnen und den manuellen Arbeiten. Diese Ergebnisse sind interessant wegen des umfangreichen Materials der Umfrage. Aber sie ist recht oberflächlich geblieben, da sowohl die intellektuellen wie die graphischen Fähigkeiten von den Lehrern nach Kriterien beurteilt wurden, die am Anfang nicht präzisiert worden waren.

Man hat sich also bemüht, Tests herauszufinden, die für die von außen kommenden Einflüsse weniger empfänglich sind und die Entwicklung der Intelligenz spezifischer widerspiegeln. Man muß hier Tests, die geometrische Zeichnungen verwenden, von solchen unterscheiden, die mit der Darstellung einzelner Gegenstände arbeiten (hauptsächlich mit der Darstellung von »Männchen«), und von gemischten Tests.

a) Die Tests mit geometrischen Zeichnungen

Die ältesten sind die Zeichentests, die in dem Test von Binet und Simon verwendet worden sind. Fassen wir zusammen: mit fünf Jahren kann das Kind ein Quadrat nachzeichnen, mit sechs Jahren einen Rhombus, mit zehn Jahren kann es zwei Zeichnungen aus dem Gedächtnis reproduzieren (einen Prismenschnitt und einen Mäander). Das schwierigste Problem besteht darin, Erfolgskriterien aufzustellen. Diese beruhen mehr auf dem Erfassen der fundamentalen Gegebenheiten der Figur als auf dem allgemeinen äußeren Anblick. Auch Gesell hat auf seinen Entwicklungsskalen die Entwicklung der graphischen Funktion eingetragen, von dem Alter von 56 Wochen an, wo er vermerkt: »das Kind ahmt mit kräftigem Gekritzel nach«, bis zu dem Alter von acht Jahren, wo er den Sinn für Zeichnungen beobachtet, die Handlung ausdrücken: Kriegsszenen, Darstellung von Tanks und Flugzeugen beim Jungen. Im Laufe dieser Entwicklung stellt er das Auftreten des vertikalen Strichs mit zwei Jahren fest, des horizontalen Strichs mit dreißig Monaten und das bewußte Zeichnen mit sechsunddreißig Monaten. In dieser Entwicklungsleiter nimmt die Zeichnung jedoch nur einen begrenzten Platz ein. Sie wird vor allem unter ihrem »motorischen« Aspekt untersucht, was erklärt, daß bei den späteren Stufen Stilvariationen kaum Erwähnung finden. In den Intelligenztests, die auf nichtverbalen Methoden beruhen, nehmen die Tests mit Zeichnungen einen wichtigeren Platz ein (Test von Buysse-Decroly, Test von Borrel-Maisonny).

Zwei Tests verdienen eine besondere Erwähnung aufgrund ihrer sehr weiten Verbreitung, und weil der Test ausschließlich auf dem Nachzeichnen geometrischer Formen beruht. Der von Lauret ausgearbeitete Test verwendet einfache geometrische Formen, zu deren Abbildung aber erforderlich ist, daß das Kind die genaue Struktur der Form versteht. Neun Figuren werden vorgelegt, die nachgezeichnet werden sollen. Es sind geometrische Formen, Reihen von unterschiedlich angeordneten Punkten und einander berührende wellenförmige Linien. Die Ergebnisse werden in einer Weise gemessen, daß man aus ihnen auf das geistige Niveau schließen kann.

Diese Messung wurde auf der Grundlage der Tests von 800 Kindern im Alter zwischen drei und elf Jahren durchgeführt, die aus Schulen und Krippen der Stadt New York und des Bellevue City Hospital kamen. Mit elf Jahren können die Kinder normalerweise diese Figuren fehlerlos abbilden, und die Erwachsenen fügen diesem Erfolg kaum mehr hinzu als eine größere Geschicklichkeit in der Linienführung.

Zwischen drei und elf Jahren dagegen sind ziemlich regelmäßige Fortschritte in der Ausführung zu beobachten, so daß man für jedes Alter ein durchschnittliches Erfolgsergebnis angeben kann. Mit drei Jahren beginnt das Kind, die Punkte andeutungsweise nachzuzeichnen (Wirbel und Schleifen), aber es führt sie erst mit sechs Jahren korrekt aus.

Mit vier Jahren beginnt es, geschlossene Figuren darzustellen, aber es erkennt noch nicht die Neigung mancher unter ihnen und auch nicht ihre Beziehungen untereinander.

Mit sechs Jahren kann es vier Figuren korrekt nachzeichnen (A, 1, 4 und 5). Figur 3 gelingt erst mit elf Jahren.

Eine schon alte Untersuchung von Professor Heuyer in Zusammenarbeit mit Lebovici und N. Angoulvent hat gezeigt, daß dieser Test eine befriedigende Korrelation zu den anderen Leistungstests[56] aufweist.

Ein anderer von André Rey ausgearbeiteter Test verwendet

dagegen eine komplexe Figur. Man zeigt dem Kind eine geometrische Figur, die aus einer Reihe von Rechtecken, Dreiecken und geraden Linien besteht, die parallel oder senkrecht verlaufen; sämtliche Figuren sind übereinandergesetzt. Man fordert das Kind zuerst auf, diese Figur abzuzeichnen, und in einem zweiten Schritt, sie aus dem Gedächtnis zu reproduzieren. Ein Notationssystem vermerkt jedes Detail der Figur und ihrer richtigen Anordnung im Bildganzen. Dieser Test wird bei Kindern angewandt, die älter als acht Jahre sind, während der Test von Bender hauptsächlich für kleine Kinder gedacht ist.

Der Test von Bender und der Test von Rey untersuchen weniger die Intelligenz als das Strukturationsniveau der Wahrnehmungstätigkeit, die visuell-motorische Kontrolle, die Aufmerksamkeit und das unmittelbare Gedächtnis.

Andere Tests verwenden ebenfalls die Reproduktion von geometrischen Figuren in der Absicht, die Wahrnehmungsfähigkeiten und das visuelle Gedächtnis zu erforschen, wie der Test des visuellen Behaltens von Benton.

Alle diese Methoden, die auf der Reproduktion von geometrischen Figuren beruhen, berücksichtigen also den Charakter und die Gefühle des Kindes relativ wenig. Was dagegen bewertet wird, hängt in gleichem Maße von den Wahrnehmungsfähigkeiten, den Fähigkeiten zu motorischer Wiedergabe und zur visuell-räumlichen Integration ab. Im allgemeinen entwickeln sich diese Fähigkeiten parallel zu den anderen Elementen der Intelligenz. In manchen Fällen gibt es ein Mißverständnis zuungunsten der graphischen Fähigkeiten (Störungen des Körperschemas – schlechte Seitenorientierung). In anderen fallen die graphischen Tests besser aus als die sprachlichen Tests. Dies läßt sich besonders bei Kindern beobachten, die schwere Affektstörungen zeigen und bei solchen, die spezifische Leseschwierigkeiten oder irgendeine andere Sprachstörung haben. Es muß nicht gesagt werden, daß in diesen Fällen der Erfolg im Zeichentest die intellektuelle Reife genauer widerspiegelt als der Mißerfolg in den »Sprachtext«.

b) Die Tests mit darstellenden Zeichnungen

Die bekanntesten und am weitesten verbreiteten Tests verwenden die Darstellung der menschlichen Gestalt, des Männchens. Man weiß ja, daß die Darstellung eines menschlichen Wesens durch das Kind ziemlich regelmäßigen Entwicklungsgesetzen gehorcht und die Beobachter haben seit langem bemerkt, daß das Bild des Männchens Stadien durchmacht, die sehr leicht zu bestimmen sind.

Die ersten Versuche liegen zwischen zwei und drei Jahren. In diesem Stadium existiert das Männchen nur in dem Zustand der Absicht, das heißt, nach den Worten von Prudhommeau, »ein amorpher Umriß ohne irgendeine Ähnlichkeit, der sich aber mit den psychomotorischen Fortschritten des Kindes entwickelt«.[57]

Dieses Niveau entspricht dem Beginn der darstellenden Zeichnung überhaupt, dem Moment, in dem das Kind seiner Zeichnung einen Namen gibt.

Die Benennung des Männchens ist übrigens selten die erste, oft hat das Kind schon seit mehreren Wochen begonnen, manche seiner Zeichnungen zu benennen, bevor es sagt, daß es ein Männchen zeichnet (oder welcher Begriff sonst eine menschliche Person meint). In dieser Zeit gibt es keine Ähnlichkeit, wie Rouma feststellt[58]: »Der zufällig erzielte Strich wird der vorübergehende Träger eines geistigen Bildes.« Sehr rasch jedoch, oft sogar von der ersten Zeichnung an, wird nicht mehr jeder Strich als Darstellung eines Menschen interpretiert. Wenn diese ersten Versuche auch sehr unterschiedlicher Art sind, wie J. Thomazi[59] hervorhebt, der der Zeichnung des Männchens [1962] eine substantielle Untersuchung gewidmet hat, »wird das Kind, um ein Männchen darzustellen, in den meisten Fällen eine durch einen Strich begrenzte Fläche zeichnen. Der Begriff des Umrisses ist sicherlich das Element, das das Kind am meisten beeindruckt, und es bemüht sich, diese Begrenzung im Raum wiederzugeben. Ursprünglich, und infolgedessen in der Anfangsperiode, die uns hier beschäftigt, hat das Kind nur eine vage oder gar keine Vorstellung von Tiefe. Deshalb kann das Männchen, das einen menschlichen Körper ohne Volumen wiedergibt, nur durch eine Fläche dargestellt werden.«

Diese Fläche wird geometrisch sein; es handelt sich um eine einfache, stereotype Form, die das Kind ziemlich leicht reproduzieren kann: um ein Dreieck, ein mehr oder weniger regelmäßiges Parallelogramm, und vor allem einen Kreis. Diese Formen sind keineswegs von sich aus besonders geeignet, ein menschliches Wesen darzustellen. Sie haben nur für das Kind den Vorteil, leicht gemeistert werden zu können. Der Kreis jedoch ist von besonderem Interesse. Thomazi bemerkt: »Diese Gewohnheit muß normalerweise zu einer Beherrschung der Figuren führen, die das Kind dazu bringt, diese Bewegung lieber als eine andere zu wiederholen, da Ergebnis und Erfolg gesichert sind. Dennoch meinen wir, daß dieser Kreis, Männchen genannt, nicht ein banales Mondgesicht ist. Er ist wirklich Symbol für den Menschen und deutet das Kaulquappenmännchen von Luquet an. Es ist normal, daß das Kind, das übrigens ein ausgezeichneter Beobachter ist, das Objekt auf seine wesentlichen Merkmale reduziert. Was beim menschlichen Wesen wirklich charakteristisch ist, ist der Kopf, dessen Form im groben an eine Kreisform erinnert. Sie also zeichnet das ganz kleine Kind und faßt damit den ganzen übrigen menschlichen Körper zusammen.« Vielleicht ist es vergeblich, zwischen der Priorität eines willkürlichen geometrischen Bildes und der Wahrnehmung einer natürlichen Form zu trennen. Wir haben gesehen, daß dieses Stadium in der allgemeinen Entwicklung der Zeichnung gerade durch das Zusammentreffen der Beherrschung der Form und der Fähigkeit, diese Form in der Realität wiederzuerkennen, charakterisiert ist. Ohne die Vorstellung von einem Kreis wüßten wir nicht, daß der Kopf ihm ähnelt.

Dieser ursprünglichen umfassenden Form, die also am häufigsten durch einen Kreis dargestellt wird, versucht das Kind dann Details hinzuzufügen: die Nase, die Haare, die Arme. Aber diese Details sind weder korrekt dargestellt noch vernünftig angeordnet. Ein ungeschickter Strich, der sich genausogut außerhalb des ursprünglichen Kreises oder des Vierecks befinden kann, stellt die Nase oder einen Arm dar, ohne daß er sich mit dem zunächst gezeichneten Umriß verbindet. Man beobachtet da, was Prudhommeau das Männchen in Einzelteilen genannt hat. Dann erlebt man die Standardisierung eines Typus, zu dem regelmäßig bestimmte, jetzt neu angeordnete Details hinzugefügt werden: das Kaulquappenmännchen, wie es James Sully getauft hat.

Das *Kaulquappenmännchen* erscheint am Ende des vierten Lebensjahres. Das menschliche Wesen wird durch einen mehr oder weniger regelmäßigen Kreis dargestellt, an dessen unterem Viertel zwei ungefähr symmetrische vertikale Linien angebracht sind, die die Beine darstellen. Im Inneren des Kreises stellen Punkte oder unregelmäßige kleine Kreise die Augen, die Nase und den Mund dar. Übrigens erscheinen diese Details nicht immer gleichzeitig, und man beobachtet während einiger Wochen eine gewisse Unentschiedenheit in ihrer Gestaltung. Dann erscheinen die Arme, die auf jeder Seite des Kreises angefügt sind, ungefähr auf mittlerer Höhe, und die durch zwei horizontale Linien dargestellt werden. Ihre Anbringung paßt offensichtlich nicht zu der Einzeichnung der Gesichtszüge. Man hat versucht, sich darüber klar zu werden, ob der Kreis den Kopf darstellen soll, und in diesem Fall wäre die Anbringung der Arme falsch, oder ob er die Gesamtheit des Körpers darstellen soll, unter welcher Voraussetzung die Anordnung der Augen, der Nase und des Mundes falsch wäre. Es ist schwierig, irgendeinen Beweis beizubringen, der die eine oder die andere These stützen würde. Die meisten Autoren stimmen in der Meinung überein, daß der Kreis die undifferenzierte Gesamtheit Kopf-Rumpf darstellt und daß die Details des Gesichtes zeigen, daß in dieser Gesamtheit die Darstellung des Gesichtes die des Rumpfes in den Hintergrund drängt.

Prudhommeau hat darauf hingewiesen, daß das Kaulquappenmännchen zwei bestimmte Typen darstellen könnte: einen statischen Typus und einen dynamischen. Während das statische Kaulquappenmännchen von vorn gesehen ist und unbeweglich scheint, wird der dynamische Typus im Ablauf einer Handlung dargestellt, die nicht durch die Bewegung selbst symbolisiert wird, sondern durch den Gegenstand, dem sie sich zuwendet.

»Durch eine Bewegung, die auf einen Gegenstand gerichtet ist und eine Bewegung des Kontakts mit dem Gegenstand wird, wird das erste Anzeichen von Dynamik beim Kaulquappenmännchen deutlich. Die Arme gehen nach beiden Seiten und das Kind wird am Ende des einen von ihnen einen Gegenstand darstellen. Beinahe immer auf der rechten Seite des Männchens wird diese erste dynamische Gruppierung vollzogen; das Kind, das seinen Stift in der rechten Hand hält, findet es logisch, daß der Gegenstand bei seinem Männchen auf dieselbe Seite gesetzt wird. Aber wenn es so vorgeht, wird der Gegenstand mit der linken Hand gehalten, während die Absicht des Kindes die umgekehrte war.«

Es kommt vor, daß sich das Kaulquappenmännchen durch das Hinzufügen von Details (Hände und Füße, Einzelheiten des Gesichtes, Ohren, Haare) weiterentwickelt, ohne daß die Ungeschiedenheit Gesicht-Rumpf korrigiert wird. Im allgemeinen verläuft die Entwicklung in Richtung einer wachsenden Differenzierung des Kreises als Gesicht, während der Rumpf virtuell durch den Raum dargestellt wird, der von den zwei vertikalen Strichen begrenzt wird, die die Beine darstellen, zumindest in ihrem oberen Teil unterhalb des Kreises. Es handelt sich also um einen Raum, der nach unten hin geöffnet ist, aber dessen Zugehörigkeit zum Körper als Darstellung des Rumpfes durch die anormale Länge der Beine, durch häufige Bemalung und vor allem durch die Anordnung von Details in diesem Raum, die zum Rumpf gehören (Knöpfe und Details der Kleidung), wahrscheinlich gemacht wird.

In anderen Fällen ist dieser Raum von einer Ausbeulung ausgefüllt, die am unteren Teil des Kreises zwischen den Beinen aufgehängt ist. Diese abgerundete Form entwickelt sich also zwischen den zwei Beinen, und die Anbringung dieser letzteren an dem oberen Kreis, der den Kopf darstellt, bildet damit eine Anomalie, die das Kind dadurch beseitigt, indem es den oberen Teil der Linien, die die Beine darstellen, und die Seitenpartie des unteren Ovals, das den Rumpf darstellt, miteinander verschmelzen läßt.

Zwischen vier und fünf Jahren gibt es also eine Übergangsperiode, in der der Typ des Kaulquappenmännchens aufgegeben wird, ohne daß schon das typische Männchen realisiert würde. Das ist die Übergangsperiode, die J. Thomazi gut untersucht und bei der er die Typen herausgearbeitet hat, die wir eben beschrieben haben.

Das *typische Männchen* entspricht dem Schema, wie es sich der Erwachsene von der menschlichen Gestalt macht: zwei Ovale, das obere – das Gesicht darstellend – und das untere – den Rumpf darstellend – werden aneinandergesetzt; die Arme werden am oberen Teil des unteren Ovals angebracht, die Beine am unteren. Das Männchen hat jetzt einen Kopf, einen Rumpf und Glieder. Es wird von fünfjährigen Kindern korrekt gezeichnet und entwickelt sich dann weiter durch Vermehrung der Details. Mit sieben Jahren werden die Glieder mit einem zweifachen Umriß versehen, während die Details der Kleidung erlauben, das Geschlecht der Person zu identifizieren.

Mit acht Jahren wird die Verbindung zwischen dem Oval des Gesichtes und dem des Rumpfes durch ein kleineres rumpfartiges Teil, das den Hals bedeutet, hergestellt.

Bei diesem typischen Männchen, das von vorn gesehen ist, unterscheidet Prudhommeau ebenfalls einen statischen und einen dynamischen Typus. Die Dynamik wird wie bei dem Kaulquappenmännchen durch die Darstellung eines Gegenstands erreicht, aber das Kind bemüht sich jetzt, die Handlung durch die Bewegung selbst darzustellen. In diesem Fall wird der Arm in einem Winkel gebeugt, der entsprechend der Natur des Gegenstands und seiner Funktion variabel ist. Nach unten gebeugt, wenn es sich um einen Spazierstock handelt, nach oben, wenn es sich um einen Regenschirm handelt, um das von Prudhommeau zitierte Beispiel anzuführen.

Diese beiden Typen, der statische und der dynamische, orientieren sich in zwei verschiedene Richtungen: das statische Portrait einer Person, oder der schematische Ausdruck der Bewegung. In dem einen Fall geht es um die Darstellung des Individuums, in dem anderen um die der Bewegung.

Die Darstellung des *Männchens im Profil* folgt der Darstellung des Männchens, das von vorn gesehen ist. Dieser Übergang läßt, im Gegensatz zu den vorhergehenden, das ältere Modell nicht verschwinden: das Kind verfügt dann über zwei Darstellungstypen. Prudhommeau hat eine geistreiche Erklärung für das Erscheinen des Männchens im Profil geliefert: es wäre die normale Entfaltung des »dynamischen« Männchens. Auf einer ersten Stufe zeigt sich das Profil durch die Bewegung, das heißt, durch die Bewegungen der Arme. Dann geht das Kind zum Profil des Körpers und der Füße über. Auf einer dritten Stufe schließlich vervollständigt das Profil des Kopfes das des Körpers. Dieses Profil ist oft nach links gerichtet. Diese Beobachtung wurde von vielen Autoren gemacht; René Zazzo[60] hat ihr im Jahr 1942 eine bedeutende Untersuchung gewidmet, die mit einem Vorwort 1949 veröffentlicht worden ist.

Es scheint, daß diese Linksorientierung des Profils zunächst eine Wirkung unserer Motorik ist und »durch ihre Orientierung die Handbewegung selbst offenbart: wenn es nach links gerichtet ist, dann bedeutet das, daß die Hand Kreise entgegen dem Uhrzeigersinn zieht, mit dem Ausgangspunkt nach oben«. Übrigens findet sich die Linksorientierung schon vor der Profilzeichnung in der Linienführung des Ovals beim Kaulquappenmännchen wieder; sie ist es auch, die den Schleifen der Kursivschrift ihre Richtung gibt. Was zumindest teilweise diese Erklärung bestätigt, ist, daß die Linkshänder, wenn sie mit der linken Hand zeichnen, die Neigung zu haben scheinen, das Profil nach rechts zu drehen.

Die Skala von Goodenough

Im Jahre 1926 legte Florence Goodenough[61] die Fundamente für einen Intelligenztest, der sich auf die Darstellung des Männchens stützt. Seine Technik ist ganz einfach, und der Test kann kollektiv vorgenommen werden. Man gibt allen Kindern ein Blatt Papier und einen Stift in die Hand und fordert sie auf: »Zeichnet ein Männchen von vorn, so gut ihr könnt.« Auf jede Frage antwortet man: »Macht es so, wie es euch am besten scheint.« Man weist darauf hin, daß die Zeit nicht beschränkt ist. Worauf es vor allem ankommt, ist, daß das Kind die Zeichnung so vollständig ausführt, wie es kann. Die Auswertung des Tests beruht nämlich auf einem Punktsystem, das alle Details und alle Elemente berücksichtigt, die das Kind auf seiner Zeichnung anbringt. Jedes Element zählt einen Punkt. Hier einige Beispiele:

1)	Kopf vorhanden	1 Punkt
2)	Beine vorhanden – die beiden von vorn oder ein Bein im Profil – wenn nur ein Bein mit zwei Füßen vorhanden ist, ist das Ergebnis positiv	1 Punkt
3)	Arme vorhanden – Die Finger alleine genügen nicht, außer in dem Fall, daß zwischen ihnen und dem Körper Platz gelassen ist	1 Punkt
7b)	Nase vorhanden	1 Punkt
7c)	Mund vorhanden	1 Punkt
7d)	Nase und Mund durch zwei Striche dargestellt; die beiden Lippen angedeutet	1 Punkt
7e)	Nasenlöcher vorhanden	1 Punkt

Es gibt 52 solche Rubriken, die von 1 bis 18b numeriert sind. Man zählt die erhaltenen Punkte zusammen und erhält eine Zahl zwischen 0 und 52. Eine statistische Untersuchung hat erlaubt, eine Alterstabelle aufzustellen. Für drei Jahre liegt der Durchschnittswert bei zwei Punkten, für sieben Jahre bei 18, und für dreizehn Jahre bei 42.

Dieses Notensystem erlaubt eine ziemlich differenzierte Bewertung der Entwicklung der Zeichnung. Vergleichende Untersuchungen von Goodenough haben gezeigt, daß der Test in seinen Ergebnissen denen anderer Intelligenztests ebenso wie übrigens dem Urteil der Lehrer ziemlich genau entspricht. Er kann, so oft man will, wiederholt werden und ermöglicht damit eine periodische Kontrolle der intellektuellen Entwicklung.[62]

Sie bestätigt die Skala Goodenoughs, ist aber sehr viel einfacher gehalten und ermöglicht eine raschere Bewertung; deswegen ist sie natürlich weniger genau. Sie besteht im wesentlichen aus acht Bewertungsstufen:

20 Monate	Beginn des Gekritzels
3 Jahre	Erste Zeichnungen von Männchen: ein Kreis und zwei Striche, die von ihm ausgehen.
4 Jahre	Zwei Punkte in dem Kreis für die Augen.
5 Jahre	Der Rumpf erscheint, das heißt, ein Kreis zwischen dem Kopf und den Beinen (außerdem Nase und Mund).
6 Jahre	Schlecht aufgeteilte Glieder.
7 Jahre	Glieder, die manchmal einen doppelten Umriß haben; Männer und Frauen unterscheiden sich schon durch einige Einzelheiten der Bekleidung.
8 Jahre	Erscheinen des Halses.
9 Jahre und darüber	immer mehr Details und besserer Aufbau.

Der Test von Fay

Fay hat ebenfalls versucht, eine Skala aufzustellen, die die Entwicklung der graphischen Fähigkeiten in ihrer Beziehung zur intellektuellen Entwicklung mißt. Er hat sich einer Zeichnung bedient, die nach folgender Weisung ausgeführt wird: »Zeichne: eine Frau geht spazieren, und es regnet.« Die Zeichnungen werden nach den ausgedrückten Ideen, den dargestellten Elementen bewertet. Fünf Ideen entsprechen der Aufgabenstellung: Eine Frau – sie geht spazieren – sie befindet sich in einer gegebenen Landschaft – es regnet – sie schützt sich gegen den Regen. Jedes dieser Elemente zieht Details nach sich, die Gegenstand einer Punktbewertung nach einer Skala sind, die sich zwischen $1/4$ und 2 Punkten bewegt.

Zum Beispiel:
für »die Frau«,

a) wenn die Gestalt so schematisiert ist, daß sie nur ein undeutliches Männchen darstellt, 0 Punkte
b) wenn die Person einen Knoten als einziges brauchbares Attribut hat, rechnet man $1/2$ Punkt.
c) wenn die Gestalt einen Rock als einziges weibliches Attribut hat, 1 Punkt.
d) wenn die Gestalt mehr als vier weibliche Attribute hat (z. B. Rock, gerundete Brust, Knoten, Federhut, Handtasche Halbstiefel mit hohen Absätzen, Ohrringe), rechnet man $1/4$ Punkt mehr für jedes zusätzliche Attribut.

Für »die Frau schützt sich«,

a) mit einem Schirm: wenn er nicht in der Hand gehalten wird, $1/2$ Punkt, wenn er in der Hand gehalten wird, 1 Punkt.
b) mit einer Kapuze oder einem Regenmantel, 1 Punkt.

Die Summe der erhaltenen Punkte ergibt eine Ziffer, die einem gegebenen Alter zwischen sechs und vierzehn Jahren entspricht. Die Ergebnisse sollen ziemlich mit den Ergebnissen des Tests von Binet-Simon übereinstimmen. Sie sind von Fay nach der Untersuchung von 6000 Kindern zwischen sechs und vierzehn Jahren aufgegliedert worden.

Gegen die drei Skalen von Goodenough, Wintsch und Fay lassen sich dieselben Vorbehalte geltend machen: ist sicher, daß nur die Entwicklung derjenigen graphischen Fähigkeiten, die an die Intelligenz des Kindes gebunden sind, gemessen werden? Nicht nur hängt die Darstellung des Männchens vom Körperschema, von den motorischen Fähigkeiten ab, sondern vor allem scheint es so, daß sich der Charakter des Kindes darin ausdrückt. Madame Boutonnier hat diese Vorbehalte sehr gut formuliert:

»Wir behaupten sicher nicht, daß die Stufenskala des Tests anzuzweifeln, noch sein Wert bestreitbar ist. Aber wir werfen ihm vor, daß er in der

Zeichnung eines ›Männchens‹ nicht mehr sieht als die Elemente einer intellektuellen Erkenntnis des Gegenstands, die sicher nicht vernachläßigt werden darf, die aber gerade das am wenigsten Charakteristische an der Zeichnung darstellt. Es ist nicht überraschend, daß die Ergebnisse dieses Tests in den meisten Fällen mit denen von Binet-Simon übereinstimmen, da er sich in seiner Anlage an dieselben Funktionen wendet, und weil er dieselben Mängel hat, oder dieselben Qualitäten, wenn so man will. So wie dieser Test entworfen ist, stellt er eine Art logischer Analyse des ›Männchens‹ dar. Er unterrichtet uns über die Zeichnung und über das Kind ungefähr so, wie eine grammatikalische Untersuchung uns über einen Satz unterrichtet: exakte Mitteilungen also, aber skeletthaft und sehr unvollständig.«

Ein Kind, das affektiv entfaltet ist, ist in seinem graphischen Ausdruck nicht eingeengt, und er entspricht seiner intellektuellen Reife. Umgekehrt stellt ein Kind, das erhebliche affektive Konflikte und charakterliche Anomalien aufweist, eine Zeichnung her, in der diese Konflikte und diese Anomalien der Grund für Fehler und Schwächen sind, die verkehrt wäre, einem Mangel an intellektueller Reife zuzuschreiben. Eine Beobachtung von Professor Fontes von Lissabon,[63] die von Frau Boutonnier zitiert wird, ist in dieser Hinsicht sehr bezeichnend: in Zeichnungen, in denen Jungen und Mädchen vorkommen, stellt das kleine Mädchen, das sie angefertigt hat, den Jungen in einer sehr rudimentären Form dar, während das Mädchen mit sehr viel genaueren Strichen dargestellt ist. Es ist offensichtlich, daß die Anwendung der Skalen vom Typ Goodenoughs abweichende Resultate erbringen würde, wenn es sich um die eine oder die andere dieser Figuren handelt. Wir werden sehen, daß der Zeichentest mit dem kleinen Männchen nicht nur für die Bemessung der Intelligenz angewandt wird, sondern auch für die Bewertung der Persönlichkeit des Kindes.

Sie ist von André Rey[64] als Intelligenztest vorgeschlagen worden. Man setzt sechs Klötze treppenförmig übereinander, die man dem Kind nacheinander von der Seite und von vorn zeigt. Man fordert es auf, sie von den beiden Seiten zu zeichnen. Der Verfasser stellt fest, daß die Ergebnisse dieses Tests mit denen übereinstimmen, die er bei dem Test von Fay beobachtet, bei dem er ein Bewertungssystem anwendet, das ganz und gar mit der Skala von Goodenough vergleichbar ist.

c) *Die gemischten Tests – Das Untersuchungsblatt von Prudhommeau*

Es handelt sich um einen Test, der die Wiedergabe geometrischer Formen und die Wiedergabe natürlicher Objekte zusammen verwendet.

Sein Ziel ist es, ein geistiges Niveau mit Hilfe eines kollektiven nichtsprachlichen Tests zu bestimmen, der von jedem Menschen, selbst wenn er nicht in die Methode der Tests eingeführt ist, angewandt werden kann. Er wendet sich an Kinder im Schulalter und kann per Korrespondenz durchgeführt werden. Prudhommeau berichtet: »Wenn einer unerfahrenen Lehrerin eine Förderungsklasse für gestörte Kinder anvertraut wurde und niemand da war, der sie bei der Auswahl der Schüler hätte beraten können, wurden ihr Blätter geschickt, die sie ausfüllen ließ und mit zurückschickte; es war dann möglich, ihr alle notwendigen Ratschläge zu erteilen, damit sie ihre Klasse zusammenstellen und führen konnte.«

Man sieht, daß das Ziel demjenigen entspricht, das die Skalen von Goodenough und Fay verfolgen.

Man benutzt ein Blatt im Format eines gewöhnlichen Heftblattes. Es ist vertikal in drei doppelten Spalten unterteilt. In jeder sind auf der linken Seite von oben nach unten sechs Zeichnungen angeordnet, die abgezeichnet werden sollen. Auf der rechten Seite jeder doppelten Kolonne sind den Zeichnungen entsprechend sechs weiße Felder für die Nachzeichnung freigelassen. Im ganzen hat man achtzehn Zeichnungen in drei Kolonnen unterteilt, denen achtzehn weiße Felder entsprechen. Diese Zeichnungen sind entweder geometrische Bilder oder darstellende Figuren (Kreis, Quadrat, Rhombus, ein Männchen von vorn, ein Männchen zu drei Vierteln, ein Männchen im Profil, Kirche, Baum, ein nach rechts sehender Fisch im Profil, usw. . . .) Man gibt eine Stunde Zeit für das Nachmalen der achtzehn Zeichnungen.

Die Deutung stützt sich nicht auf ein Punktsystem mit Hilfe einer Skala, sondern auf die klinische Bewertung. Die Schlußfolgerungen liefern also kein zahlenmäßiges Ergebnis in der Form einer Klassifizierung des Kindes in bezug auf eine Gruppe gleichen Alters oder in der Form eines geistigen Alters. Es handelt sich, grob gesagt, um einen klinischen und keinen psychometrischen Test, der sich auf ein standardisiertes Material stützt. Darin unterscheidet er sich von dem Test mit dem Männchen.

Welchen Platz haben diese Zeichentests letztlich in der Bewertung der Intelligenz? Wenn wir die Wahrnehmungsfähigkeiten, das Gedächtnis und die psychomotorische Entwicklung betrachten, sind die Tests vom Typ des Bender-Tests oder der Figuren Reys sehr nützlich. Wenn wir die Intelligenz in einem allgemeineren Sinn betrachten, können wir sagen, daß es mit Hilfe dieser Zeichentests nicht möglich ist, ein intellektuelles Niveau mit zureichender Genauigkeit zu messen.

Tests, die nach der Anzahl der Details rechnen (wie die Skalen von Goodenough und von Fay), begünstigen die Sorgfältigen und sind ein Handicap für die Schüchternen, die Ängstlichen und die Ungeschickten. Trotz alledem besteht der Vorteil dieser Zeichentests darin, eine rasche Bewertung zu ermöglichen, indem sie mit Aufgaben arbeiten, die dem Kind Spaß machen und damit unseren Kontakt zu ihm begünstigen. Aber es wäre genauso bedauerlich, wenn man ihnen den wichtigsten Platz zuwiese, wie wenn man sie von unseren Untersuchungsmethoden ausschlösse.

Prudhommeau hatte betont, daß die Untersuchung des Blattes, das achtzehn Zeichnungen umfaßt, die kopiert werden müssen, Schlußfolgerungen zu ziehen erlaubt, die ebenso interessant in bezug auf den Charakter wie für die Erkenntnis des geistigen Niveaus sind. Es handelt sich also um einen gemischten Intelligenz- und Persönlichkeitstest.

Wir haben gesehen, daß bei der Zeichnung des Männchens der Fall genauso liegt. Die Qualität seiner Ausführung hängt sicher von der intellektuellen Reife ab, aber in einem gewissen Maße auch von der affektiven Ausgeglichenheit. Außerdem zeigt schon die oberflächlichste Untersuchung des Männchens neben der Perfektion der Details einen allgemeinen Stil, der uns über den Charakter des Kindes Aufschluß gibt. Es wird da lebhafte und dynamische Männchen geben, und andere, die erstarrt und hieratisch sind. Nun aber handelt es sich hier nicht um einen Unterschied in der Geschicklichkeit. Denn das dynamische Männchen kann in einer äußerst ungeschickten Weise dargestellt sein, was weder seiner Erscheinung noch seinem Stil schadet, während eine unbewegliche, strenge oder ausdruckslose Gestalt mit großer Sorgfalt dargestellt sein kann.

Diese Beobachtungen haben Karen Machover veranlaßt, die Darstellung der menschlichen Gestalt als projektiven Test[65] zu verwenden. Im Jahre 1949 schlug sie den Test H. F. D. *(Human figure drawing)* vor, der die Darstellung des Männchens wegen seines projektiven Werts verwendet. Das Kind muß einen Menschen zeichnen und dann einen zweiten des anderen Geschlechts. Im allgemeinen beginnen die Kinder mit der Darstellung des Menschen ihres eigenen Geschlechts. Dieser erste Mensch hat einen großen projektiven Wert. Aber der des anderen Geschlechts ist gleichfalls sehr instruktiv für die Vorstellung, die sich das Kind von seiner Umgebung macht. So projizieren die Kinder das Bild ihres eigenen Körpers und die Vorstellung, die sie sich von sich selbst machen, ihre Haltung gegenüber ihrer Umgebung, gegenüber dem Erwachsenen, der sie prüft, und gegenüber dem

Leben im allgemeinen auf diese gezeichneten Menschen. In dem Bewertungsblatt von Karen Machover notiert man das Betragen des Kindes, die Beschreibung der Zeichnung, ihre Größe, ihre Anordnung auf dem Blatt, das allgemeine Aussehen, die Bewegung, die weggelassenen oder durchgestrichenen Teile, das Gesicht, die Kleidung, den Zeichenstil (Kraft, Kontinuität und Richtung des Strichs), die Anzahl der Details, die Ausgewogenheit und die Genauigkeit der Form, die Schraffierungen. In der Auswertung des Tests ist den Interpretationen des Psychologen eine ziemlich große Spanne gelassen.

Der Haustest von Françoise Minkowska beruht auf dem Reichtum an symbolischen Einfällen, die von der Vorstellung »Haus« hervorgerufen werden.[66]

Dieser Test gehört zu den einfachsten. Man fordert das Kind auf, ein Haus zu zeichnen, ohne genauere Angaben zu machen. Es hat Farbstifte und ein Blatt Papier zur Verfügung. Die Deutung beruht nicht auf irgendeinem Punktsystem, sondern auf der klinischen Bewertung. Die Auswertung des Tests wurde in der Weise durchgeführt, daß man die formalen Gegebenheiten der Zeichnung mit der konstitutionellen Typologie sensorisch-rational und mit einer Differentialpsychologie verschiedener ethnischer Gruppen verglich.

Bei dem Vergleich des Männchentests und des Haustests stellen die Verfasser fest, daß »auf der Ebene der konstitutionellen Typologie die beiden Tests völlig übereinstimmend die spezifischen Züge des rationalen, des affektiven und des sensorischen Typus sowie der kombinierten Typen sichtbar machen. Die Starrheit, die Unbeweglichkeit, die Genauigkeit der Form und das Fehlen einer Umgebung finden sich in der Haltung sowie in den Details der Kleidung des Männchens bei dem rationalen Typus wieder. Beim sensorischen Typus dagegen entspricht das Haus ohne genaue Form, eingetaucht in die Umgebung (Sonne, Himmel, Vogel, Bäume, Blumen), das einheitliche Ganze dem Männchen, das, anstatt isoliert dargestellt zu sein, unmittelbar mit dieser Welt verbunden ist.« So finden sich in der Darstellung des Männchens wie in der Darstellung des Hauses die charakteristischen Stile dieser beiden typologischen Kategorien wieder.

F. Minkowska hat ihren Test bei Gruppen von Kindern jeder Herkunft angewendet, die anläßlich des Krieges nach Frankreich geflohen waren. Sie stellt fest, daß die Zeichnung des Hauses in deutlichster Weise die soziokulturelle Zugehörigkeit des Kindes widerspiegelt: »Die polnischen Kinder haben vorzugsweise Rosa und Orange im Gegensatz zu Schwarz gewählt, wobei die Farben noch zu der Überfülle an Blumen hinzukommen, die manchmal sogar über das Haus gemalt sind, und die auf Kosten der Form und der Struktur des Hauses eine sentimentale Atmosphäre schaffen. Dieselben Farben, jedoch weniger lebhaft und gedämpfter, erscheinen bei den jüdisch-polnischen Kindern, die in Verbindung mit den anderen charakteristischen Zügen das Überwiegen des affektiven Faktors anzeigen. Bei den jüdisch-ungarischen und den spanischen Kindern dagegen bewahrt das Haus neben der Vorliebe für bestimmte Farben (Braun, Blau für die Ungarn, Ocker für die Spanier) die charakteristische Struktur ihres Landes.«

Es scheint, daß wir hier über ein signifikantes Element von gleichem Reichtum wie die menschliche Gestalt verfügen. Übrigens wird das Haus oft in einer deutlich anthropomorphen Weise dargestellt: die beiden Fenster stellen die Augen dar, die Tür den Mund. Hier liegt ein Symbolwert vor, der sich über alle Unterschiede hinaus in den verschiedensten sozialen Milieus und kulturellen Gruppen wiederfindet.

Der Baumtest

Man hat seit langem auf die Ausdrucksmöglichkeiten der Zeichnung des Baums hingewiesen. Die Einfachheit seiner Darstellung und die äußerste Freiheit, die das Thema stilistischen Varianten läßt, erlauben dem Kind, sich bei dieser Zeichnung Neuerungen in der Form und der Erfindung von Details hinzugeben, die es zu einem besonders anregenden graphischen Material machen.

Das Männchen und das Haus zwingen ein ziemlich stereotypes Schema auf, der Baum dagegen entgeht diesem Zwang.

Andererseits eignet sich der Baum wie das Haus für anthropomorphe Assimilationen. Er bringt übrigens mehr eine geistige als eine physische Vorstellung vom Menschen zur Darstellung. Sein Stamm symbolisiert die Autonomie, seine Wurzeln tauchen ein in die nährende Erde, seine Äste und seine Blätter breiten sich aus in die ihn umgebende Welt.

Karl Koch[67] verdanken wir die systematische, statistisch überprüfte Untersuchung der Baumzeichnung. In Frankreich hat sich Renée Stora[68] sehr früh für die noch unveröffentlichten Arbeiten Kochs interessiert. Sie verfolgte die Ausarbeitung des Tests und schlug kleinere Abänderungen für das Erteilen der Anweisungen und eine eigene Methode der Auswertung vor. 1963 hat sie eine Übersicht über die verschiedenen Interpretationsmethoden veröffentlicht.[69]

Wir wollen die Technik Kochs kurz zusammenfassen, bevor wir die von Renée Stora angebrachten Änderungen in Betracht ziehen. Koch fordert den Probanden auf, »einen Baum« zu zeichnen, »einen Baum aber keine Tanne«, oder auch »einen Obstbaum«. Seine Technik der Auswertung stützt sich auf die graphologischen Gegebenheiten. Er gebraucht zwei Reihen von Begriffen. Einerseits greift er zurück auf die formale Analyse des Strichs: Verbesserungen, Streichungen, Ungeschicklichkeiten, kräftige oder zögernde Linienführung, usw. In einem von Renée Stora zitierten Beispiel sehen wir, wie der Proband das obere Ende des Stammes mit unschlüssigen, dick gezogenen, ungeschickten Verbesserungen vollendet. In diesem Fall war es schwer, die Krone mit dem obersten Ende des Stammes zu verbinden, denn dieser war ursprünglich in einer sehr spitz zulaufenden konischen Form entworfen worden. Daher war es notwendig, diesen Teil der Zeichnung zu korrigieren, aber anstatt eine klare, konstruktive Lösung zu liefern, macht der Proband Flickwerk. Dieses Verhalten gehört nun genau zu seinem Charakter: auf diese Weise ist er bei seiner Arbeit fortgesetzt damit beschäftigt, in ungeschickter Weise eine Arbeit zu verbessern, die von ihrem Anfang her mit Leichtsinnsfehlern belastet ist. Der Zeichenstrich drückt also bei einer bestimmten Tätigkeit, etwa der, einen Baum zu zeichnen, einen Verhaltenstyp aus, der einen Charakterzug offenbart. Aber solche Gleichsetzungen sind uns erst aufgrund unserer Kenntnis des klinischen Falls möglich. Wenn wir diese nicht haben, was in einer Testsituation ja mehr oder weniger der Fall ist, wird die Deutung schwieriger. Die Untersuchungen richten sich auf einzelne Anomalien, die wir von jedem Zusammenhang zu sehen bekommen, und das Verhalten, das sie zum Ausdruck bringen, hat nur einige Minuten gedauert, nämlich die Zeit, die es dauert, einen Baum zu zeichnen. Deshalb muß der Psychologe genauestens über den abweichenden oder den »normalen« Charakter eines solchen Strichs und seine Häufigkeit unterrichtet sein. Das setzt eine große klinische Erfahrung voraus, und die statistischen Ergebnisse können sie nicht ganz und gar ersetzen. Wenn es nämlich leicht wäre, diese Anomalien statistisch zu bewerten, wären wir schon an dem Ziel angelangt, das wir uns gesteckt haben: die Zeichnung des Baums lesen zu können. Diese Lektüre wird uns erlauben, die bezeichnenden Verhaltensweisen des Probanden zu deuten und den Verhaltensstil wiederzuerkennen, der die Ausführung der Aufgabe ermöglicht hat. Kurz gesagt steht der Psychologe angesichts des Baumtests vor demselben Problem wie der Kliniker, der die pathologische Bedeutung eines Verhaltenszugs erkennen und zum Beispiel zwischen der normalen Einschüchterung eines Probanden bei einer realen Prüfung und der pathologischen Schüchternheit unterscheiden soll. Man muß wissen, wie sie zu erkennen sind, bevor man sich an irgendeine statistische Auswertung macht. Eine andere Überprüfung ist unerläßlich, wenn man Kochs Test beim Kind anwendet: man muß genau die graphischen Besonderheiten angeben, die seinem Reifegrad entsprechen. Man darf nämlich eine stilistische Ausdrucksform, die bei Kindern eines bestimmten Alters üblich ist, nicht als pathologisches Zeichen behandeln. Koch legt uns in seinem Buch die Ergebnisse der gründlichen Untersuchung vor, die er zu diesem Zweck unternommen hat: 2641 Zeichnungen, die von 255 Schülern von sechs bis sieben Jahren und von 592 Jungen und Mädchen von sechs bis sechzehn Jahren ausgeführt worden waren, denen er Beobachtungen an Zeichnungen anderer pathologischer, sozialer oder ethnischer Gruppen beifügte. Diese Dokumente haben ihm gestattet, seine Beobachtungen über die Entwicklung der Zeichnung des Baums in Zahlen zu übertragen. Prozentsätze und statistische Kontrollen ermöglichen also, die »ersten Formen« der Zeichnung zu beschreiben und die Bedeutung der Regression hervorzuheben, das heißt, das Vorhandensein archaischer Formen in der Realisierung und in der Durchführung des Tests beim älteren Kind oder beim Erwachsenen.

Die graphologischen Deutungen Kochs beschränken sich nicht auf diese Ergebnisse, die im großen und ganzen einer Verhaltensstudie sehr nahekommen. Koch spricht dem graphischen Raum eine symbolische Bedeutung zu, die auf dem Schema von Max Pulver beruht. Man findet hier die vier symbolischen Zonen wieder: die obere stellt die Zone des Geistes und der Entfaltung in der umgebenden Welt dar, die untere drückt den Bereich der erotischen Tendenzen, der biologischen Triebe und unserer Zugehörigkeit zur Kollektivität aus, die linke stellt die Vergangenheit, die Introversion und die kindlichen Fixierungen dar, die rechte symbolisiert die Zukunft, die Extraversion und die Autorität. Im Zentrum projiziert sich das Ich des Probanden, das versucht, die verschiedenen Tendenzen miteinander zu verbinden. Die Diagonalen stellen Kombinationen dar, die sich leicht von den Hauptquadraten ableiten lassen. Nach Koch projiziert sich der Baum wie die Schrift in bedeutungsvoller Weise in diesem symbolischen Raum. Man kann übrigens den Baum selbst symbolisch deuten und den Stamm als Repräsentanten des stabilen Ichs des Individuums, des Bereichs der Ideen ansehen, die Wurzeln als Zeichen der Zugehörigkeit zur Gemeinschaft, und die Krone als Ausdruck der Art und Weise, wie das Individuum seine Möglichkeiten ausnützt und in der es sich der umgebenden Welt anpaßt und dabei trotzdem seine Autonomie bewahrt. Koch hat sich interessanten Experimenten mit dem Zeichnen in

Hypnose gewidmet, um diese Deutung zu rechtfertigen: wenn bestimmte Gefühle, wie Zorn oder Angst suggeriert wurden, zeigte der Baum, der während der Phase der hypnotischen Suggestion gezeichnet wurde, ganz deutlich diese emotionale Tonalität.

Man muß äußerst vorsichtig sein, wenn man diesen symbolischen Schlüssel anwendet, der sich sicher für leichte und brillante Deutungen anbietet, die aber eher einer Methodologie nahestehen, die man in der Astrologie oder dem Kartenlegen findet, als einer objektiven Untersuchung des Verhaltens. Die Analyse der Details bleibt wohl der wertvollste Teil von Kochs Deutungsmethode. Sie erlaubt jedoch nicht, den Test mit Zahlen zu bestätigen und bildet eher eine Variante der klinischen Erforschung als einen psychometrischen Test.

Renée Stora hat sich bemüht, diese Unzulänglichkeiten zu überdecken. Sie hat eine Skala der affektiven Reife ausgearbeitet. Ausgehend von Zeichnungen von Jungen und Mädchen im Alter zwischen vier und fünfzehn Jahren hat sie charakteristische Züge herausgearbeitet und Prozentsätze ermittelt, die erlauben, ein für jedes Alter und jedes Geschlecht spezifisches Bild zu bestimmen. Sie hat ebenfalls »psychologische Bedeutungen« herausgearbeitet. 126 Grundbedeutungen, die sich auf psychologische Züge des Kindes beziehen, und 61 allgemeine Bedeutungen der Linienführung, die sich auf die allgemeinen Gegebenheiten des Tests für Kinder und Erwachsene stützen. Sie hat außerdem Linienkonstellationen aufgewiesen, indem sie zum Beispiel untersuchte, welcher Typus der Linienführung statistisch bezeichnend für die Angst ist, oder welche Zusammenhänge zwischen zwei verschiedenen graphischen Einzelheiten bestehen: zum Beispiel ist die Anordnung »oben auf der Seite« mit der Stellung »links mit Tendenz zur Mitte« verbunden.

Indem sie so über psychologische Kategorien und formale Kategorien verfügt, kann sie zum Beispiel statistisch demonstrieren, daß die Konstellationen »Krone 1 Viereck breit«, »nach unten gehende Krone«, »Stamm besonders hervorgehoben« bei einem siebenjährigen Mädchen für eine geringe Intelligenz bezeichnend ist. So kann der Praktiker, wenn er eine Konstellation in der untersuchten Zeichnung festgestellt hat, »im Kommentar nachschlagen, um die Rolle und die Bedeutung jeder Linie innerhalb dieser Konstellation, von der sie ein Teil ist, zu verstehen.«

Man sieht deutlich, was die symbolischen Deutungen und eine statistische Bestätigung unterscheidet. Das Entscheidende ist offenbar zu wissen, ob diese Konstellationen von Linien für die psychologischen Züge, die zu messen interessant wäre, statistisch von Bedeutung sind. Um diese Aussagekraft des Tests zu vergrößern, schlägt Renée Stora Änderungen in der Technik vor. Mit der Anweisung: »Zeichnen Sie einen Baum, egal was für einen, wie Sie wollen, aber keine Tanne!«, gibt man ein erstes Blatt aus. Wenn die erste Zeichnung fertig ist, gibt man ein zweites Blatt, das dem ersten gleicht, mit der Anweisung aus: »Zeichnen Sie einen anderen Baum, egal was für einen, wie Sie wollen, nur keine Tanne!« Nachdem man diese zweite Zeichnung eingesammelt hat, gibt man dem Probanden ein drittes Blatt im gleichen Format und fordert ihn auf: »Zeichnen Sie einen Traumbaum, einen Phantasiebaum, den es in der Realität nicht gibt, zeichnen Sie ihn, wie Sie wollen!« Indem man immer in der gleichen Weise vorgeht, verlangt man eine vierte Zeichnung mit der Anweisung: »Zeichnen Sie einen Baum, gleich welchen, wie Sie wollen, aber Sie müssen dabei die Augen schließen!«

Die Autorin hebt hervor: »Der ›Film‹ des Seelenlebens des Probanden spult sich sozusagen von Anweisung zu Anweisung ab, ohne daß eine äußere Einmischung den Ablauf beeinflußt, und die ›Aufzeichnung‹ bleibt erhalten. Das Thema wird auf seine Umgebung bezogen angegangen (fremd: der erste Baum, nahe: der zweite Baum). Das Gewicht bestimmter, nicht bewältigter Erfahrungen läßt sich mit Hilfe der Deutung des vierten Baums (Technik von Spielrien, die in die unsrige eingearbeitet wurde) beobachten, und die Art und Weise, wie diese zur Zeit erlebt werden durch die Konfrontation des vierten mit den beiden ersten. Der dritte Baum (Technik von Montessori, von ihr nicht veröffentlicht und in die unsrige übernommen) gibt eine Vorstellung von den unbefriedigten Neigungen und von dem, was das Subjekt anstrebt (Vergleich des dritten mit den beiden ersten).«

Eine solche Methode gibt den Arbeiten Kochs die objektive Grundlage, die ihnen fehlte. Aber für das Auffinden der unterscheidenden Züge bedarf es einer ausgedehnten Praxis. Die an der Interpretationstechnik angebrachten Verbesserungen setzen bei dem Psychologen eine gründliche Ausbildung voraus. Der Baumtest wird von einer Art Zusatzverfahren bei der klinischen Untersuchung des Kindes zu einem komplexen psychometrischen Test.

Die Zeichnung der Familie

Es ist schon viele Jahre her, daß Interesse an der Zeichnung der Familie laut geworden war. Im Jahre 1937 hatte Trude Traube als erste in ihrem Aufsatz über die Zeichnungen schwieriger Kinder das Interesse einer systematischen Untersuchung gezeigt. Dieser Gedanke wurde von Françoise Minkowska wiederaufgenommen, die die Zeichnung der Familie als eine besonders ergiebige Ausdrucksweise für familiäre Konflikte ansah. Aber es ist Professor Maurice Porots Verdienst, eine Kodifizierung dieser Untersuchungssituation versucht zu haben.

Ihre Technik ist einfach. Die Anweisung besteht darin, dem Kind zu sagen: »Zeichne deine Familie.«, während man ihm dazu ein Blatt Papier und einen Bleistift aushändigt. Man muß dann das Kind beobachten, während es zeichnet: Man muß die Reihenfolge notieren, in der die Personen erscheinen, eventuelles Zurückgehen, Streichungen, Unschlüssigkeiten.

Während und nach Ausführung der Zeichnung sammelt man sorgfältig die Kommentare und, was das Wichtigste ist, die Namen, die das Kind seinen Personen gibt. Es genügt, anschließend sorgfältig den Inhalt zu analysieren.

Man untersucht: die Zusammenstellung der Familie (eines oder mehrere Mitglieder können weggelassen sein). Man notiert auch den Platz, die Größe und die Gestalt von jeder dargestellten

Person. Gibt es privilegierte *Plätze*? Wenn die Personen in zwei Reihen angeordnet sind (es sind niemals mehr als zwei), scheint die obere die vornehmere zu sein. Die Reihenfolge des Erscheinens ist sehr bezeichnend, und die erste gezeichnete Person (oft in der oberen linken Ecke) ist häufig das Familienmitglied, das im Leben des Kindes die wichtigste Rolle spielt. Noch bezeichnender ist die Verteilung der Familie im Ganzen (alle Kinder auf der einen Seite, Vater und Mutter zusammen oder im Gegenteil getrennt, usw.)

Ebenso ist die *Größe* der Personen zu beachten, die Qualität der Darstellung, die Bedeutung der Attribute (Kleider, Kennzeichen). Es ist immer interessant, wenn man eine hingepfuschte oder unfertige Person (Fehlen des Armes oder der Hände) findet. Schließlich ist der Platz, den das Kind sich selbst gibt, aufschlußreich.

Aber wenn diese Angaben auch von Bedeutung zu sein scheinen, müssen wir uns noch darüber verständigen, was sie bedeuten. Ist es seine Familie, wie das Kind sie sieht, sie sich wünscht, oder sie fürchtet, die es zeichnet? Man begreift, daß jedes Detail, je nach dem Kontext, in völlig entgegengesetzter Weise interpretiert werden kann. Wenn die Zeichnung während einer Sitzung entsteht und als Einstieg für ein Gespräch mit dem Kind dient, ist ihre Deutung leichter. Die Auslassung einer Person, eines Bruders oder einer Schwester zum Beispiel, kann bedeuten, daß das Kind diesen Bruder oder diese Schwester wie aus der Familie ausgeschlossen sieht, oder daß es im Gegenteil seinen Wunsch ausdrücken will, sie ausgeschlossen zu sehen. Wenn es sich um ein Problem handelt, das wir im Laufe der Sitzung noch nicht berührt haben, wird es im Gespräch leicht sein, uns über die Gefühle des Kindes gegenüber der ausgeschlossenen Person klar zu werden, und wir haben es der Zeichnung zu verdanken, daß sie unsere Aufmerksamkeit auf einen besonderen Punkt der Familienkonstellation gelenkt hat, den wir ohne sie vielleicht nicht untersucht hätten. Auf diese Weise ist es einfach, die ausgewogenen Zeichnungen ohne Bizarrerie, die uns die Annahme erlauben, daß die Familienverhältnisse dieser Kinder im Grunde von befriedigender Ausgeglichenheit sind, denjenigen gegenüberzustellen, bei denen wir bedeutende Anomalien feststellen: sie lassen uns vermuten, daß wichtige Affektprobleme vorhanden sind, aber wir sollten uns hüten, in der Deutung dieser Anomalien zu weit zu gehen, und die Zeichnung soll uns als Ausgangspunkt für ein eingehenderes Gespräch mit dem Kind dienen, das uns weiter über die Natur seiner Affektprobleme unterrichten wird.

Kann man die Familienzeichnung ebenfalls wie einen Test verwenden und ihn außerhalb der klinischen Untersuchung deuten?

Cain und Gomila haben sich bemüht, die Interpretation mit größerer Gründlichkeit zu kodifizieren.[70] Ihre Untersuchung bestimmt jedoch mehr die Kriterien der Normalität als die pathologischen Indizien und ihre Bedeutung. Sie bestätigt die Tatsache, daß die Familienzeichnung uns mehr über das Vorhandensein von Affektkonflikten als über deren Natur unterrichtet.

1964 hat Louis Corman[71] diesem Thema eine sehr wichtige Arbeit gewidmet. Er hat an der Technik einige Veränderungen angebracht. Die Anweisung ist nicht mehr: »Zeichne deine Familie!«, sondern: »Zeichne mir eine Familie!«, oder: »Denke dir eine erfundene Familie aus und zeichne sie!« Die Unterhaltung nach Fertigstellung der Zeichnung ist stärker standardisiert. Nachdem man das Kind behutsam gelobt hat, stellt man ihm eine Reihe von Fragen. »Erzähle mir jetzt von der Familie, die du dir ausgedacht hast!«, dann: »Wo sind sie?«, und: »Was machen sie da?« Man fordert es auf, alle gezeichneten Personen zu benennen, und läßt sich die Rolle, das Geschlecht und das Alter einer jeden angeben. Es geht dann darum, herauszubekommen, wie die einzelnen zueinander stehen. Vier Fragen zeigen, wie dieser Teil des Gesprächs ungefähr ablaufen soll: »Wer ist der netteste von allen in dieser Familie? Wer ist der am wenigsten nette? Wer ist der glücklichste? Wer ist der am wenigsten glückliche?« Nach jeder Antwort fordert man das Kind auf, seine Gründe anzugeben. Das Gespräch wird fortgesetzt, indem man das Kind nach der Person befragt, die es am liebsten hat. Unter Umständen schlägt man ihm vor, es solle sich eine Geschichte über diese Familie ausdenken. Schließlich fordert man es auf, die Person zu nennen, die es selbst wäre, wenn es darin vorkäme.

Diese Detailangaben zur Technik des Tests fordern zu zwei Bemerkungen heraus. Wenn man das Kind auffordert, eine imaginäre Familie zu zeichnen, kann man mit größerer Genauigkeit die Gefühle erforschen, die es auf sie projiziert; die Aufgabe ist viel schwieriger, wenn man es auffordert, seine eigene Familie zu zeichnen. Die zweite Bemerkung betrifft die Tragweite der gestellten Fragen. Wie Corman betont, »handelt es sich hier nicht darum, einen starren Fragebogen aufzuzwingen, sondern sich von den Umständen anregen zu lassen und das Kind möglichst dahin zu bringen, daß es sich von selbst ohne jeden Zwang ausdrückt«. Der Zeichentest wird so zum Anlaß eines halb geleiteten Gesprächs über die Familienbeziehungen. Aber es ist wichtig zu betonen, daß sich das Gespräch hier auf eine vorgestellte Familie bezieht und daß es sich also um einen projektiven Test handelt.

Die Auswertung wird auf drei Ebenen durchgeführt: der graphischen Ebene, der Ebene der formalen Strukturen, und zuguterletzt der Ebene des Inhalts.

Die graphische Ebene berücksichtigt den Strich, seine Amplitude und seine Stärke, die Verteilung der Zeichnung über das Blatt. Corman ist hier von den Erkenntnissen der Graphologie und besonders von der Theorie Pulvers beeinflußt. Auf der Ebene der formalen Strukturen berücksichtigt der Autor den Reifegrad der Zeichnung, den Darstellungsstil der menschlichen Person und die Beobachtungen von Françoise Minkowska zu dem typologischen Paar rational-sensorisch.

Auf der Ebene des Inhalts bekommt jedoch der Test der Familienzeichnung offensichtlich erst seine volle Bedeutung. Corman betont einige Aspekte der psychoanalytischen Theorie, deren Anwendung ihm fruchtbar erscheint. So empfehle es sich, die Kinder, die sich auf eine idealisierte Person projizieren, denjenigen gegenüberzustellen, die sich mit den Zügen einer abgewerteten Person darstellen. Letztere würden damit eine Angst vor Elternbildern ausdrücken, die sie in der psychischen Instanz des Über-Ichs verinnerlicht haben.

Diese Deutungen streben nicht, wie man sieht, nach einer quantitativen Formulierung der Ergebnisse. Sie ergänzen die Ergebnisse von Porot und bestätigen, daß der Test der Familienzeichnung vor allem ein Teil der klinischen Untersuchung ist.

Für Corman haben die statistischen Angaben nur den Wert, die Brauchbarkeit des Tests zu bestätigen und für den Praktiker, der den Test anwendet, eine »sehr nützliche Ausgangsbasis« darzustellen. Seine Untersuchungen der geschwisterlichen Rivalität und der »ödipalen« Gefühle, die sich in der Zeichnung ausdrükken, stützen sich auf ein breites klinisches Material. Was übrigens die »ödipalen« Gefühle betrifft, so stellt man fest, daß oft gerade der systematische Ausschluß jedes Elementes, das mit diesen Gefühlen in Beziehung steht, das Indiz für einen Konflikt auf diesem Gebiet ist. Kurz gesagt, der Test der Familienzeichnung erleichtert die klinische Untersuchung, aber er ersetzt sie nicht. »Da uns die Zeichnung der Familie, um das noch einmal zu sagen, nur Wahrscheinlichkeiten liefert, muß man jedesmal, wenn es möglich ist, andere Untersuchungsmethoden anwenden, um die Wahrscheinlichkeit durch die Übereinstimmung der Indizien zu verstärken. Wir haben diese Methode in den Fällen dieses Buchs stets angewendet, und man hat erkennen können, welche Beweiskraft das unseren Schlußfolgerungen verleiht«, sagt Corman.

Kann man die Zeichnung der Familie oder einer Familie als einen Test ansehen? Es handelt sich eher um eine besonders geeignete Situation, die den Ausdruck der Gefühle beim Kind begünstigt und die Daten der Untersuchung bereichert.

Der Test H. T. P. (House, Tree, Personnage) will das projektive Feld erweitern, indem er die jeweiligen Vorteile der drei Themen ausnützt, deren Anwendung wir untersucht haben. Buck, der diesen Test ausgearbeitet hat, ist ein Schüler von Florence Goodenough. Ursprünglich war der Test H.T.P. dazu bestimmt, die Intelligenz in genauerer Weise als beim Männchentest zu messen, aber Buck bemerkt, daß jede der drei geforderten Zeichnungen als Persönlichkeitstest dienen könnte. Deshalb berücksichtigt der Autor die Kommentare des Probanden während oder nach der Anfertigung der Zeichnung. Die Zeichnungen werden mit denen verglichen, die von dem Durchschnitt der Gruppe, der der Proband angehört, geliefert wurde. Die Zeichnungen, die von diesem Durchschnitt abweichen, werden als pathologisch angesehen.

Die Anwendung des Tests H.T.P. ist ziemlich kompliziert, und die Auswertungstechnik ist mit derjenigen der am weitesten entwickelten projektiven Tests vergleichbar. Ohne Bucks Methode strikt anzuwenden, hat doch eine große Anzahl von Psychologen und Psychiatern die Bedeutung einer Verbindung von Männchentests, Baum- und Haustests vermerkt.

Die freie Zeichnung ist seit langem als Methode vorgeschlagen worden und wird in der normalen Praxis verwendet. Da bei ihr überhaupt keine Standardisierung möglich ist, ist sie mehr eine Grundlage der klinischen Untersuchung als ein echter Test. Raven in England hat versucht, eine gewisse Standardisierung für ihn zu liefern (Test der kontrollierten Projektion). Einem erfahrenen Kliniker gibt die freie Zeichnung tatsächlich interessante Elemente in die Hand: die formale Analyse der Linien, der Farben, des allgemeinen Stils, die Wahl des Themas und seiner eigentümlichen Ausdruckscharaktere, ein vorsichtiger Rückgriff auf symbolische Interpretationen erbringen nützliche Informationselemente. Vor allem wird man beobachten, wie sich diese Zeichnung in die klinische Untersuchung einfügt, und in welcher Weise das Kind auf die Aufforderung zum Zeichnen reagiert; man wird auf sein Verhalten während der Zeichnung, auf seine Kommentare und seine Erklärungen achten. Die freie Zeichnung erscheint oft in der Untersuchung des Kindes, sie bereichert unsere Semiologie.

Der *Kritzeltest* des Franzosen Robert Meurisse[72] beruht hauptsächlich auf graphologischen Untersuchungen. Man gibt dem Probanden ein Blatt Papier gewöhnlicher Größe, das man an einem Zeichenbrett befestigt. In die Mitte des Blattes läßt man ihn den Namen und den Vornamen in gewöhnlicher Schrift schreiben, und man fordert ihn auf, eine ganz einfache Übung zu machen, die darin besteht, von einem Punkt, der direkt über dem gerade Geschriebenen liegt, ausgehend, ohne abzusetzen, ohne den Stift vom Papier zu nehmen, eine Kritzelei in der Art eines Kindes zu zeichnen. Der Test ist nach einer Minute beendet.

Die Auswertung des Ergebnisses sützt sich auf die Untersuchung des Verhaltens während des Tests und auf die graphologische Untersuchung. Man wird »leichte, freie, nicht unterbrochene, ungehemmte, sehr natürliche Linienführungen« und schwerfällige, undeutliche, zögernde unterscheiden; ferner Linienführungen von gewisser Spannweite, schlecht gezeichnet, mit primitiven Themen, und solche, die reichhaltig und aus komplexeren Themen aufgebaut sind. Man kann auch auf Linienführungen achten, die für Aggressivität, Passivität, Introversion sprechen usw.

Die Tests mit *Zeichnungen über Themen* gibt es massenhaft (Tier, Landschaft, Auto). Man kann auch die Darstellung einer wirklichen Szene vorschlagen: ein Mann mit irgendetwas (Motte), ein Mann in einem Schiff und ein Mann auf dem Pferd (Ricci), eine auf dem Stuhl sitzende Frau, im Profil gesehen (Patridge). Ponzo schlägt für den Test von Karen Machover vor, man solle Gestalten zeichnen lassen, als ob sie Verrückte wären, und erhält so eine karikierte Zeichnung, frei von jeder Hemmung. Man kann das Kind auch auffordern, komplexe Landschaften zu zeichnen: das Schlaraffenland, den Meeresgrund, usw.

Alle diese Arten geben einem erfahrenen Praktiker nützliche Hinweise. Sie unterliegen natürlich auch den Grenzen jedes mit Zeichnungen arbeitenden Tests, nämlich der Schwierigkeit einer objektiven Bewertung und eines Meßsystems, die eine wirkliche psychometrische Ausnutzung des Tests gestatten würden.

Die Vertiefung dieser Methoden hängt von verwandten Techniken ab, die die Zeichnung nicht unmittelbar verwenden, wie etwa der Untersuchung des Ausdrucks- und Symbolwerts der Farben und der der Motorik der graphischen Gebärde.

Der *Symbolismus der Farben* wurde von Shaw in Zusammenhang mit der Anwendung einer Technik der Fingermalerei untersucht. Die Japaner Obonai und Matsucka haben versucht, durch objektive Daten die Ideen Shaws und seiner Schüler zu bestätigen. Zu diesem Zweck breiten sie vor dem Probanden eine Karte aus, die aus 16 verschieden farbigen Rechtecken zusammengesetzt ist. Der Prüfer liest dann eine Liste von 41 Wörtern vor, die in eindeutiger Weise einen affektiven Eindruck hervorrufen (Selbstvertrauen, Scham, Müdigkeit, usw.). Zu jedem Wort muß der Proband eine Farbe auswählen. Eine Stufenskala ermöglicht festzustellen, inwieweit die Antworten anormal sind, bezogen auf statistisch ermittelte Normen. Bestimmte Abweichungen sind typisch für bestimmte Persönlichkeitstypen.

Der *Farbwahltest* von Lüscher bewertet die Vorlieben des Probanden und scheint bestimmte typologische Varianten aufzuzeigen.

Ebenso kann die graphische Gebärde für sich allein untersucht werden. In der *Psychodiagnostik* von Mira y Lopez[73] fordert man den Probanden auf, vorgeschriebene Linien (gerade Linien, Kreise, Parallelen usw.) auf ein Blatt zu ziehen, das auf einem Tisch ausgebreitet ist, dessen Orientierung (horizontal, vertikal und in der Sagittalebene) für das Auge merklich oder unmerklich wechselt. Dieser Test würde nicht nur die motorischen Fähigkeiten sondern auch bestimmte Züge der Persönlichkeit erforschen helfen.

In der Tat verlangt die graphische Tätigkeit, die in ihren Gesetzmäßigkeiten erst sehr wenig bekannt ist, noch zahlreiche Untersuchungen auf dem Gebiet der Motorik, der Persönlichkeit, der Fähigkeit zur Gestaltung des Raums und der Wahl der Formen und Farben. Wenn man zu schnell versucht, einen projektiven Test, der auf der Zeichnung basiert, einzustufen, läuft man Gefahr aufgrund von Vorurteilen oder Illusionen über den Ursprung und die Natur der graphischen Gebärde wenig aussagekräftige Kriterien zu verwenden.

C) Zeichnung und Psychopathologie

Man weiß wenig über die Beziehungen zwischen Zeichnung und Geisteskrankheiten. Wenige Autoren haben festzustellen versucht, ob es Besonderheiten im Stil gibt, die für bestimmte psychische Anomalien charakteristisch sind.

Die geistige Zurückgebliebenheit ist bisher das am besten erforschte Gebiet gewesen. Das läßt sich mit zwei Gründen erklären: einerseits mit dem Interesse der Pädagogen, so leicht und so schnell wie möglich die intellektuell Zurückgebliebenen unter den Schulkindern herauszufinden; zum anderen ist es leicht, auf der Grundlage von Zeichnungen den intellektuellen Rückstand zu diagnostizieren, da sich die Zeichnung mit dem Alter und der Intelligenzreifung entwickelt. Aber die Zeichnungen zurückgebliebener Kinder sind mit denen intellektuell normal entwickelter kleinerer Kinder nicht völlig vergleichbar. Zahlreiche Autoren haben auf die zählebigen Automatismen und auf die Fülle der Stereotypen hingewiesen: »Mund, Arme, Beine und Finger werden unendlich oft beim Männchen gleich dargestellt ebenso wie die Schornsteine, die Türen und die Fenster, wenn es sich um ein Haus handelt«.[74] Bei den schwer Gehirngeschädigten wie bei den Mongoloiden (die von M. Schachter und S. Cotte untersucht worden sind) bestünde ebenfalls eine ziemlich große Heterogeneität in den graphischen Leistungen, die die Einschätzung des geistigen Niveaus auf der Grundlage dieser Dokumente schwierig macht.

Die Zeichnungen anderer, zum Beispiel sprachgestörter Kinder haben ebenfalls Interesse gefunden. Die Zeichnungen der Taubstummen sind von Thiel (zitiert bei Stora) untersucht worden. Dieser Autor hatte im Jahre 1927 festgestellt, daß man die Entwicklung der Zeichnung bei den Taubstummen recht gut mit derjenigen normaler Kinder vergleichen kann, wenn auch die Taubstummen etwas langsamere Fortschritte machen. »Die Taubstummen erweisen sich in der Wahrnehmung der Details und in ihrer Darstellung als überlegen: sie beobachten viel genauer, und sie zeichnen gut aus dem Gedächtnis.« Renée Stora selbst hat mit Hilfe des Baumtests eine gewisse Unfähigkeit der Taubstummen sichtbar gemacht, vom Detail zur Verallgemeinerung überzugehen.

Andere Untersuchungen haben ebenfalls nach Beziehungen zwischen Sprachstörungen und der Zeichnung gesucht. Schon Rouma hatte gewisse Beziehungen zwischen Sprachstörungen und Störungen spontanen Zeichnens beobachtet. Head seinerseits verwies im Jahre 1926 auf die sehr deutlichen Zusammenhänge zwischen Sprachstörung und Anomalie der Zeichnung bei apathischen Kindern. Auf einem Nachbargebiet hat man sich für bestimmte Besonderheiten interessiert, die mit der einseitigen Seitenorientierung in Zusammenhang stehen. Schachter hat diesem Thema kürzlich eine Veröffentlichung gewidmet, die sich übrigens auf seine Arbeiten von 1942 bezieht, in der er gezeigt hat, daß die bei dem Kind im Vorschulalter so gewöhnliche Spiegelschrift, die es bei seinen ersten Versuchen, Buchstaben und Zahlen abzuschreiben, verwendet, manchmal von der Fähigkeit begleitet ist, spiegelbildlich zu zeichnen. Identische Beobachtungen wurden von anderen Autoren gemacht. Es scheint, daß diese graphischen Besonderheiten von Störungen der räumlichen Orientierung abhängig sind.

Auf dem viel allgemeineren Gebiet der Anomalien der Affektivität und des Charakters hat man versucht, die Kennzeichen der Anormalität im graphischen Ausdruck herauszuarbeiten. Wenige systematische Untersuchungen liefern uns genaue Angaben. Die Labilen sind vielleicht am besten untersucht worden. Die psychomotorische Labilität kommt nämlich in der Zeichnung sehr deutlich zum Ausdruck (S. Cotte und Mitarb.).

Unser Lehrer, Professor Léon Michaux, hat in Zusammenarbeit mit Frau Gallo-Saulnier und Frau Horinson[76] gezeigt, daß man, wenn man von labilen Kindern ein Dorf zeichnen läßt, eine übermäßige Anzahl von Straßen feststellt. Außerdem sind sie lang und kurvenreich. Die Autoren schlagen eine symbolische Deutung der Häufigkeit und der Bedeutung dieser Straßen vor. »Es schien uns möglich, den Symbolismus der Straße für die Labilen als einen Fluchtwunsch zu deuten ... Sie scheinen uns auch die Sehnsucht des Labilen nach Umherwandern, seinen Durst nach neuen Horizonten, das Lied der Sirenen auszudrücken, das der Ruf der Landstraße für ihn ist. Aber diese Anomalien sind nicht vollkommen statisch. Ihr Verschwinden, wenn die Labilität abnimmt, macht sie zum Zeugen einer regressiven Entwicklung und vielleicht zu einem Test für die therapeutische Wirksamkeit.« Die Zeichnung E (siehe Anhang), die im Laufe der Psychotherapie eines elfjährigen Jungen entstanden ist, der Verhaltensstörungen zeigt (Tendenz zum Wandertrieb auf der Basis einer starken Labilität), ist ein Beispiel dafür.

Versuchen wir, anhand einiger Zeichnungen die möglichen Zusammenhänge zwischen Psychopathologie und zeichnerischem Stil zu erkennen. Im Gegensatz zur Zeichnung E scheint die Zeichnung F ziemlich typisch für ein Kind zu sein, das unter Zwangsvorstellungen leidet (Stereotypie, Symmetrie, Kälte). Eine andere Kategorie von Kindern, deren Zeichnungen ebenfalls ziemlich sprechend zu sein scheinen, sind die Zeichnungen psychotischer Kinder. Die Zeichnung G ist das Werk eines neunjährigen schizophrenen Kindes. Man beachte den unharmonischen, stereotypen, bizarren Charakter des Ausdrucks. Die Zeichnung H ist ebenfalls die Zeichnung eines neunjährigen schizophrenen Kindes; man erkennt hier vielleicht besser als in der vorhergehenden die mangelnde Übereinstimmung zwischen bestimmten abstrakten, rätselhaften Ausdrucksweisen und bestimmten gezeichneten Gesichtszügen, die eine größere Reife zeigen.

Eine andere Kategorie zeigt andere interessante Zeichnungen und zwar die Kategorie der Kinder, die einen Sprachrückstand aufweisen. Man weiß natürlich, daß viele einfache Sprachrückstände eine durchaus günstige Entwicklung zu nehmen pflegen und für eine normale Persönlichkeit sprechen. Aber bei anderen Kindern, die im Alter von fünf oder sechs Jahren praktisch nicht sprechen und deren Intelligenz dagegen so gut wie normal erscheint, stellt man Anomalien in der Zeichnung fest, die denen von schizophrenen Kindern nah verwandt sind. Die Zeichnung I eines fünfjährigen Mädchens, das aber ein Intelligenzalter von erst vier Jahren hat, ist in dieser Hinsicht sehr verdächtig. Muß man hier die Kennzeichen einer kindlichen Psychose sehen, oder aber in Betracht ziehen, daß solche Kinder eine Beeinträchtigung ganz bestimmter semantischer Funktionen aufweisen? Es ist das ein Feld der kindlichen Psychopathologie, das zu erforschen bleibt, und für das die Untersuchung der Zeichnung sehr bedeutend sein dürfte.

Aber es scheint wohl so zu sein, daß nur bestimmte Kategorien psychischer Anomalien einen bezeichnenden Ausdruck auf dem Gebiet der Zeichnung finden. Nach alledem ist es nicht überraschend, daß bei einer ganzen Reihe geistiger Störungen die Zeichnung nicht mehr beeinträchtigt ist als die Sprechweise oder das gestische Verhalten.

II. Zeichnung und Psychotherapie

Die Stellung, die die Zeichnung in der Praxis der Psychotherapie hat, ist Ursache für große Mißverständnisse. Die Zeichnung wird nämlich oft als therapeutisches Mittel betrachtet, und zwar wegen ihres Charakters als Ausdrucksmittel selbst, oder wegen der Deutungen, die eine lösende Wirkung auf die Störungen des Kindes haben sollen. Sicher, wir werden sehen, daß schon das Sich-Ausdrücken durch die Zeichnung an sich günstige Wirkungen haben kann, aber im einen wie im anderen Fall verkennt man das ausschlaggebende Moment des psychotherapeutischen Vorgangs: die Beziehung zwischen dem Psychotherapeuten und dem Kind. Diese Beziehung schafft ja eine neue Erfahrung, in der bei dem Kind Gefühle frei werden, die bestimmte Wirkungen auf sein psychologisches Gleichgewicht haben. Jede Psychotherapie definiert sich von ihr her, und man könnte die verschiedenen Methoden der Psychotherapie geradezu danach einteilen, wie die entstehende Beziehung aussieht, und in welcher Weise sie verwendet wird. Die Zeichnung spielt insoweit eine Rolle, als sie in dem Aufbau dieser Beziehung ihre Stelle hat, und wir sehen, daß dies auf drei Weisen geschieht: 1. Sie kann die wichtigste Tätigkeit in den Sitzungen sein, das heißt in der Zeit, in der diese Beziehung hergestellt wird. 2. Sie ist die Kommunikationsweise, durch die sich die Gefühle und alle psychischen Vorstellungen des Kindes gegenüber dem Psychotherapeuten ausdrücken. 3. Sie liefert ein formales Material bestimmten Typs, und seine Entzifferung und Betrachtung, ja sogar der Genuß, den der Betrachter darin findet, bilden notwendige Verhaltensweisen im Rahmen dieser Erziehung.

Es ist also erlaubt zu sagen, daß es keine Psychotherapie durch die Zeichnung gibt, wenn man darunter versteht, daß es eine Art zwischenmenschlicher Beziehung gibt, in der die Wirkungen eben dieser Beziehung keine therapeutische Rolle spielen. Eine solche Beziehung gibt es unserer Meinung nach nicht. Es gibt keine therapeutische Situation, in der die Beziehung Psychotherapeut-Patient gleichgültig sein kann. Sie gerade ist notwendig für die therapeutische Wirkung. Man kann sich vorstellen, daß für ein Kind, das für sich selbst zeichnet, diese einsame Ausdruckstätigkeit die treibende Kraft für eine psychologische Wandlung bedeutet, die man als heilend bezeichnen kann, aber anzunehmen, daß sie sich vor einem Dritten abspielen kann, ohne daß dieser einfach durch seine Gegenwart Einfluß darauf nähme, hieße der klinischen Forschung widersprechen. Umgekehrt spielt der zeichnerische Ausdruck in der Psychotherapie eine Rolle, und das ignorieren zu wollen, käme einem Verkennen der Entstehungsgesetze von Träumen oder Fehlleistungen gleich. Wir sollten nicht vergessen, daß die ersten psychoanalytischen Werke dem Traum, der Psychopathologie des Alltagslebens und dem Witz gewidmet waren, das heißt Produktionen des Geistes, die in der psychoanalytischen Behandlung ihren Platz haben, ohne daß sie therapeutische Funktion besäßen.

Die Kunst, die Psychotherapie eines Kindes durchzuführen, besteht also nicht darin, seine Zeichnungen interpretieren zu können, sondern in dem Verhalten des Kindes und zum Teil (manchmal zum großen Teil) in seinen Zeichnungen die Spuren der in der therapeutischen Beziehung erlebten Erfahrung zu erkennen und sie so zu verwenden, wie man es wünscht. Die Zeichnung hat hier die Rolle einer Fremdsprache: Wir müssen sie beherrschen, um die Psychotherapie durchzuführen, aber das ist nicht ausreichend. Nur mit dem Unterschied, daß die gewählte Ausdrucksform weit mehr als eine Fremdsprache gerade den Ausdruck des unbewußten Materials selbst beeinflußt.

Wenn also die verschiedenen Arten der therapeutischen Beziehung betrachtet werden müssen, wollen wir uns vor allem darum bemühen, den genauen Platz anzugeben, den die Zeichnung in ihnen einnimmt.

Sehr schematisch kann man hier vier Typen der therapeutischen Beziehung unterscheiden: die stützende oder Suggestions-Psychotherapie, die Ausdrucks- oder kathartische Psychotherapie, die rationale Psychotherapie, die psychoanalytische Psychotherapie. Wir werden zunächst ihre Grundlagen betrachten, um danach ihre Indikationen zu diskutieren.

1. Die Methoden

a) Die *stützende oder Suggestions-Psychotherapie* beruht auf der Autoritätsbeziehung zwischen dem Psychotherapeuten und seinem Patienten. Es ist selbstverständlich, daß diese Autorität hier freiwillig zugestanden wird und sich auf ein Gefühl der Zuneigung stützt; das Kind sieht in dem Therapeuten einen Ersatz für ein freundliches Elternbild.

Diese Art der Psychotherapie findet beim Kind wenig Anwendung. Es kommt nämlich einer guten erzieherischen Beziehung sehr nahe, und im allgemeinen findet das Kind sie anderswo als in einer Behandlung. Wenn die erzieherischen Beziehungen gescheitert sind, ist schwer einzusehen, warum die Beziehung zu einem Arzt oder einem Psychologen, die auf derselben Grundlage entsteht, größere Erfolgschancen haben sollte. Sie findet nur dann Anwendung, wenn keine Erziehung stattgefunden hat. In solchen Fällen ist die Verwendung von Zeichnungen von sehr eingeschränkter Bedeutung, und der Arzt zieht es oft vor, sich mit dem Kind über seine konkreten Probleme zu unterhalten.

b) Die *Ausdruckspsychotherapie* oder kathartische Psychotherapie besteht darin, daß das Kind seine Ängste, seine Sorgen und seine Wünsche vor einem Erwachsenen äußert, der vor allem darauf bedacht ist, es zu verstehen. Gerade bei dieser Art der Psychotherapie ist die Rolle des Psychotherapeuten oft bagatellisiert worden. Man hat behauptet, daß allein die Ausdrucksarbeit des Kindes zähle, während der Erwachsene hier nur eine Rolle des Zulassens *(permissiveness)* zu spielen habe. Aber auch diese Rolle begründet eine ganze Beziehung. Denn die stimulierende Rolle der *permissiveness* zu spielen, heißt im Grunde, Interesse an der Produktion des Kindes zu zeigen. Es heißt, sich zum interessierten Empfänger der Botschaft zu machen, die das Kind mit seiner Zeichnung sendet. Die Zeichnung ist immer Zeichnung für einen Anderen, selbst wenn dieser Dritte virtuell ist. Der Witz wendet sich ebenfalls immer an einen Dritten, und wenn wir ihn vor uns selbst machen, stellen wir uns sofort die Gegenwart eines Dritten vor, der an ihm sein Vergnügen finden und unser Vergnügen damit garantieren würde. Für das Kind ist es ein ausschlaggebendes Moment dieser Ausdruckspsychotherapie, sich frei, das heißt, als Kind mit den Mitteln des Kindes, mit den seinem Alter entsprechenden Ausdrucksmitteln auszudrücken.

c) Die *rationale Psychotherapie* stützt sich auf denselben Typus der Beziehung wie die vorhergehende: auf den Dialog, den das Kind in kindlicher Weise mit dem Erwachsenen führt, der ihm aus seiner Position des Erwachsenen zuzuhören versteht. Eine zutiefst un-»pädagogische«, un-erzieherische Beziehung also, die aber ebensowenig Gefälligkeit oder Unterwerfung gegenüber dem Kind bedeutet. Der Erwachsene soll sich hier wie ein echter Erwachsener ausdrücken, ohne jedoch zu übersehen, daß er sich an ein Kind und nicht an den Embryo eines Erwachsenen wendet, der gefördert werden muß. Im Unterschied zur vorhergehenden Methode richtet sich die therapeutische Arbeit nicht auf die imaginäre Tätigkeit des Kindes, sondern auf seine aktuellen Beziehungen zur Umgebung. In der psychischen Realität selbst ist es nicht möglich, so leicht zwischen dem Leben der Phantasie und der Anpassung an die konkreten Realitäten zu trennen. Aber hier muß man vor allem auf die Anpassung des Kindes an seine aktuelle Welt achten. Eine solche Arbeit stützt sich mehr auf die verbale Kommunikation als auf die Zeichnung. Sie hat bei dem kleinen Kind nur die Bedeutung, daß sie ihm dazu verhilft, seine Probleme zu formulieren. Da sich die Zeichnung besonders zum Ausdruck des Lebens der Phantasie eignet, sollten wir immer sehr vorsichtig damit sein, eine Formulierung durch das Bild für ein Zeugnis seiner aktuellen, realen Erfahrung zu nehmen.

d) Im Gegensatz zu den vorhergehenden Methoden, die mit einem bestimmten Typus der Beziehung arbeiten, die zwischen dem Therapeuten und dem Kind entsteht, zielt die *Psychoanalyse* beim Kind wie beim Erwachsenen gerade auf die Analyse dieser Beziehung ab, die als eine reine Produktion des Kindes verstanden wird, das heißt, als eine Übertragung vergangener Erfahrungen auf die aktuelle therapeutische Situation.

Diese Übertragungsdimension war bei den vorhergehenden Situationen ebenfalls vorhanden. In der Autoritätsbeziehung wird sie systematisch ausgenutzt; in den beiden anderen versucht man, sie aufzuheben, indem man dem Kind das Bild eines liberalen Erwachsenen präsentiert, der nicht bestimmend auftritt, aber in Wirklichkeit drängt uns auch das Interesse, das wir dem Kind und dem, was es zum Ausdruck bringt, entgegenbringen, in eine bestimmte Rolle, die des »idealen Vaters (Mutter)«, was zu leugnen vergeblich wäre.

Dagegen ist es die Aufgabe des Psychoanalytikers, keinerlei Konkretisierung seiner Rolle in einer erstarrten Position zu unterstützen. Der frustrierende Charakter einer solchen Haltung resultiert aus dem grundsätzlichen Nicht-Eingehen auf die Forderungen des Kindes, das versucht, ihm einen Platz in einem Netz von Beziehungen zu geben, die seinen gewöhnlichen Schemata von Affektbesetzungen entsprechen.

Unter diesen Beziehungen ist es nicht verwunderlich, daß das

Kind durch eine so ganz aus dem gewohnten Rahmen fallende Erfahrung seine tiefsten Phantasieerfahrungen erlebt. Hier spezifische Probleme der Kinderpsychoanalyse zu diskutieren, ginge über unsere Absicht hinaus. Versuchen wir wenigstens, der Zeichnung ihren Platz in ihr zuzuweisen.

Indem man dem Kind anbietet, sich durch die Zeichnung ebenso wie durch das Wort auszudrücken, setzt man es einer regressiven Tätigkeit aus, die das Auftreten von Übertragungsphänomenen erleichtert. Das freie Reden des Erwachsenen löst sich in der Psychoanalyse sehr schnell aus dem Rahmen der Wunschvorstellungen und der Rationalisierungen, in dem es ursprünglich befangen war. Es wird Ausdruck des Lebens der Phantasie und damit Quelle eines unmittelbaren psychischen Vergnügens, und in zweiter Linie direkter Ausdruck psychischer Konflikte, die das Hereinbrechen der Wünsche innerhalb der Übertragungssituation selbst unfehlbar reaktivieren wird. Beim Kind eignet sich das Wort schlecht für eine solche formale Regression. Es ist zu neu erworben und von zu großem Nutzen für die Schaffung des Dialogs mit dem Erwachsenen, als daß das Kind bereit wäre, ihm diese Spielfunktion in Gegenwart eines Erwachsenen wiederzugeben, wogegen es nicht auf sie verzichtet, wenn es allein ist. Diese Verteidigungsrolle der Sprache, die das Hauptwerkzeug seiner Reifung und seiner Identifikation mit dem Erwachsenen ist, muß unserer Meinung nach viel mehr hervorgehoben werden als seine mangelnden Fähigkeiten in ihrer Handhabung, wenn man die Abneigung des Kindes erklären will, die Sprache der Regression auszuliefern, die die psychoanalytische Situation induziert.

Die Zeichnung scheint ihm ein viel sichereres Ausdrucksmittel zu sein. Es kann sie viel leichter dieser regressiven Tätigkeit aussetzen. Im Anfang versucht es vor allem, schöne Zeichnungen zu machen. Sehr schnell jedoch läßt das Kind weit direktere Zeugnisse seines Phantasielebens in sie einfließen; sie werden weniger »hübsch«, dafür freier und reicher an Bedeutung. Leitthemen treten hervor, deren Wiederholung die Kompromißfunktion zwischen dem Ausdruck der Triebe und dem der Abwehr hinreichend deutlich macht. Die Zeichnung wird so ein hervorragendes Kommunikationsmittel, und sie kann es während der ganzen Behandlung bleiben. In anderen Fällen setzen sich dagegen Tätigkeiten wie das Modellieren oder Spiele an ihre Stelle. Manchmal schließlich sieht man bei Kindern über zehn Jahre, daß die genannten Abwehrmechanismen schwächer werden und die Zeichnung der verbalen Kommunikation von neuem das Feld überläßt. Jetzt ist diese freier geworden und vermag die Gedankenassoziationen des Kindes unmittelbarer auszudrücken; sie findet damit ihre Funktion der analytischen Kommunikation, die ihr ursprünglich fehlte.

In gewissen Fällen verschließt sich die Zeichnung selbst in einer defensiven Verarbeitung und läßt wenig Raum für ihre Deutung. Die Zeichnungen werden »arm«, ausdruckslos, konventionell und bilden eine besonders wirksame Abwehr.

Die Schwierigkeit liegt hier nicht in der Zeichnung selbst, sondern in den Widerständen, die sich ihrer bedienen; sie stellen schwierige Probleme für die psychoanalytische Technik dar. Die Zeichnung muß immer als eine Kommunikationsweise betrachtet werden. Aber das, was durch sie mitgeteilt wird, unterscheidet sich nicht grundsätzlich von dem, was wir in jeder psychoanalytischen Situation beobachten.

2. Die Indikationen

Es kann hier auch nicht darum gehen, das ganze Problem der Indikationen zu diskutieren. Zu diesem Zweck müßte man tiefer ins Detail der Methoden und der Nosographie eintreten. Es ist vor allem daran zu erinnern, daß die Indikation für eine Psychotherapie ebenso von der Erreichbarkeit der Störung für einen psychologischen Ansatz abhängt wie von der Disposition der Familie und des Kindes und von den Erfordernissen der Erziehung. Wir wollen uns darauf beschränken, drei Einzelprobleme ins Auge zu fassen: – die Wahl der Zeichnung als Ausdrucksweise – die Bedenken, die gegen den spezifischen Charakter der Methoden der Psychotherapie zu erheben sind – die Ausbildung des Psychotherapeuten.

1. Die Wahl der Zeichnung. Der Hauptgrund für diese Wahl ist einfach: man schlägt dem Kind vor, sich durch das Bild auszudrücken, wenn man mit Recht annehmen kann, daß sie für das Kind die leichteste und fruchtbarste Ausdrucksweise sein wird. Zu diesem Zweck müssen seine graphischen Fähigkeiten ziemlich gut entwickelt sein. Auch muß der bildnerische Ausdruck für das Kind immer noch eine Quelle des Interesses und des Vergnügens sein, und es muß ihm noch Freude machen, seine Träume auf das Papier zu übertragen. Vorher ist die Zeichnung eine mühsame Übung, das bildliche Vokabular bleibt zu arm, die Kunstgriffe des Ausdrucks zu begrenzt. Später wird die Zeichnung konventionell, ohne Spontaneität und jede Originalität. Das Alter des Kindes spielt also eine entscheidende Rolle. Man kann sagen, daß die Zeichnung zwischen sechs und elf Jahren besonders indiziert ist. Aber diese Zahlen haben nur einen ungefähren Wert. Denn bei Kindern von vier oder fünf Jahren mit intellektueller Veranlagung kann man sich leicht der Zeichnung bedienen, und genauso könnte ein elfjähriger Junge, der in seiner Entwicklung sehr weit ist, das Interesse an ihr verlieren. Diese letztere Bemerkung ist übrigens problematisch, denn wenn der Ausdruck durch die Zeichnung ursprünglich von den intellektuellen und psychomotorischen Fähigkeiten des Kindes abhängt, scheint ihr Abnehmen in der Vorpubertät eher mit dem allgemeinen Reifeprozeß der Persönlichkeit als mit intellektueller Frühreife zusammenzuhängen. Wie beim Spiel sieht man, daß sich sehr intelligente Kinder von elf oder zwölf Jahren, die in der Schule schon weit sind, mit viel Spontaneität in der Phantasiezeichnung ausdrücken.

Im Laufe der Psychotherapie kann eine regressive oder progressive Entwicklung eintreten, und das Kind kann plötzlich für die Zeichnung kein Interesse mehr zeigen. Die kleineren Kinder erklären dann ihre Vorliebe für das Modellieren oder für Spiele mit kleinen Figuren, Puppen, Wasser usw., während, wie wir

208

schon bemerkt haben, ältere Kinder am Ende der Behandlung oft das Bedürfnis haben, die Zeichnung aufzugeben, um über ihre aktuellen Probleme, ihre Träume und ihre Phantasien zu sprechen. Die Wahl der Zeichnung als Ausdrucksmaterial kann also niemals ausschließlich sein; Stift und Papier müssen dem Kind mit anderen Materialien (Modelliermasse – Spielkiste) vorgeschlagen werden, wobei man betont, daß man von ihm vor allem verlangt, sich auszudrücken, sei es durch das Wort oder durch ein anderes Mittel, wenn es will. Das führt uns dazu, die Rolle zu erwähnen, die die eigenen Vorlieben des Psychotherapeuten spielen können. Manche von ihnen sind oft übertrieben interessiert an der Zeichnung. Sie fühlen sich vor Bildern wohler als vor dem oft raschen Ablauf des Spiels. Im Verlauf des Spiels muß eine Intervention rasch formuliert werden, und wenn das nicht geschieht, geht die Gelegenheit vorbei, und das Kind verfolgt seinen Gedankengang, in dem sie dann nicht mehr angebracht ist. Bei der Zeichnung glaubt der Psychotherapeut eher die Zeit zu haben, das Material zu deuten. Wenn man sich damit begnügt, die fertige Zeichnung zu betrachten, könnte man meinen, daß die Zeit, die das Kind darauf verwendet hat, sie auszuführen, uns erlaubt, sie in Ruhe zu verstehen und sorgfältig unsere Intervention vorzubereiten. Aber die fertige Zeichnung ist nur eine sekundäre Verarbeitung in Bezug zur Sitzung gesehen. Diese war von einer schöpferischen Tätigkeit gekennzeichnet, die sich in der Zeit entwickelt hat und die durch die später hinzukommenden Einfälle umgearbeitet und verändert worden ist. Wir haben hier schon oft Anlaß gehabt, auf die Rolle des Unbewußten hinzuweisen. Noch während der Ausarbeitung ist ja oft die Deutung notwendig, die den Zeichenakt berücksichtigen muß, der sich vor unseren Augen abspielt. Das Ausdrucksmittel darf also nicht aufgrund persönlicher Vorlieben, sondern muß im Hinblick auf die Fähigkeiten des Kindes gewählt werden.

Die Natur der Störungen kann ebenfalls die Wahl beeinflußen. Sophie Morgenstern hat zum erstenmal bei einem Fall von Stummheit eine psychoanalytische Behandlung mit Zeichnungen vorgenommen. Die Kinder, die in ihrem zeichnerischen Ausdruck sehr gehemmt sind, finden im Spiel, im Psychodrama oder im Modellieren eine viel reichere Sprache.

Schließlich kann die Zeichnung in einer Gruppenpsychotherapie verwendet werden, wenn diese aus Gründen der Zeitersparnis oder aus mehr technischen Gründen angezeigt ist. Es handelt sich dann entweder um das Nebeneinandersetzen mehrerer individueller Zeichnungen oder um eine gemeinschaftliche Ausarbeitung, die ihre ganze Bedeutung darin hat, daß sie der gemeinsame Ausdruck der Gruppe ist.

2. Wir haben in einer sehr schematischen Weise verschiedene Methoden der Psychotherapie unterschieden. Zwischen der Ausdrucks- oder kathartischen Psychotherapie und der psychoanalytischen Psychotherapie besteht im Prinzip ein großer Unterschied, den man jedoch in der Praxis schwer bestimmen kann.

Zweifellos greift in der Ausdruckspsychotherapie der Psychotherapeut nicht ein, er deutet weder irgendeine unbewußte Phantasie noch irgendeinen Abwehrmechanismus. Aber oft vergißt das Kind, das man zeichnen läßt, »ohne einzugreifen« – einfach um ihm die Möglichkeit zu geben, sich auszudrücken – seine Konflikte »abzureagieren«, die Gegenwart des Erwachsenen nicht. Wenn dieser nur ein wenig leitend eingreift, wird die Psychotherapie schnell eine Beschäftigungstherapie mit Zeichnungen und fällt in den Rahmen der stützenden Psychotherapien. Aber wenn das Kind allein zeichnet und wenn sich der Erwachsene mehr bemüht, zu verstehen, als zu führen und in einem zurückhaltenden Schweigen verharrt, besteht die Gefahr, daß Übertragungsphänomene und ein Regressionsprozeß auftreten, sowohl in dem allgemeinen Verhalten des Kindes als auch in seinen Zeichnungen. Der Psychotherapeut kann noch so sehr »nicht deuten wollen«, er ist in eine Sache verwickelt, in der er, ob er will oder nicht, in analytischem Sinn eingreifen muß, indem er dem Kind bewußt macht, was es in der therapeutischen Beziehung erlebt, oder indem er eine mehr dirigierende Haltung annimmt. Von dem Augenblick an, in dem man ein Kind regelmäßig in seiner Gegenwart zeichnen läßt, ohne einzugreifen, kann man nicht voraussehen, in welcher Weise sich die Affektbeziehung des Kindes zum Erwachsenen entwickeln wird, und auch nicht die Bedeutung, die die Regressions- und Übertragungsphänomene bekommen werden. Mit einem psychotherapeutischen Eingreifen ist es wie mit einem chirurgischen Eingreifen; man kann bei aller Kompetenz die Tragweite und die Bedeutung des therapeutischen Tuns, auf das man sich eingelassen hat, nicht ganz voraussehen. Das Problem der Ausbildung des Psychotherapeuten ist damit gestellt.

3. Wir können das Problem hier nicht im Ganzen untersuchen; wir werden es aber gemäß unserer Absicht im Hinblick auf die Zeichnung und ihre Deutung diskutieren.

In dieser Hinsicht herrscht ein ärgerliches Durcheinander, das das oben angeprangerte widerspiegelt. Eine Zeichnung lesen und deuten lernen, gehört nicht zur Ausbildung des Psychotherapeuten. In der Psychotherapie, die sich auf die Beziehung des Kranken zum Arzt gründet, zählt vor allem die Untersuchung dieser Beziehung, ihrer verschiedenen Arten, ihrer zeitlichen Entwicklung und der Schwierigkeiten, denen sie begegnet. Diese Untersuchung schließt eine Kenntnis der Psychologie des Kindes ein, aber auch eine sehr sichere Kontrolle der eigenen Reaktionen.

Wenn auch das Erlernen der Deutung von Kinderzeichnungen ein notwendiger Schritt in der Ausbildung des Psychotherapeuten ist, so reicht das doch niemals aus. Man muß sich eine vertiefte Kenntnis der Beziehung Arzt-Kranker und eine große Sicherheit im Umgang dieser Beziehung erwerben. Das setzt eine persönliche »psychotherapeutische« Erfahrung voraus, praktisch gesehen eine Psychoanalyse. Das psychoanalytische Feld bleibt der unersetzliche Bezugsrahmen für jede theoretische Reflexion auf die psychotherapeutischen Techniken. Die psychoanalytische Erfahrung ist für den zukünftigen Psychotherapeuten die Gelegenheit, sich nicht nur mehr oder weniger seiner eigenen Implikationen bei der »Gegenübertragung« in den Psychotherapien, die er durchführen wird, zu versichern, sondern sie ist auch das Mittel dafür, sich diesen notwendigen Bezugsrahmen zu verschaffen.

Wenn man kathartische Ausdruckstherapien auch Psychotherapeuten überlassen kann, die keine persönliche psychoanalytische Erfahrung gemacht haben, ist es wegen der Unsicherheit über die möglichen Entwicklungen im Verlauf dieser Psychotherapien doch klug, das innerhalb einer Institution zu tun, in der diese Psychotherapeuten bei Psychotherapeuten mit größerer Erfahrung die notwendigen Garantien finden können, um ihre Arbeit zu einem guten Ende zu führen.

Wenn das aber nicht der Fall ist und man bei einer Ausdruckstherapie bleiben will, muß man sich hüten, eine Haltung analytischer Art einzunehmen und darf sich nicht vor einer Haltung der psychologischen Unterstützung scheuen, die viel stimulierender ist. Es ist möglich, auf diese Weise eine Ausdruckstherapie durchzuführen. Man kann sie sogar auf kleine Gruppen von Kindern anwenden, um die Gefahren der Regression zu vermeiden, denen eine individuelle Beziehung ausgesetzt ist.

Man sieht, daß die Deutung der Zeichnung und der Unterricht in dieser Deutung unter den Problemen der Ausbildung nur an zweiter Stelle stehen.

III. Zeichnung und Pädagogik

Die Bedeutung der Zeichnung innerhalb der spontanen Tätigkeiten des Kindes mußte die Aufmerksamkeit der Pädagogen erregen. Zwei Probleme sind hier jedoch zu unterscheiden: die Benutzung der Zeichnung in den allgemeinen Erziehungsmethoden, und die Rolle der Erziehung bei den Fortschritten der zeichnerischen Tätigkeit.

Im ersten Fall nutzt der Pädagoge ein beim Kind besonders beliebtes Betätigungsfeld, um seine allgemeinen Fähigkeiten und Kenntnisse zu entwickeln; im anderen Fall ist es seine Absicht, die graphischen Fähigkeiten zu entwickeln. Man könnte also Pädagogik durch die Zeichnung und Pädagogik der Zeichnung einander gegenüberstellen.

In welchem Maße kann die Praxis des Zeichnens zu der Entwicklung der Fähigkeiten und zum Erwerb von Kenntnissen beitragen? Das ist ein Problem, das dem der Pädagogik durch das Spiel und durch dramatische Improvisation ähnelt.

Luquet hatte mit Recht Vorbehalte gegen das Prinzip des »attraktiven« Unterrichts geäußert: »Die Schule als Lehre des Lebens muß nach unserer Meinung das Kind an den Gedanken gewöhnen, daß sie ebensowenig wie das Leben ein fortgesetztes Spiel ist und daß es gilt, ohne anderen unmittelbaren Lohn als die Befriedigung über die gewissenhaft ausgeführte Arbeit und die gemeisterte Schwierigkeit, an sich lästige oder unangenehme Tätigkeiten zu übernehmen, die jedoch in ihren Resultaten vorteilhaft und insbesondere notwendig sind, um gewisse Techniken oder, wenn man will, eine Routine zu erwerben, die für das Leben des Erwachsenen nützlich ist.« Muß man also sagen, daß diese Funktion der Einübung in die Disziplin in ausreichendem Maße von anderen Teilen des Unterrichts wahrgenommen wird, so daß man deshalb das Kind ohne Bedenken seiner Freude an der Zeichnung überlassen und dieses Tun als einen Schonbezirk betrachten kann, in dem es seine konservativen oder regressiven Neigungen befriedigen kann?

Natürlich versuchen wir durch Erziehung und Unterricht das Kind auf die Aufgaben des Erwachsenen vorzubereiten, aber es ist nicht verboten, zu diesem Zweck bestimmte bevorzugte Weisen der Tätigkeit auszunutzen, selbst wenn wir wissen, daß diese Gebiete beim Erwachsenen ihren ursprünglichen Zauber verlieren. Das Kind, das zeichnet, glaubt nicht, daß es sich einem zweckfreien Vergnügen hingibt. Wir haben hinreichend gezeigt, welche Rolle die Zeichnung in der welterforschenden Tätigkeit des Kindes spielt und welche Ausdruckskraft sie besitzt, um hier nicht noch einmal auf die Bedeutung der zeichnerischen Tätigkeit für die Entwicklung seiner Beobachtungs- und Erkenntnisfähigkeiten hinweisen zu müssen.

Es ist eine der Aufgaben des Unterrichts, auf allen Stufen den

Beobachtungssinn zu entwickeln und dem Kind zu helfen, auf der Grundlage seiner Erfahrungen und mündlich oder schriftlich gemachter Aufgaben neue Erkenntnisse zu sammeln. Bei dem kleinen Kind kann die Zeichnung dabei helfen. Selbst Luquet ist dieser Meinung: »Eine der dem Zeichenunterricht allgemein und mit Recht zugesprochenen Funktionen ist, den Beobachtungssinn zu entwickeln. Es ist sicher, daß man, wenn man das Kind zeichnen läßt, seine Aufmerksamkeit auf Motive richtet, für die es sich von sich aus vielleicht nicht interessiert hätte . . .«

Der intellektuelle Realismus ist hier sehr viel nützlicher als die Unterordnung unter den »visuellen« Blickpunkt auf die Dinge, »da er gerade darin besteht, in der Zeichnung alle Elemente des wiedergegebenen Gegenstands darzustellen, jedes in seiner exemplarischen Form, und daß ein Kind so in gewisser Weise spontan die Zerlegung des Gegenstands vornimmt.« Das Kind projiziert seine Kenntnisse in die Zeichnung, und sie verhelfen ihm dazu, die Wirklichkeit darzustellen. Insofern ist die Zeichnung beim Kind mit der Sprache des Erwachsenen vergleichbar. Wenn ich einen Seehafen beschreiben will, muß ich die Anlage der Kais, die Bezeichnungen und die Zweckbestimmung der Schiffe und den Sinn der Beschäftigungen erlernen, denen die Personen nachgehen, von denen ich spreche. Kurzum, die Beschreibung mit Worten erfordert eine Dokumentation. Der Schriftsteller geht nicht anders vor. Man denke, welche Mühe sich ein Flaubert oder ein Virgil mit der Dokumentation gegeben haben.

Das zeichnende Kind stößt auf dasselbe Problem. Da, wo der Maler und der Zeichner visuelle Effekte suchen, wie Schattenspiele und Farbflecken (denken wir zum Beispiel an das, was Proust über die »Arbeit« eines Elstir sagt, der am Ufer liegende Schiffe malte), geht der kleine Zeichner wie ein Schriftsteller und nicht wie ein Maler vor. Wenn formale Details notwendig sind, wird er versuchen, sie zu verstehen und sie zu reproduzieren, wenn er ihre Notwendigkeit eingesehen hat. Kurz, das Kind findet, bevor es seine Fähigkeit entwickelt, mit Hilfe des Wortes zu erzählen und zu beschreiben, in der Zeichnung ein Mittel, sich auszudrücken und seine Entdeckungen zu fixieren. Im Kindergarten kann die Zeichnung dazu dienen, die Geschichten, die erzählt worden sind, und die Spaziergänge, die man gemacht hat, darzustellen. In der Grundschule erlaubt sie nicht nur, den Unterricht illustrierend zu begleiten, sondern sie dient auch der Darstellung des Stoffs in Sachkunde, Naturgeschichte und Geographie. Erst später überläßt sie ganz natürlich ihren Platz der literarischen Erzählung, für die sie wichtige Grundlagen vorbereitet. Es ist übrigens nicht sicher, daß die literarische Erzählung die Zeichnung vollkommen ersetzt. Die Nützlichkeit des erklärenden Schemas, der erzählenden Zeichnung bleibt groß, auch wenn sie im Gymnasialunterricht unterschätzt wird. Sie paßt da in den Rahmen des Anschauungsunterrichts, von dem man heute soviel spricht. Kann man das Kind zur Zeichnung nach Beobachtung erziehen? Der akademische Unterricht läuft dieser Zielsetzung genau entgegen. Wenn es sich darum handelt, dem Kind zu helfen, die Wirklichkeit der Dinge, ihren Sinn, ihre Funktion zu entdecken, muß man dafür sorgen, daß es auf diese Realität stößt. Der akademische Unterricht liefert dem Kind dagegen Rezepte, die es ihm erlauben, die Realität nicht zu sehen, sondern »Kniffe« und Methoden zu lernen, die ihm ihre Betrachtung ersparen. Arno Stern schreibt:[77] »Die Zeichnung nach der Beobachtung muß also genauso frei wie alle Techniken der künstlerischen Ausbildung praktiziert werden.« Wir sind nicht so liberal wie er, wenn er erklärt, daß der Erzieher dem Kind keinen Gegenstand zur Beobachtung vorschreiben soll; die Rolle des Erziehers ist es auch, die Welterforschung des Kindes zu lenken, aber es ist klar, daß diese am fruchtbarsten sein wird, wenn sie einem inneren Bedürfnis entspricht. Auf jeden Fall muß der Erzieher dem jungen Forscher in seinem zeichnerischen Ausdruck Freiheit lassen. Wenn das Kind ihn um Rat fragt oder sich nicht fähig fühlt, seine Aufgabe zu erfüllen, muß ihm der Erzieher helfen, den Gegenstand aufmerksamer zu ergründen und sich ausdrucksvolle Details einzuprägen, die es vernachlässigt hat, aber er darf ihm nicht die für diesen Ausdruck geeigneten Formen angeben.

Man erkennt die enge Verwandtschaft zwischen der Zeichnung nach Beobachtung und der Ausarbeitung eines literarischen Texts. Der Erzieher muß den zeichnerischen Ausdruck fördern, so wie er den mündlichen oder schriftlichen Ausdruck fördert. Es handelt sich nicht darum, das Kind eine Rhetorik der Bilder zu lehren, ebensowenig, wie es das Ziel sein kann, ihm literarische Klischees beizubringen.

Der bildliche Ausdruck geht dem literarischen Ausdruck voran, regt ihn an und entwickelt ihn; dieser muß vor allem im Grundstufenunterricht entwickelt werden. Ist es nicht möglich, anzunehmen, daß eine der Ursachen der gegenwärtigen Dürftigkeit im literarischen Ausdruck bei den jungen Leuten in der Entwicklung der Information liegt, die passiv durch das Bild (und den Text) auf Kosten des aktiven Ausdrucks aufgenommen wird? Die Entwicklung der Ausdruckszeichnung, die den Anfang des literarischen Ausdrucks darstellt, findet hier ihre Berechtigung. Es versteht sich von selbst, daß eine solche Pädagogik durch die Zeichnung die Pädagogik durch das Bild, die von vielen gewünscht wird, vorbereiten würde. Diese würde nicht mehr passiv aufgenommen, sondern aktiv verstanden: das Kind, das zeichnet, ist ja schon das Kind, das sehen lernt.

Die Pädagogik der Zeichnung

Der Zeichenunterricht wirft ein ganz anderes Problem auf. Der Stil entwickelt sich mit dem Alter und geht von der Kritzelei zur naiven und ungeschickten Nachahmung der »Kunst« der Erwachsenen über. Zwischendurch entdeckt das Kind eine Ausdrucksweise, die ihm entspricht, und aus der es große Befriedigung schöpft. Soll der Erwachsene in dieser Entwicklung eine Rolle spielen? Am Anfang ist diese Rolle auf alle Fälle ganz bescheiden, denn die Entwicklung der Zeichnung hängt vor allem von den Fortschritten der Motorik und der Wahrnehmung und von der intellektuellen Reifung des Kindes ab. Die Umgebung kann diese Entwicklung stimulieren: mit ihrem Interesse für die Werke des Kindes, indem sie sich bereit erklärt, sich mit ihm über seine Zeichnungen zu unterhalten. Aber diese Anregung darf nicht über ihr Ziel hinausschießen. Gegenwärtig sind viele Eltern und manche Erzieher, die an der Zeichnung interessiert sind, beim Kind ängstlich nur auf Fortschritte bedacht. Es empfiehlt sich, sich vor jeder Übertreibung zu hüten; man liefe Gefahr, bei der Zeichnung Funktionshemmungen sich entwickeln zu sehen, die mit denen vergleichbar sind, denen man beim Erlernen der Sauberkeit, der Sprache oder des Lesens begegnet. Die offenkundigen Folgen wären weniger gravierend, aber die Auswirkung auf das Gefühlsleben und den Charakter unheilvoll. Man beobachtet Entwicklungen dieser Art in bestimmten Familien, in denen der Älteste den Ruf eines begabten Zeichners erworben hat und der Jüngere oder der Jüngste daraufhin demonstrativ kein Interesse für ein Gebiet zeigt, in dem ihm der Wettstreit aussichtslos erscheint.

Soll man dem Kind im Stadium des intellektuellen Realismus, das heißt, in der »klassischen« Phase der Kinderzeichnung, helfen, den visuellen Realismus zu entwickeln? Schon Luquet zeigte sich da zurückhaltend, was ihn nicht daran hinderte, die Grundlagen einer solchen Pädagogik zu entwerfen.

Der traditionelle Zeichenunterricht macht sich kaum Gedanken über die Kritik der fertigen Zeichnungen. Man läßt das Kind zeichnen, wie es es versteht, man begnügt sich damit, es Schritt für Schritt eine neue Technik zu lehren, die überhaupt keinem Bedürfnis bei ihm entspricht! Luquet hat eine Methode im Auge, mit deren Hilfe man dem Kind beibringen kann, seinen Stil zu kritisieren: man macht absichtlich dieselben Fehler wie das Kind, um sie anschließend zu korrigieren. »Kurz, der Lehrer muß sich zunächst an die Stelle des Kindes versetzen, und dann unter seinen Augen erwachsen werden, um zu erreichen, daß es mit ihm zusammen auch erwachsen wird.« Ohne die Prinzipien einer solchen Pädagogik selbst kritisieren zu wollen, möchten wir bemerken, daß Luquet kaum von ihrer Nützlichkeit überzeugt ist. Er sieht keine Notwendigkeit, zur Preisgabe des intellektuellen

Realismus anzuspornen, der für die bildnerische Spontaneität des Erwachsenen nützlich werden kann.

Das wahre pädagogische Problem stellt sich später. Wir wissen, daß das Kind ungefähr mit zwölf Jahren das Interesse an der Zeichnung verliert. Muß man diesen Verlust an Interesse als eine notwendige Phase hinnehmen und sich damit zufriedengeben, ihm einen »akademischen« Unterricht zu bieten, von dem nur die profitieren werden, die später wirklich Künstler werden? Geht es in jenem Augenblick darum, dem Kind technische Fertigkeiten beizubringen, die ihm ermöglichen, am »visuellen Realismus« Geschmack zu finden, wie Luquet es empfiehlt?

Das Kind verliert das Interesse an der Zeichnung nicht aus Mangel an Möglichkeiten, sondern weil es bei der Suche nach Ausdruck auf Tätigkeiten stößt, die seinen Bedürfnissen besser entsprechen. Da die »kindliche Kunst« vor allem von der Bemühung bestimmt ist, Zeichen für die Dinge zu finden, überläßt jetzt das Bild dem Wort und dem Tun seinen Platz. Aber ist man sicher, daß es nicht eine echte kindliche »Kunst« gibt, die diesem Bemühen um das Bezeichnen zugrunde liegt, und mit seiner schöpferischen bildnerischen Tätigkeit gemeint ist? Das Problem der zeichnerischen Erziehung verschmilzt mit dem Problem der kindlichen Kunst.

Es kann hier nicht darum gehen, eingehende Überlegungen über den Ursprung der künstlerischen Schöpfung in der Psychologie des Kindes anzustellen. Geben wir uns also damit zufrieden, einige Überlegungen beizutragen. Zu diesem Zweck greifen wir auf die Schriften von Arno Stern und seinen Mitarbeitern zurück, sowie auf die Autoren, die wie er in der Form von konzentrierten und reich belegten kleinen Arbeiten in der Reihe *Technique de l'éducation artistique* (bei Delachaux und Niestlé) originelle Beiträge hierzu veröffentlicht haben.

Eine Vorbemerkung ist noch notwendig. Die künstlerische Schöpfung hat natürlicherweise ihre Quelle in der künstlerischen Produktion der Epoche. Malraux hat diesen Punkt mit Recht hervorgehoben: »Nach den legendären Biographien erregt Giotto, der Schäfer, der Schafe zeichnet, die Bewunderung Cimabues; nach den wahrheitsgetreuen Biographien sind es nicht die Schafe, die Giotto die Liebe zur Malerei entdecken lassen, sondern gerade die Bilder Cimabues. Was den Künstler ausmacht, ist eben die Tatsache, daß er in der Jugend viel tiefer von der Entdeckung der Kunstwerke ergriffen ist, als von der Entdeckung der Dinge überhaupt.«

Wenn sich die Keime dieser schöpferischen Kraft beim Kind beobachten lassen, dann ist es klar, daß sie nichts dieser umgebenden Welt der Kultur verdanken. Es ist also anzunehmen, daß neben einer Erbübertragung eine Art von Urzeugung jedem Kind die Möglichkeit gibt, von sich aus den Weg des Schöpferischen zu beschreiten.

Die Theorie vom Primitivismus der kindlichen Kunst hat, wie man weiß, eine glänzende Geschichte gehabt, aber wir haben gesehen, daß sie auf einer falschen Vorstellung von dem Begriff des Primitivismus beruht. Sie ist kürzlich in neuer Form in dem kleinen Buch von Jacques Depouilly[78] wieder aufgenommen worden. Nach diesem Buch ist jede Arbeit eines Künstlers, der unabhängig von der Tradition auf eigene Faust an die Bildschöpfung herangeht, von Primitivismus gekennzeichnet. Damit gäbe es Analogien zwischen den Kindern und Künstlern, die in verschiedenen Momenten der Geschichte in einem Klima relativer Isolierung einen eigenen Stil gefunden zu haben scheinen. So kann man in der Höhlenmalerei, bei den Mosaikkünstlern von Ravenna, in der mittelalterlichen Buchmalerei, bei den Naiven jeder Epoche und vielleicht an den Ursprüngen der Kunst bei den Ägyptern Techniken der Wiedergabe finden, wie sie bei Kindern gebräuchlich sind. Was sie miteinander verbindet, wäre das Fehlen der Tradition, des Handwerklichen: »Diese Sehweise ist wesentlich die eines für alle Eindrücke offenen Menschen, der, anstatt Sklave der Dinge und verpflichtet zu sein, über sie hinauszugehen, um sich von ihnen zu befreien, sie in sich aufnimmt und in sich zur Entfaltung kommen läßt, um sie dann, von Grund auf nach seinem eigenen Bilde neugeschaffen, in seinem Werk zur Erscheinung zu bringen. Aus diesem Grund ist es nicht verwunderlich, wenn in einigen Fällen nur das Bezeichnende an einer

Person, einem Tier oder einem Gegenstand festgehalten ist, und wenn Anordnung und Dimensionen des Dargestellten vor allem der ihnen zuerkannten affektiven Bedeutung entsprechen.«

In kurzen Worten steht der intellektuelle Realismus als Ausdruck eines Erzählwillens mehr in Abhängigkeit von unserer Bemühung um das Erfassen des Vorbildes als von dem handwerklichen Können. Es ist daher nicht erstaunlich, daß sich die Kompositionsverfahren des Kindes bei dem Zöllner Rousseau wiederfinden, die Technik der umgeklappten Ebenen auf ägyptischen Papyri oder auf mittelalterlichen Plänen, und die »durchsichtige« Darstellung auf ägyptischen Basreliefs und Gemälden.

Depouillys Demonstration ist zweifellos beeindruckend; seine Erklärungen geben jedoch zu Bedenken Anlaß. Die Ähnlichkeiten zwischen der kindlichen Kunst und »archaischen« Kunstformen sind unserer Meinung nach darin begründet, daß in beiden Fällen dem Willen zur Erzählung und zur Beschreibung der Vorrang vor einer spezifisch bildnerischen Bemühung gegeben ist. Ebensowenig wie der ägyptische Bildhauer, der mittelalterliche Miniaturist oder der moderne Naive dürfte das Kind die Hauptsorge haben, »es schön zu machen«. Ihm geht es vor allem anderen darum, ein Zeichen für die Sache selbst zu finden. Im übrigen ist bei dem barocken oder klassischen Künstler dieses Ausdrucksbemühen auch nicht vergessen; das Spiel der Formen, die Harmonie der Valeurs und der Farben, die Wahl eines einzigen Blickpunkts für die Darstellung der Sache sind nicht um ihrer selbst willen da, sondern werden zeichenhafte Elemente. Indes handelt es sich da um eine erlernte Sprache, die ihr Ausdrucksvermögen aus ihrer eigenen Geschichte bezieht. Weil das Kind diese Sprache der Kultur nicht versteht, wendet es die bekannten Erzählverfahren an.

Die Schlußfolgerungen Depouillys jedoch behalten ihren vollen Wert. Ausreichende Übung vorausgesetzt, könnte ein Kind von etwa zwölf Jahren einen guten naiven Maler oder einen guten handwerklichen Buchmaler abgeben.

»Die Krise der Pubertät«, schreibt der Autor, »führt dazu, daß sich das Kind mehr oder weniger von der Naivität abwendet und damit gerade sein Verhältnis zur Technik zu reflektieren beginnt.«

Das Kind ist an dem Material, das es benutzt, nur soweit interessiert, als es ihm erlaubt, Zeichen herzustellen, während der Heranwachsende im Gegensatz dazu gerade wieder Geschmack am Material fände. Diese Beobachtung ist von größter Wichtigkeit; sie erfordert allerdings zwei Anmerkungen. Wenn sich der Heranwachsende wie das kleine Kind stärker für das Material interessiert, dann vielleicht deswegen, weil er das Interesse am Bild als Zeichen verliert. Dieses Abnehmen einer Funktion der Zeichnung, auf die wir so oft hingewiesen haben, erklärt, daß der Heranwachsende im Umgang mit den für den bildlichen Ausdruck geeigneten Materialien das interesselose Wohlgefallen an der Form oder dem Farbfleck wiederentdeckt, das das kleine Kind mit der Entdeckung der Zeichenhaftigkeit des Bildes verloren hatte. – Zweitens ist zu bemerken, daß diese Beobachtungen durch die Mittel möglich werden, die wir den Kindern zur Verfügung stellen. Es ist amüsant festzustellen, daß die Maler der Renaissance, wenn sie ihren kleinen Lehrlingen von zehn bis vierzehn Jahren die Sorge für die Zubereitung der Farben übertrugen, damit vielleicht eine bessere Kunstpädagogik praktizierten, als unsere akademischen Zeichenschulen, die den Kindern Rezepte zur Darstellung von Dingen in einem Alter beibringen, in dem sie daran kein Vergnügen mehr haben.

Aber wir stoßen hier wieder auf unsere Eingangsfrage: Ist von allem Anfang an bildschöpferische Fähigkeit im Keim vorhanden? Wir haben gesehen, daß man diesen Keim nicht in dem Erzählwillen sehen darf, der die eigentümliche Funktion der Zeichnung beim Kind ausmacht und uns ermöglicht hat, sie mit gewissen »primitiven« Kunstformen zu vergleichen. Ist er in der Freude am Material zu finden, die das kleine Kind und der Heranwachsende miteinander gemeinsam haben? Tatsächlich hängt, was man einen bildnerischen Wert nennt, nicht von dem Material selbst ab, sondern von der Spur, die es in dem konventionellen Raum zurückläßt, den der Malgrund (Papier, Leinwand, Wand, usw.) bildet. Die Kunst, sei sie darstellend oder nicht, beruht auf der Zusammenstellung solcher Werte, die eine regelrechte Sprache ausmachen. Gibt es diese bildnerischen Zeichen in der Kinderzeichnung? Einige Betrachter haben ihr Vorhandensein, wenn nicht eben geleugnet, so doch mindestens als rein zufällig angesehen.

Für Arno Stern dagegen sucht das Kind von Anfang an intuitiv nach den bildnerischen Werten: »Die kindliche Kunst besteht aus Bildern, aber sie sind nicht das Entscheidende, selbst wenn das Interesse des Kindes nur auf sie gerichtet ist.« Die bildnerische Formulierung ist das Ergebnis einer viel ursprünglicheren Gefühlsspannung. Dem Schrei, der impulsiven Geste vergleichbar, soll der Farbfleck, der kräftige Strich, den das Kind auf das Papier aufbringt, eine befreiende Wirkung haben. Hier läge die fundamentale Motivation des bildnerischen Ausdrucks, die Wurzel der Kunst für das Kind so gut wie für den Erwachsenen. Wie der Künstler stellt das Kind einen Kompromiß her zwischen dieser bildnerischen Formulierung und seinem Willen zur Darstellung. Für Stern ist diese Darstellung nur eine nachträgliche Rationalisierung, die den bildnerischen Ausdruck rechtfertigen soll; das Kind würde also sein schöpferisches Spiel mit Hilfe eines Repertoires an Bildern unkenntlich machen.

Woher stammen nun die bildnerischen Zeichen, die durch das Bild nur »darstellerisch verkleidet« würden? Das bildnerische Zeichen wäre die Umsetzung einer inneren Empfindung. Wenn ich einen Gegenstand darstellen will, z. B. einen Vogel, dann kann ich die in seiner Erscheinung begründeten Zeichen zeichnen: das wäre dann das visuelle, objektive Bild. Wenn ich mich im Gegenteil mit dem Vogel identifizieren will, in mir selbst fühlen will, was der Vogel ausdrückt, dann werde ich das Bild des Fluges in meinem eigenen Körperschema darstellen. Das bildnerische Zeichen entspricht dieser Darstellung einer räumlichen Empfindung. Mit dieser Demonstration scheint Arno Stern dem zu widersprechen, was wir von dem bildnerischen Zeichen wissen, indem er den Akzent etwas zu sehr auf seinen Nennwert legt, denn wenn man einen Vogel durch zwei geschwungene miteinander verbundene Linien darstellt, heißt das nicht, daß man ein bildnerisches Zeichen in einem konventionellen Sinn benutzt. Das bildnerische Zeichen (gelber Fleck, Spirale, Kontrast der Valeurs) zielt an sich auf keinerlei Darstellung. Wenn das Kind bisweilen in seinem realistischen Bemühen gewisse bildnerische Zeichen verwendet, so scheinen uns, um das noch einmal zu sagen, die Gesetze des kindlichen Realismus vor allem anderen von seinem erzählerischen Bemühen abhängig zu sein. Die Verwendung der reinen Farben bedeutet bei dem Kind zweifellos eine ursprüngliche Neigung zu einer bestimmten Farbensprache; die Anwendung geschieht aber aus einem Bemühen um erzählerische Klarheit heraus. Es ist denkbar, daß die Neigung zum bildnerischen Ausdruck in den ersten Schöpfungen des Kindes seinen Ursprung hat. Es ordnet sie jedoch immer stärker seinem Verlangen unter, mit dem Bild Zeichen für die Dinge zu finden. Deshalb stimmen wir völlig mit Arno Stern überein, wenn er schreibt, daß die spontanen Zeichnungen und Bilder der Kinder erzählend und beschreibend sind und visuelle Erinnerungen wiedergeben im Gegensatz zu der Schöpfung von gefühlsgeladenen Formen. Es ist begreiflich, daß das bildnerische Schaffen kein Objekt mehr hat, wenn das erzählerische und beschreibende Bemühen andere Ausdrucksformen gefunden hat. So besteht die künstlerische Erziehung beim Kind nicht darin, den »kindlichen« Charakter seiner Zeichnungen und sein Vermögen zu entwickeln, bildliche Zeichen zu finden, sondern darin, diese Freude am Bild auszunutzen, um eine von Anfang an vorhandene, niemals verschwundene Anlage zu entwickeln: den Sinn für die bildnerische Sprache. Wenn er nicht entwickelt wird, geht er zusammen mit der Freude an der bildlichen Darstellung verloren. »Abgeschnitten von der ursprünglichen bildnerischen Sprache, ist der Erwachsene, wenn er seine bildnerische Sprache nicht in dem Maß der allgemeinen Reifung seiner Ausdrucksmittel weiterentwickelt hat, vor dem weißen Blatt gelähmt, wie ein Schauspieler, der seine Rolle nicht kann.«

Das Ziel der so verstandenen Erziehung ist es also, eine Brücke zu schlagen zwischen der Zeit der Kindheit, in der alles möglich ist, und dem Erwachsensein.

Zu diesem Zweck muß man dem Kind helfen, seine bildnerische Sprache spontan zu entwickeln, und es kommt vor, daß das Kind nach einer gewissen Zeit, in der es das Schaffen der Formen dem Bild unterordnet, die Darstellung in den Dienst des Ausdrucks stellt: »Alles strebt auf diese Intensivierung der Ausdrucksmittel, auf eine Verschiebung der Werte zu: von der Anekdote und vom Spiel weg hin zur Formulierung. Das in der Sprache der Wörter Unausdrückbare findet hier seine Schrift. Nach und nach scheidet das Kind die allgemeingebräuchlichen Werte aus seiner Kunst aus, um sie in immer stärkerem Maß zu seinem persönlichen Ausdrucksmittel zu machen.«

Die Rolle des Erziehers ist es, den Ausdruck dieser bildnerischen Sprache in Gang zu bringen. Nicht durch Ratschläge oder mit Regeln, sondern indem er eine Atmosphäre schafft, die der Befreiung der Form auf Kosten des Zeichens günstig ist. Es scheint, daß eine liberale, ermutigende Haltung vor allem seine eigene Freude am bildnerischen Ausdruck spürbar macht, während die Erwachsenen sonst bei der Kinderzeichnung oft vor allen Dingen für den Zauber der Bilder und für ihre erzählerische Kraft empfänglich sind.

Oft spielt auch der Rahmen, in dem der Unterricht stattfindet, eine Rolle. Wie Stern schreibt, »ist die materielle Einrichtung des Raums zu Anfang herausfordernd und aktivierend. Daß alle technischen Hilfsmittel bereitstehen, begünstigt die Lust, zu schaffen.«

Der Lehrer läßt das Kind von dem Zeichenmaterial profitieren, das ihm zur Verfügung stehen, und die seine Freude an der materiellen Seite des Malens und des Zeichnens stimulieren. Er spielt so die Rolle eines technischen Beraters. Er wacht über die Ordnung, über den richtigen Gebrauch der Werkzeuge, und hilft damit dem Kind über die Hindernisse hinweg, die ihm seine Ungeschicklichkeit bereitet, und gestattet ihm, sich mit mehr Freiheit der Freude am Schaffen hinzugeben.

Was die Modalitäten des Ausdrucks anlangt, so können sie sehr verschiedener Art sein und von der Malerei bis zur Zeichnung, von der Gravur bis zur Skulptur und bis zur Collage reichen. Für alle technischen Einzelheiten kann hier nur auf die Spezialarbeiten in der genannten Reihe verwiesen werden.[79]

Die künstlerische Erziehung zielt also weder darauf ab, das kindliche Zeichnen zu bewahren oder zu verlängern, noch »abstrakte« oder »naive« Künstler zu produzieren. Sie sucht Anlagen zu entwickeln, die sonst in Gefahr wären, zusammen mit der Freude an der Zeichnung zu verkümmern. Wenn die bildnerische Sprache so auf die Bildersprache gepfropft wird, kann sie sich bei dem Heranwachsenden immer weiter entwickeln. Sie muß ihn nicht notwendig zum Künstlerberuf führen, aber sie gibt ihm ein künstlerisches Ausdrucksmittel in einem Alter an die Hand, in dem der Mensch seiner besonders bedarf. Mittelmäßige Dichter von fünfzehn Jahren könnten so entdecken, daß sie Maler oder Zeichner sind, ohne handwerkliche Übung vielleicht, aber voller Kraft und Spontaneität. »So verstanden«, schreibt Depouilly, »geht die künstlerische Erziehung keinesfalls darauf aus, Künstlerberufungen zu wecken. Vielleicht haben gerade die, die dazu berufen sind, das am wenigsten nötig, da sie den ursprünglichen kreativen Instinkt am deutlichsten besitzen und deswegen weniger Gefahr laufen, ihn einzubüßen . . .«.

Es ist offensichtlich, daß eine richtige künstlerische Ausbildung beim Kind und beim Heranwachsenden eine größere Offenheit voraussetzt, nicht nur für die Kultur ihrer Zeit, sondern auch für die Geschichte, aus der sie hervorgegangen ist. Aber selbstverständlich werden sie um so besser darauf vorbereitet sein, wenn sie die Freude des Schaffens kennengelernt haben, noch bevor sie ihre Spur in den Werken der Meister entdecken.

*

*   *

Man kann also die Kinderzeichnung nicht einzig und allein als eine Bildersprache ansehen.

Sie ist vor allem die Spur, die die graphische Gebärde hinter sich läßt; und in dem Maße, in dem die psychomotorische Entwicklung und die Fortschritte in der Organisation des Raums durch die Wahrnehmung weitergehen, sehen wir diese Spur sich weiter entwickeln und nacheinander verschiedene Zeichenstile ausbilden.

Die materielle Spur wird jedoch einem graphischen Raum einbeschrieben und trägt dazu bei, ihn zu gliedern. So entsteht eine bildnerische Sprache, die allein auf formalen Werten (Linien, Farben, Schatten) beruht. Das ist eben die Sprache der Kunst. Man kann versuchen, genauer anzugeben, wie sich diese signifikanten Elemente einander zuordnen, die keine nähere Bedeutung haben, die jedoch an komplexe Gefühle und geistige Vorstellungen in uns appellieren.

Rosolato, Wiart und Volmat haben die Mechanismen untersucht,[80] die die Betrachtung von Werken der Malerei erlauben. Es geht, kurz gesagt, darum, zu definieren und zu beschreiben, was das Lesen des Bildes möglich macht. Das ist eine schwierige Aufgabe, wenn wir uns erinnern, daß »die Kunst nicht auf ein Bedeutungssystem reduzierbar ist.« Eine derartige Erklärung kann das ästhetische Vergnügen selbst nicht begründen. Die Autoren haben mehr Wert darauf gelegt, die Lektüre des Werks zu untersuchen, als seine materiellen Gegebenheiten, und eine Klassifikation der bildlichen Produktion auf der Basis einer Semiologie des ästhetischen Betrachtens vorgeschlagen. Auf diese Weise läßt sich eine objektive Kategorisierung der Werke vornehmen, was von großem Interesse für die Untersuchung der bildnerischen Produktion gewisser Geisteskranker ist.

Für die Kinderzeichnung liegt das Problem anders. Die bildnerische Bedeutung ist hier von einer sekundären Intention verdeckt, der nämlich, das Bild als *Sprache* zu benutzen. Das Kind will mit seiner Zeichnung erzählen und beschreiben, und deshalb verzichtet es darauf, seine Befriedigung in dem Vollzug der graphischen Gebärde zu suchen oder in der Betrachtung der verarbeiteten Materie und der hervorgebrachten Form. Bei jeder Deutung von Kinderzeichnungen müssen also die Gesetze bekannt sein, die die Organisation dieses Systems darstellender Zeichen sowie die Kategorisierung dieser Zeichen beherrschen.

Man muß diese Semiologie kennen, wenn man die Bezüge studieren will, die zwischen ihr und den verschiedenen Ebenen der geistigen Tätigkeit bestehen, welche in der Zeichnung zum Ausdruck kommen. Man wird dann Fortschritte in der Deutung machen, wenn man eine derartige Semiologie auf möglichst objektiven Grundlagen aufbaut.

Die Zeichnung ist jedoch niemals eine isolierte Tätigkeit. Wie jede Kommunikation gehört sie in einen Kontext, den des Bezugs des zeichnenden Kinds zu seinem Publikum. Eine brauchbare Interpretation kann von dem Kontext nicht absehen. Keine Deutung der Kinderzeichnung kann sich außerhalb eines bestimmten psychologischen Feldes bewegen, und die Kenntnis dieses Feldes ist ebenso nötig wie die der graphischen Zeichen, wenn man lernen will, wie eine Kinderzeichnung zu lesen ist.

Anmerkung des Verfassers. Die hier wiedergegebenen Zeichnungen haben lediglich den Zweck, die Beobachtungen des Texts zu illustrieren. An den Stellen des Texts, an denen auf die Zeichnungen verwiesen wird, sind die nötigen Erläuterungen zu ihrem Verständnis zu finden.

Zeichnung A

Zeichnung B

Zeichnung C

Zeichnung D

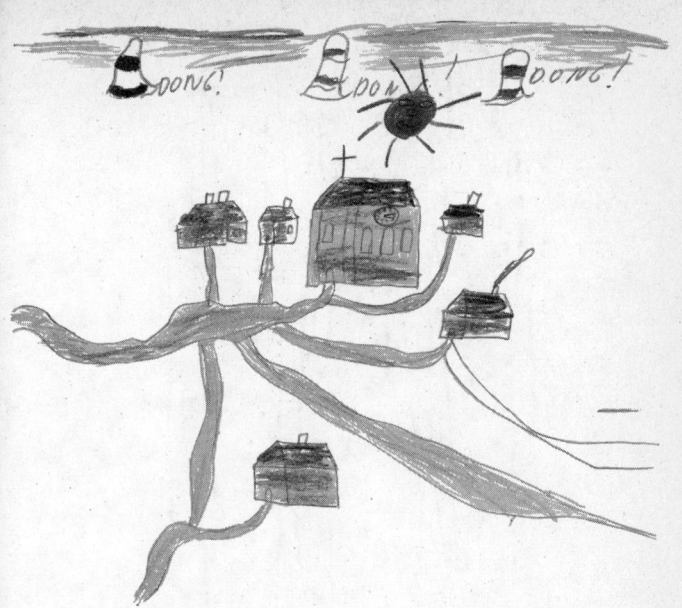

Zeichnung E

Zeichnung F

Zeichnung G

Zeichnung H

Zeichnung I

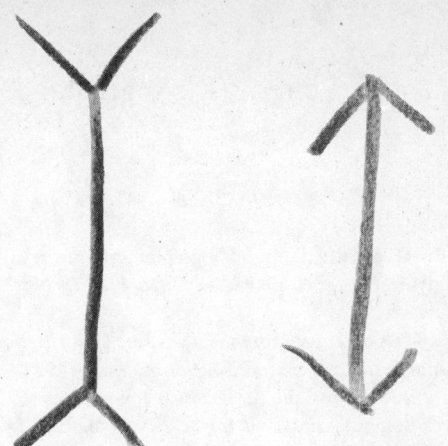

Schema I

Schema II

Anmerkungen (Bibliographie)

Einleitung

1 Naville, P. »Eléments d'une bibliographie critique relative au graphisme enfantin jusqu'en 1949«, in: *Enfance*, 1950, Nr. 3–4, S. 310/403.

2 Rioux, G. »Dessin et structure mentale«, in: *Contribution à l'étude psycho-sociale des milieux nord-africains*, Paris 1951.

3 Stora, R. »Etude historique sur le dessin comme moyen d'investigation psychologique«, in: *Bulletin de Psychologie*, 225–XVII–2–7, 30. Nov. 1963, S. 266/307.

4 Luquet, G. H. *Le dessin enfantin*, Paris 1927–1935.

Kapitel I

5 Novelli, L., und M. Massaccesi, *Ex-voto del Sanctuario della Madonna del Monte di Cesena*, Forli 1961.

6 Luquet, G. H. *L'Art primitif*, Paris 1939.

7 Gesell, A. *L'enfant de 5 à 10 ans*, Paris 1949.

8 Kahnweiler, D. H. *Juan Gris*, Paris 1946.

9 Naville, P. »Note sur les origines de la fonction graphique – De la tache au trait«, in: *Enfance*, Okt. 1950.

10 Prudhommeau, M. *Le dessin de l'enfant*, Paris 1951.

11 Lurçat, L. »Rôle de l'axe du corps dans le départ du mouvement«, in: *Psychologie française* VI, Okt. 1961.

12 Lurçat, L. »Genèse du contrôle dans l'activité graphique«, in: *Journal de Psychologie*, Nr. 2, 1964.

13 Wallon, H., und L. Lurçat, »Graphisme et modèle dans les dessins de l'enfant«, in: *Journal de Psychologie*, Nr. 3, 1957; Lurçat, L., und H. Wallon, »Entretiens sur le dessin de l'enfant«, in: *Cahiers du Groupe Françoise Minkowska*, Dez. 1963.

14 Wallon, H. »De l'Acte à la pensée«, in: *Essai de psychologie comparée*, 4. Tsd., Paris 1970.

Kapitel II

15 Blunt, A. *La Théorie des Arts en Italie de 1450 à 1600* (frz. Übers.), Paris 1962.

16 Cooke, *Art teaching and child nature*, 1885; Corrado Ricci, *L'arte dei bambini*, 1887; Perez, *L'art et la poésie chez l'enfant*, 1888; Earl Barres, *The art of little children*, 1895.

17 Ponty, M. M. in: *Bulletin du groupe d'études de psychologie de l'Université de Paris*, 16. Mai 1950, Nr. 9, S. 6.

18 Sartre, P. *L'imaginaire*, Paris 1940.

19 Ponty, M. *Phénoménologie de la Perception*, Paris 1945.

20 Panofsky, E. *Die Perspektive als »symbolische Form«*, Vorträge der Bibliothek Warburg, 1924–1925.

21 Guerry, L. *Cézanne et l'expression de l'espace*, Paris 1950.

22 Passeron, R. *L'oeuvre picturale et les fonctions de l'apparence*, Paris 1962.

23 Passeron, R. ebd.

24 Meili, R. »Les perceptions des enfants et la psychologie de la Gestalt«, in: *Archives françaises de psychologie*, Jg. 1931–1932.

25 Fevrier, J. G. *Histoire de l'Ecriture*, Paris 1959.

26 Malraux, A. *Les voix du silence*, Paris 1951.

27 Saussure, F. de. *Cours de linguistique générale*, Paris 1960.

27a Freud, S. »Die Traumdeutung«, in: *Ges. Werke* II/III, S. 345.

28 Ponty, M. M. *La Structure du comportement*, Paris 1942.

29 Freud, S. »Die Traumdeutung«, in: *Ges. Werke* II/III, S. 317–18.

Kapitel III

30 Anzieu, D. *Les méthodes projectives*, Paris 1960.

31 Mucchielli, R. »La notion de projection«, in: *Bulletin de Psychologie de l'Université de Paris*, 225–XVII–2–7, 1963.

32 Wallon, H. »La Kinesthésie et l'Image visuelle du corps propre chez l'enfant«, in: *Bulletin de Psychologie de l'Université de Paris*, 7, 239, 46, 1954.

33 Stora, R. »Étude historique sur le dessin comme moyen d'investigation psychologique«, in: *Bulletin de Psychologie de l'Université de Paris*, 225–XVII–2–7.

34 Biedma, C., und P. d'Alphonso, *Le langage du dessin: test de Wartegg-Biedma*, Neuchâtel 1955.

35 Alschuler R. H., und Berta Weiss Hattwick, *Painting and Personnality*, 2 Bde., Chicago 1947.

36 Mouloud, N. *La peinture et l'espace*, Paris 1964.

37 Huyghe, R. *Dialogue avec le visible*, Paris 1955.

38 Matoré, G. *L'espace humain*, Paris 1962.

39 Van Gogh, »Les relations entre sa vie, sa maladie«, Mémoire publié in: *L'Evolution Psychiatrique*, 1932; sep. Neuausg. von Dr. E. Minkowski, 1963.

40 Zit. in: Dr. E. Minkowskis Vorwort, ebd.

41 Osson, Dr. D. »Le dessin voie d'accès à la personnalité de l'enfant«, in: *Les cahiers de l'enfance*, 12. Jg., Nr. 99, S. 45–57.

42 Lurçat, L., und H. Wallon, »Entretiens sur le dessin de l'enfant«, in: *Cahiers du Groupe Françoise Minkowska*, Dez. 1963.

43 Durand, G. *Les Structures anthropologiques de l'Imaginaire*, Paris 1960.

Kapitel IV

44 Freud, S. »Analyse der Phobie eines fünfjährigen Knaben«, in: *Ges. Werke*, Bd. VII.

45 Klein, M. *Narrative of a child analysis*, London 1961. – deutsch in Vorb. »Bericht einer Kinderanalyse«, in: *Psyche des Kindes*, München 1975.

46 Morgenstern, S. »Un cas de mutisme psychogène«, in: *Rev. Franç. Psychanal.*, Bd. I, Nr. 3, 1927, S. 492–504.

47 Morgenstern, S. *Psychanalyse infantile, Symbolisme et valeur clinique des créations imaginaires chez l'enfant*, Paris 1937.

48 Dolto, F. »Rapport sur l'interprétation psychanalytique des dessins au cours de traitements psychiatriques«, in: *Psyché*, Nr. 17, 1948, S. 324.

49 Dolto, F. »Personnologie et image du corps«, in: *La Psychanalyse*, Bd. VI, S. 59.

50 Boutonnier, J. *Les dessins d'enfants*, Paris 1953.

50a Freud, S. »Die Traumdeutung«, in: *Ges. Werke* II/III, S. 105.

51 Freud, S. »Der Witz und seine Beziehung zum Unbewußten«, in: *Ges. Werke*, Bd. VI.

52 Lagache, D. »Fantaisie, Réalité, Vérité«, in: *Bulletin de Psychologie de l'Université de Paris,* 222–XVI–17–18–1013–1022.

53 J. Lacan, »La direction de la cure et les principes de son pouvoir«, in: *La Psychanalyse,* Bd. VI, S. 149, 206.

54 Laplanche, J., und J.-B. Pontalis, »Fantasme originaire, fantasme des origines, origine des fantasmes«, in: Les Temps *Modernes,* 19. Jg., Nr. 215, April 1964, S. 1833–1868.

55 Laplanche, J., und S. Leclaire, »L'inconscient«, in: *Les Temps Modernes,* Juli 1961.

55a Freud, S. »Der Witz und seine Beziehung zum Unbewußten«, in: *Ges. Werke,* Bd. VI, S. 204/05.

Kapitel V

56 Heuyer, G., Lebovici, S., und N. Angoulvent, »Le test de Lauretta Bender«, in: *Enfance,* Nr. 4, Sept./Okt. 1949, S. 289, 305.

57 Prudhommeau, M. *Le dessin de l'enfant,* Paris 1947.

58 Rouma, G. *Le langage graphique de l'enfant,* Brüssel 1912.

59 Thomazi, J. *Le bonhomme et l'enfant,* Angoulême 1962.

60 Zazzo, R. »Le geste graphique et la structuration de l'espace«, in: *Enfance,* 6. Okt. 1950, S. 189–204.

61 Goodenough, F. *Measurement of intelligence by drawings,* New York 1926; frz. Übers. v. Cesselin: *L'intelligence d'après le dessin – Le test du bonhomme,* Paris 1957.

62 Weil, P.-G. »Le test de dessin d'un bonhomme comme contrôle périodique simple et rapide de la croissance mentale«, in: *Enfance,* Oktober 1950, S. 226–243.

63 Fontes, V. »Interprétation psychologique du dessin anthropomorphique infantile, spécialement observé chez les oligophrènes«, in: *Sauvegarde de l'enfance,* Juni 1950, S. 403–35.

64 Rey, A. »Epreuves du dessin témoin du développement mental«, in: *Arch. Psychol.,* Nr. 124–131, 369–380, 1946.

65 Abraham, A. *Le dessin d'une personne, Le test de Machover,* Neuchâtel 1963.

66 Minkowska, Fusswerk, Horinson, *L'affinité entre le test de la maison et le test du bonhomme sur le plan ethnique de la typologie constitutionnelle et de la psychopathologie,* Congrès des Médecins et Aliénistes de langue française, Niort 1947. – *Le test de la maison chez' les*

enfants appartenant aux differents groupes ethniques, Communication au Congrès des Médecins et Aliénistes de langue française, Marseille 1948.

67 Koch, K. *Le test de l'arbre, Le diagnostic psychologique par le dessin de l'arbre,* frz. Übers. v. Vitte, Paris und Lyon 1958.

68 Stora, R. »L'arbre de Koch«, in: *Enfance,* Nr. 4, 327.44, 1948.

69 Stora, R. »Le dessin de l'arbre«, in: *Bulletin de Psychologie,* 225–XVII–2–7, 30. Nov. 1963, S. 253–265.

70 Cain/Gomila, »Le dessin de la famille chez l'enfant, Critères de classification«, in: *Annales Méd. Psychol.,* 1953, Nr. 4, S. 502–506.

71 Corman, L. *Le test du dessin de famille dans la pratique médico-pédagogique,* Paris 1964.

72 Meurisse, R. »Le test du gribouillage«, in: *Conn. de l'Homme,* 18–45, 1956.

73 Lopez, M. y »Étude sur la validité du test psychodiagnostique myokinétique«, in: *Année Psychologique,* 575, 1950.

74 Cotte, S., Roux, G., und A. Aureille, »Utilisation du dessin comme test psychologique chez les enfants«, in: *Comité de l'Enfance déficiente,* 1951.

75 Schachter, M. »Ecriture en miroir et dessin renversé chez l'enfant«, in: *Acta Paedopsychiatrica,* Bd. 30, Fasz. 6/7, Basel 1963, S. 226–231.

76 Michaux, L., Gallot-Saulnier, und S. Horinson, »Les routes dans les dessins des instables«, in: *Revue de Neuropsychiatrie infantile,* Juli/Aug. 1957, Nr. 7–8.

77 Stern, A. *Du dessin spontané aux techniques graphiques,* Neuchâtel 1958.

78 Depouilly, J. *Enfants et primitifs,* Neuchâtel 1964.

79 Stern, A. *Aspects et technique de la peinture d'enfants,* Neuchâtel 1959; Stern, A. *Le langage plastique,* Neuchâtel 1963; Stern, A. und P. Duquet, *Du dessin spontané aux techniques graphiques,* Neuchâtel 1964.

80 Rossolato, G., Wiart, C., und R. Volmat, »Technique d'analyse picturale, Méthode, catégorisation et première étude statistique«, in: *Annales Médico-psychologiques,* 118. Jg., Bd. II, Juni 1960, S. 27–56.